史良法学文库 贰拾柒
主编◎曹义孙

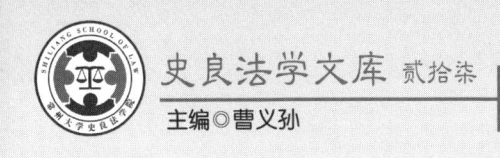

法学国家级一流专业建设点重点成果

USMCA 边境后措施规制功能研究

USMCA
BIANJINGHOU
CUOSHIGUIZHI GONGNENG YANJIU

耿旭洋 著

中国政法大学出版社

2024·北京

声　明　　1. 版权所有，侵权必究。

　　　　　2. 如有缺页、倒装问题，由出版社负责退换。

图书在版编目（ＣＩＰ）数据

USMCA 边境后措施规制功能研究/耿旭洋著. —北京：中国政法大学出版社，2024.2
ISBN 978-7-5764-1365-6

Ⅰ.①U… Ⅱ.①耿… Ⅲ.①区域贸易－贸易协定－研究－北美洲 Ⅳ.①F757.104

中国国家版本馆 CIP 数据核字(2024)第 048563 号

出 版 者	中国政法大学出版社
地　　址	北京市海淀区西土城路 25 号
邮寄地址	北京 100088 信箱 8034 分箱　邮编 100088
网　　址	http://www.cuplpress.com（网络实名：中国政法大学出版社）
电　　话	010-58908586(编辑部) 58908334(邮购部)
编辑邮箱	zhengfadch@126.com
承　　印	保定市中画美凯印刷有限公司
开　　本	720mm×960mm　1/16
印　　张	16
字　　数	270 千字
版　　次	2024 年 2 月第 1 版
印　　次	2024 年 2 月第 1 次印刷
定　　价	79.00 元

缩略表

签署文件缩写对照表	
《美墨加协定》	USMCA
《跨太平洋伙伴关系协定》	TPP
《全面与进步跨太平洋伙伴关系协定》	CPTPP
《区域全面经济伙伴关系协定》	RCEP
《关税及贸易总协定》	GATT
《北美自由贸易协定》	NAFTA
《综合性经济贸易协定》	CETA
《与贸易有关的知识产权协定》	TRIPs
《中欧全面投资协定》	CAI
《日欧经济伙伴关系协定》	EJEPA
《服务贸易总协定》	GATS
《技术性贸易壁垒协定》	TBT
《实施卫生与植物卫生措施协定》	SPS
《北美环境合作协定》	NAAEC
《北美劳工合作协定》	NAALC
《欧盟—日本经济伙伴关系协定》	EUJEPA
《服务贸易总协定和信息技术协定》	ITA
《东盟—中国香港自由贸易协定》	AHKFTA

续表

《斯里兰卡—新加坡自由贸易协定》	SLSFTA
《韩美自由贸易协定》	KORUSFTA
《欧盟—新加坡自由贸易协定》	EUSFTA
《通用数据保护条例》	GDPR
《欧盟标准合同条款》	SCC
《更紧密的经济关系贸易协定》	ANZCERTA
《跨塔斯曼协定》	TTMRA
《稳定与结盟协议》	SAAs
《数字经济伙伴关系协定》	DEPA
《开放式诸边协议》	OPA
机构缩写对照表	
世界贸易组织	WTO
国际劳工组织	ILO
国际贸易组织	ITO
亚太经合组织	APEC
国际货币基金组织	IMF
世界银行	WB
经济合作与发展组织	OECD
环境措施与国际贸易小组	EMIT
美国—加拿大监管合作委员会	RCC
国家标准化组织	ISO
标准和一致性委员会	SCSC
美国国会研究服务局	CRS
美国贸易代表办公室	USTR
美国国际贸易委员会	USITC
美国信息和监管事务办公室	OIRA
美国食品及药物管理局	FDA

续表

术语缩写对照表	
监管影响评估机制	RIA 机制
全球贸易分析模型	GTAP 模型
多边贸易谈判	MTN
联合国贸易和发展会议	UNCTAD
价值体系与全球价值链	GVC
全球商品链	GCC
特别提款权	SDR
电子稳定控制系统	ESC
良好监管实践（USMCA 第 28 章）	GRP

前 言

国际条约主要是指国际法主体之间达成的各种协议,核心功能在于规制缔约方之间的权利义务关系。贸易协定作为条约的重要类型,则是指在贸易领域为了确定彼此的权利和义务关系而缔结的书面协议,发挥着规制和协调各国贸易政策以及其他国内立法和行政措施的重要功能。以涵盖成员与所涉区域为界定标准可将贸易协定划分为多边贸易协定与区域贸易协定,多边贸易协定的核心目的是规制成员国之间的贸易关系,以提高生活水平、确保充分就业、大幅增加实际收入和有效需求,并扩大对世界资源的充分利用和发展商品的生产和交换。与多边贸易协定相比,区域贸易协定往往具有更强的规则层面的目的,常被发达国家用作一种维护和提升自身国际经贸规则主导权的重要政策工具。

作为最新达成的美式区域贸易协定,USMCA 同样是美国的重要政策工具,其目的并非仅削弱贸易壁垒并促进贸易自由化,还企图以美式标准再次"定制"新一代国际经贸规则。在 USMCA 谈判的过程中,美国贸易代表始终秉持着"美国优先"理念,以规制边境后措施作为维护美国利益的重要制度抓手,致力于将 USMCA 打造为"21 世纪最高标准的贸易协定",形成未来区域和多边经贸规则的"美式模板",从而彰显并维系美国在国际经贸规则体系中的主导地位。

因此,本书拟分析 USMCA 通过强化对边境后措施的规制功能,实现强化美国利益、维护美国规则主导权的重要目标。就边境后措施而言,本书重点关注边境后措施的具体内涵及其成为新一代国际经贸规则焦点的原因。早期的经贸谈判更多关注各国的关税、配额等边境措施,致力于推动关税减让和开放市场准入。然而，经过几十年的国际谈判以及多边贸易体制的发展，世界各国的平均关税水平普遍下降，同时许可证、配额等边境措施也受到WTO规则的严格约束，传统贸易障碍逐渐削弱。另外，随着交通运输工具的不断更新以及信息通信技术革命的开展，货物、技术以及人员流动成本不断下降。全球生产和贸易结构发生了重大变化，以中间品贸易扩张为主要特征的全球价值链飞速发展，产业边界逐渐模糊，越来越多的国家参与到商品和服务生产与供应的全球化网络中。在此背景下，以各国国内规制为主要内容的边境后措施成了新的贸易壁垒。因此，规制边境后措施日益受到跨国公司和各国政府的关注，成为当前国际经贸规则重构的焦点。由于当前以WTO为主导的多边贸易体系已陷入僵局，尤其是多哈回合受挫后多边路径下的边境后新议题谈判推进艰难。因此，发达国家规则诉求的平台发生迁移，它们企图利用区域贸易协定强化对边境后措施的规制功能，制定更符合自身利益的经贸新规则。USMCA作为国际经贸规则重构趋势下达成的新一代区域贸易协定，它继承并拓展了TPP的规则，不仅涵盖了货物贸易市场准入、农产品、贸易便利化等传统议题，还在国有企业、劳工和环境保护、数字贸易、监管合作等边境后议题方面进行了更新和升级，通过强化对国有企业、社会议题以及数字贸易和监管一致性的规制功能进一步巩固了美国范式在国际经贸规则体系中的地位。

　　本书主要分六章对上述内容进行详细的论证与阐述。第一章沿着国际条约、国际贸易协定、区域贸易协定、USMCA的递进路线，通过对国际条约和贸易协定发展演进的详细梳理，尝试以共性结合个性对USMCA进行功能定位分析。一方面将条约和贸易协定的核心功能定位在规制功能，即通过规制缔约方的权利义务关系达到平衡各方利益的目的；另一方面将USMCA的特殊功能定位在美国继续影响和主导国际经贸规则以及彰显美国利益的工具，从而奠定全文的逻辑核心，即USMCA通过强化对边境后措施的规制功能以实现为美国利益服务的工具性功能。本章在对USMCA进行分析时，主要是从美国视角出发，USMCA比起自由贸易更注重"美式公平竞争"，体现出美国当前以公平对等为核心的贸易谈判风格。在USMCA谈判过程中，美国贸易代表始终秉持着"美国优先"理念进行谈判，以寻求美国利益最大化，对美国而言，USMCA是美国继续维系本国在经贸体系中主导权的重要工具。

前　言

　　第二章主要分三个层面对边境后措施进行探讨。第一个层面从国际贸易业态的结构变化、全球价值链的扩张与调整等角度解释国际经贸规则重构的重心向边境后措施的重大转变，从多边贸易体系受限的角度解释国际经贸规则重构的平台转向区域贸易协定的原因。越来越多的国家参与到商品和服务生产与供应的全球化网络中，而服务贸易（包括以数字形式提供的服务）过程中不存在有形货物越境的情形，因此关于服务贸易的限制措施几乎都在边境后实施，例如国内资格资质要求、繁杂的审批条件和程序。多哈回合后，WTO 多边体系下贸易谈判陷入僵局的根本原因在于 WTO 体制自身的弊端，"一揽子"承诺的谈判模式、自上而下的成员驱动、协商一致的决策机制都使得 WTO 在新议题的谈判上停滞不前，此时更高效、更实用的区域贸易协定成了国际经贸谈判的重要平台。

　　第二个层面是关于边境后措施的概念与性质分析，解释边境后措施是什么、为什么需要规制边境后措施和规制边境后措施的法理基础。边境后措施与非关税措施具有相似性，但非关税措施的内涵和外延要广于边境后措施。边境后措施是指一国实施的对已经进入本国市场的外国公司产生影响的非关税措施，且许多内容与各国国内规制关联密切，涵盖了服务贸易、电子商务、知识产权、竞争政策、环境保护、劳工标准、透明度、监管一致性等诸多横向与纵向议题。在本书的语境下，边境后措施与国内规制内涵一致，二者是从不同角度衡量的同一事物。而边境后措施作为国内规制，在被用作新型贸易壁垒时更具隐蔽性，通常披着维护公共利益的合法外衣。为了阻止边境后措施构成新型贸易壁垒，各国开始在贸易协定中逐渐吸纳边境后议题，通过规制边境后措施促进贸易自由化与便利化。由于边境后措施是属于一国经济主权范围内的事务，因此规制边境后措施通常具有更强的经济主权让渡性质。结合上述分析，本章尝试得出结论——国际经贸规则重构的主要路径就是在区域贸易协定中设置以规制边境后措施为核心内容的高标准规则。

　　第三个层面是通过分析 GATT/WTO、RCEP、CPTPP 以及 USMCA 规制边境后措施的实践，确认 USMCA 是新一代高标准高水平的区域贸易协定，而这正是 USMCA 成为美国继续影响和主导国际经贸规则的工具的重要原因。

　　随后，本书第三、四、五章主要是关于 USMCA 在不同领域强化边境后措施规制功能的具体规则阐释，还与诸多多边、区域和双边贸易协定中的相关内容进行了对比分析。这三章的内容重点呼应的是第一章中USMCA规制功能所服务的更高层级的工具性功能，即美国利用在USMCA中强化对边境后措施的规制以进一步彰显与巩固在国际经贸规则体系中的主导地位。

第三章尝试对USMCA进一步强化贸易协定中的国有企业规则进行分析，主要关于USMCA中国有企业的定义、商业考虑、非歧视待遇、非商业援助和透明度要求五项核心条款，并与GATT/WTO、TPP/CPTPP、RCEP以及美国达成的其他自由贸易协定进行了对比分析。当前，国有企业参与跨国经济活动的广度与深度不断增加，发达国家质疑国有企业不追求短期利润，更易从事经济上的非理性行为和反竞争的商业行为，加之国有企业会因享有额外政府补贴和担保而获得竞争优势，从而扰乱国际市场的公平竞争秩序，造成市场扭曲。出于保护国内产业利益、维护自身国际竞争优势地位的考量，美欧为首的发达国家认为有必要规范国有企业的活动，对国有企业的对外贸易和投资采取更为严格限制措施。

第四章主要关注USMCA促进贸易协定中社会议题合法化，从贸易与保护环境和劳工之间的关系、贸易与人权以及可持续发展三条路径出发尝试研究上述现象背后的原因。就环境保护与自由贸易的关系而言，主要有污染避难所理论与环境库兹涅茨曲线两种观点，二者虽有争执但均承认自由贸易有助于资源的优化配置，可以促进环保技术和环境友好型商品的跨国流动。而劳工保护和贸易之间的关联自始存在，生产离不开劳工，没有劳动就没有产品，而没有产品也就不会出现自由贸易。贸易与人权也存在一定特殊关联，自由贸易促进经济的发展，伴随经济增长个人的需求会提高，人权日益受到大众的重视，但各国为了在自由贸易中获得更高竞争力以争取更多经济利益，可能会实施损害人权的措施，比如降低本国的环境标准、强迫劳动等。经济的可持续发展离不开对环境和劳工权益的保护，良好的生态环境与合理的劳工运作机制是经济发展和社会进步的重要保障，因此在贸易协定中加入合理的环境和劳动条款是大势所趋。随后，本章对USMCA中环境章节和劳工章节的具体设置进行研究，尝试分析USMCA是如何加强这些社会议题与贸易的关联。不同于NAFTA通过附属协议的形式对环境和劳工议题进行规制，USMCA专设了环境与劳工的单独章节，内容总计长达49页，构成了该项协定极为鲜明的特质。协定采取直接嵌入条款的模式对相关议题进行规定，强调与ILO

前 言

核心劳工标准建立联系，协调与多边环境协定的关系。更为重要的是 USMCA 要求在处理环境和劳工争端时适用磋商与第 31 章主协定争端解决机制相结合的模式，加强了环境和劳工议题与自由贸易的联系。从 USMCA 这一"更为现代化"的北美区域贸易协定可以看出，美国在对待环境、劳工等社会议题的态度上显得更为激进，企图将这些社会议题彻底贸易化。

第五章是关于 USMCA 数字贸易章节和良好监管实践章节的核心内容分析，关注美国如何引领新型贸易业态的规则发展。前述章节已经对全球贸易业态结构的变化进行了详细阐述，服务贸易与数字贸易的快速发展使得以国内规制为主要内容的边境后措施构成了新型贸易壁垒。越来越多的贸易协定吸纳了电子商务/数字贸易章节，以期对这一重要的贸易形态进行规制。本章尝试从规则涵盖的范围、设定的约束性纪律等角度分析 USMCA 数字贸易章节。由于美国认为"数字贸易"这一概念更能体现数据的核心作用及数字化的发展趋势，从而反映美国在数字市场的核心关切，因此 USMCA 将"电子商务章"改为"数字贸易章"。USMCA 在 CPTPP 电子商务规则的基础上做了一系列具有里程碑意义的改进，严格限制大量例外条款，深化了跨境数据自由流动和禁止数据本地化规则、扩大了源代码等专有信息的保护范围、增加了互联网服务提供者的责任限制条款、增加了开放政府数据的软法条款等。

由于各国合格评定程序以及标准等边境后的国内规制存在差异，即监管分化导致了贸易壁垒，贸易协定中开始吸纳国际监管合作与监管一致性等横向议题。实际上这种现象所凸显的本质在于贸易协定的深层一体化与正向一体化趋势，深层一体化贸易协定寻求"制度整合"，目的是通过协调和合作来降低国内监管分化导致的市场分割效应。正向一体化贸易协定中各方以规制融合为导向，寻求国内政策措施的制定流程和实施的协调性。通过监管合作能够有效降低边境后的监管分化带来的高额合规，促进贸易自由化与便利化。随后，本章分析了 USMCA 良好监管实践章节中关于监管合作的具体方式和路径，从"负向清单"模式、中央监管协调机构、监管影响评估机制、回溯性审查机制四个方面对 USMCA 促进监管合作进行了详细阐释。

第六章重点关注 USMCA 强化边境后措施规制功能对中国对外开放产生的影响以及中国统筹涉外法治与国内法治的创新与发展。首先，该章厘清了中国高水平对外开放与边境后措施的关系，聚焦"十四五"时期中国的制度型开放，尝试以边境后措施为切入点将制度型开放与国际经贸规则重构以及 USMCA 三者结合分析。在应对策略方面，本章一一对应前述章节，分析了中国在国有企业、环境、劳工、数字贸易以及国际监管合作等领域存在的问题以及具体应对，并提出以自贸试验区（港）作为对接国际经贸新规则的试验平台。此外，本章还提出对外开放与解决中美贸易争端、推动 WTO 改革以及积极参与区域贸易协定的四体联动模式，从这些具有紧密联系的不同层面对中国进一步参与和构建国际经贸新规则提出学术研判。面对国际经贸规则重构这一大趋势，中国在"十四五"规划中顺势提出了建立更高水平开放型经济新体制，而这一目标的实现意味着中国要从传统的要素流动型开放转向制度型开放，即从边境开放转向边境后开放。从这个角度而言，中国的制度型开放实际上与国际经贸规则重构的方向大体一致，二者均强调边境后政策协调，制度型开放也是中国参与国际经贸规则重构的重要路径。而 USMCA 作为当前最高标准的自贸协定以及国际经贸规则重构的重要模板，其中涉及边境后措施的诸多规则都对中国有重要的研究价值。

目 录
CONTENTS

引言 ·· 001
  一、研究目的 ·· 001
  二、研究综述 ·· 004
  三、理论与实践意义 ·· 023
  四、研究方法 ·· 024
  五、研究创新 ·· 025

第一章　USMCA 的演进与规制功能定位 ······················ 027
第一节　国际条约的概述与规制功能分析 ······················ 027
  一、国际条约的概念与发展 ·· 028
  二、国际条约的分类与规制功能 ······································ 030
  三、国际贸易协定的规制功能阐释 ··································· 033

第二节　多边与区域国际贸易协定的规制功能阐释 ··········· 035
  一、多边国际贸易协定的规制功能分析 ···························· 035
  二、区域国际贸易协定的规制功能分析 ···························· 044

第三节　USMCA 的规制功能探析 ································ 046
  一、从 NAFTA 到 USMCA 时代背景变迁 ······················ 046
  二、美国利益至上与美国优先理念的体现 ························· 055
  三、国内政策的外溢与区域规则的多边化 ························· 060

第二章　规制边境后措施的动因与实践 ········· 067
第一节　边境后措施形成的国际背景 ········· 067
一、国际贸易业态的结构变化 ········· 068
二、全球价值链的扩张与调整 ········· 071
三、国际经贸规则重构平台迁移 ········· 075
第二节　边境后措施的概念界定与功能定位 ········· 079
一、边境后措施的内涵界定与法律性质 ········· 079
二、边境后措施与国家经济主权让渡 ········· 090
三、边境后措施推动高标准国际经贸规则生成 ········· 094
第三节　多边及区域层面边境后措施的规制实践 ········· 095
一、GATT/WTO 对边境后措施的规制 ········· 096
二、CPTPP 对边境后措施的规制 ········· 099
三、RCEP 对边境后措施的规制 ········· 101
四、USMCA 对边境后措施的规制 ········· 102

第三章　USMCA 强化对国有企业的规制功能 ········· 105
第一节　国有企业规则与竞争中立原则 ········· 106
一、竞争中立原则的概念与具体内涵 ········· 106
二、国有企业规则与竞争中立的关系 ········· 109
三、国有企业规则在贸易协定中的发展 ········· 112
第二节　USMCA 对国有企业的宽泛界定 ········· 113
一、国有企业的"三要素"认定模式 ········· 114
二、USMCA 中国有企业的认定要素 ········· 116
第三节　USMCA 国有企业核心条款分析 ········· 117
一、商业考虑与国有企业 ········· 117
二、非歧视待遇与国有企业 ········· 118
三、非商业援助与国有企业 ········· 119
四、透明度要求与国有企业 ········· 121

第四章　USMCA 强化对社会议题的规制功能 …… 124
第一节　贸易协定中社会议题的合法化 …… 124
一、社会议题与贸易挂钩的具体实践 …… 125
二、社会议题合法化趋势增强的动因 …… 127
三、社会议题与贸易挂钩带来的挑战 …… 132
第二节　USMCA 对社会议题的规制分析 …… 133
一、USMCA 对社会议题的结构性调整 …… 133
二、USMCA 强化社会议题的争端解决 …… 135
三、USMCA 确保社会议题国内法实施 …… 138
第三节　USMCA 环境章节其他核心条款 …… 139
一、协调与多边环境协定的关系 …… 139
二、吸纳一系列新兴的环保议题 …… 142
三、针对墨西哥的海关核查机制 …… 143
第四节　USMCA 劳工章节其他核心条款 …… 143
一、建立与核心劳工标准的联系 …… 144
二、禁止进口强迫劳动生产的商品 …… 147
三、针对墨西哥的快速反应机制 …… 148

第五章　USMCA 强化对新型贸易业态的规制功能 …… 150
第一节　USMCA 强化数字贸易规则标准 …… 150
一、数字贸易规则在多边与区域层面的发展 …… 150
二、USMCA 以数字贸易取代电子商务表述 …… 152
三、USMCA 创制高标准的数字贸易规则 …… 156
四、USMCA 数字贸易章节的核心纪律条款 …… 158
第二节　USMCA 推动国际监管合作体制化 …… 162
一、推动国际监管合作的本质与主要目的 …… 164
二、多边与区域贸易协定的监管合作实践 …… 169
三、USMCA 进一步推动监管合作的路径 …… 172

第六章　USMCA 边境后措施规制功能与中国的应对 ……………… 186
第一节　中国对外开放与 USMCA 边境后措施的关系 …………… 186
一、中国高水平对外开放与参与国际经贸规则重构 …………… 186
二、规制边境后措施构成中国制度型开放核心内容 …………… 190
三、中国双循环格局与规制边境后措施的逻辑关联 …………… 191
第二节　构建对外开放的四体联动模式 ……………………………… 193
一、"四体联动"模式的具体内涵 ……………………………… 193
二、中国积极处理与美国的经贸摩擦 …………………………… 194
三、中国积极加入区域自由贸易协定 …………………………… 196
四、中国积极推动多边贸易体制改革 …………………………… 199
第三节　主动对接高标准边境后措施规则 …………………………… 201
一、USMCA 对中国开放转型时期的国内法治挑战 …………… 202
二、中国破解 USMCA 边境后措施的具体应对策略 …………… 206
三、自贸试验区（港）作为制度型开放的创新引领 …………… 219

结　语 …………………………………………………………………… 223
参考文献 ………………………………………………………………… 225

引 言

一、研究目的

本书聚焦《美墨加协定》（USMCA）边境后措施的规制功能研究。本书的逻辑进路为国际经贸规则重构的背景下，边境后措施因其贸易壁垒性质成为重构的重心，由于世界贸易组织（WTO）无法有效推进边境后议题谈判，各国转而将区域贸易协定作为规制边境后措施的主要平台，USMCA 就是其中之一。而美国意图通过在 USMCA 加入大量边境后议题以抢占先机，维系美国在国际经贸规则体系中的主导地位。

随着全球值链的扩张与调整，服务贸易与数字贸易发展迅速，国际贸易业态发生结构性变化，以国内规制为主要表现形式的边境后措施成为贸易保护新手段，加之多边贸易体系下关税、配额等边境措施已得到有效约束，故边境后措施构成了当前最主要的贸易壁垒，成为国际经贸规则重构中的焦点话题，占据国际经贸谈判的主要地位。全球化浪潮中发展中国家和新兴国家迅速崛起，其中尤以中国最为突出，在全球经济中的份额超过了发达国家，国家实力和利益的日益分化，使得发达国家纷纷抱怨在新兴经济体的崛起实际上得益于"搭便车"，呼吁改革现行世界贸易体制，修订国际经贸规则。但 WTO 囿于自身体制弊端在维护全球贸易秩序上的能力日渐衰弱，多边贸易体制面临深刻的治理困境，无法为国际经贸规则重构提供有效的谈判平台。综上，美国开始积极推进双边以及小范围的区域贸易谈判，USMCA 正是在此过程中达成的最重要的美式区域贸易协定之一，这类限缩性的贸易谈判使得美国能够更容易地输出自身的意志与需求，从而有针对性地重塑国际经贸体系。[1]

---

[1] 美国的这种举措可以理解为一种经贸领域的"小多边主义"（Minilateralism）安排。沈伟、胡耀辉："美式小多边主义与美国重塑全球经贸体系"，载《国际论坛》2022 年第 1 期，第 3~24 页。

本书的第一个目的是以国际条约、国际贸易协定、区域贸易协定、USMCA 为四个定位点，通过共性结合个性的方式，以递进式路径确定美国视角下 USMCA 的特定功能定位。国际条约是施加约束性义务的工具，在缔约国之间的谈判协商中发挥协调标准作用。贸易协定作为条约的一种，主要功能是协调各国的贸易政策以及其他诸多国内立法和行政措施，促进自由贸易并平衡国家之间的经济利益。区域贸易协定在促进更高自由贸易的目标之外，往往具有更强的规则层面的目的，发达国家通常更易在区域贸易协定中输出自身的意志与需求，从而达到维护规则主导权的目的。美国达成 USMCA 的目的同样并非仅为削弱贸易壁垒、促进自由贸易，从区域推动多边贸易体制改革的轨迹和逻辑来看，美国很大程度上将会以 USMCA 为以区域贸易规则整合推进整体多边贸易体制改革的逻辑起点，USMCA 的核心功能在于为美国利益服务、体现美国意志，通过影响未来区域和多边经贸规则谈判与制定，维系美国在国际经贸规则体系中的主导地位。

本书的第二个目的是阐释边境后措施是什么、缘何产生以及为什么需要规制边境后措施这几个问题。边境后措施与非关税措施具有相似性，但其内涵和外延比非关税措施要广泛，在本书的语境下，它与国内规制内涵更趋一致，二者是从不同角度衡量的同一事物。伴随着全球价值链的扩张与调整，越来越多的国家参与到商品和服务生产与供应的全球化网络中，促使服务贸易与数字贸易兴起，国际贸易业态发生结构性变化，而由于服务贸易（包括以数字形式提供的服务）不存在有形货物越境的情形，因此相关贸易限制措施几乎都在边境后实施。边境后措施由于常披着合法外衣，更具隐蔽性，且也更易受到国内利益集团的影响，成了当前国际贸易中主流的贸易保护手段，因此亟待规制。但 WTO 囿于自身的体制弊端在边境后的新议题谈判上停滞不前，各国转而寻求更高效、更实用的区域贸易协定，通过在 USMCA 和 TPP/CPTPP、RCEP 等新一代区域贸易协定中加入边境后措施相关的新议题推动国际经贸规则重构。

本书的第三个目的是通过对比分析 USMCA 和《跨太平洋伙伴关系协定》（Trans-Pacific Partnership Agreement, TPP）、《全面与进步跨太平洋伙伴关系协定》（Comprehensive and Progressive Agreement for Trans-Pacific Partnership, CPTPP）、《区域全面经济伙伴关系协定》（RCEP）以及其他双边或区域贸易

协定中与边境后措施相关的核心章节和规则内容，研究 USMCA 如何强化对边境后措施的规制功能，达到美国将 USMCA 打造为"21 世纪最高标准的贸易协定"，影响甚至引领国际经贸规则重构的目的。在国有企业章节中，USMCA 通过对国有企业的宽泛定义，扩大了受规制国有企业的范围，并就商业考虑、非歧视待遇、非商业援助和透明度要求等核心条款对国有企业进行严格规制。在环境章节与劳工章节中，USMCA 进一步促进了贸易协定中环境与劳工等社会议题的合法化，USMCA 专设环境与劳工的独立章节，除在核心劳工标准、快速反应机制、多边环境协定、有效实施国内法、吸纳环保新议题等方面作出了更严格的限制外，更为重要的是 USMCA 规定了在处理环境和劳工争端时适用磋商与第 31 章主协定争端解决机制相结合的模式，显示出美国对社会议题与贸易协定挂钩更为激进的态度。数字贸易章节中，美国首次将 TPP/CPTPP 的"电子商务"表述直接改为"数字贸易"，认为"数字贸易"能够更好地反映数据的枢纽作用和数字化趋势，体现了美国在数字市场的核心关切。USMCA 大量压缩了 CPTPP 中的例外条款，深化了跨境数据自由流动和禁止数据本地化规则、扩大了源代码等专有信息的保护范围、增加了互联网服务提供者的责任限制条款、增加了开放政府数据的软法条款等。在良好监管实践这一横向议题章节中，USMCA 从"负向清单"模式、中央监管协调机构、监管影响评估机制（Regulatory Impact Assessment）（RIA 机制）、回溯性审查机制四个方面对缔约方监管合作提出了具体的建议和要求，较之 TPP/CPTPP 监管一致性章节的内容更为详细，要求亦更高。通过上述具体章节内容的对比分析，与前述第一个目的和第二个目的的结合，所期待呈现的是 USMCA 通过设置以规制边境后措施为核心的高标准、高水平规则，在国际经贸规则重构中抢占先机，通过继续输出体现美国意志与利益的规则并影响其他区域和多边经贸规则，从而维系美国在国际经贸规则体系中的主导地位这一闭环图像。

　　本书的第四个目的是剖析中国对外开放与边境后措施的关系，以及针对 USMCA 规制边境后措施中国应当如何应对。"十四五"规划指出对外开放的重要目标是建立更高水平开放型经济新体制，从要素流动型开放转向制度型开放，亦即从边境开放走向边境后开放，这一趋势与国际经贸规则重构的趋势一致，也是新时期中国积极参与国际经贸规则重构的重要路径。而 USMCA 作为当前重要的美式区域贸易协定模板，必然会对国际经贸规则产生重要影响，因此，对中国而言研究 USMCA 并有针对性地提出应对策略十分必要。除了在国有企业、环境、劳工、数字贸易/电子商务以及监管合作等具体规则领域的应对，中国还应当充分利用自贸区的规则试验平台作用以更好对接国际高标准、高水平的经贸规则，并积极加入和有效利用区域贸易协定的平台，以开放促改革的同时进一步影响甚至引领新规则的制定。

二、研究综述

在本书研究过程中，收集和参考的资料包括国内外国际法条文与规则、学科著作和论文的理论观点，并且涵盖了政治经济学、国际政治、国际关系等相关学科。国内国际法学界暂无专门以边境后措施理论为研究对象的学术文献，这一论题并不独立存在，其与《关税及贸易总协定》（General Agreement on Tariffs and Trade, GATT）/WTO 理论规则以及 USMCA 等最新的区域贸易协定中的国有企业、环境、劳工、监管一致性等议题密切相关，涉及货物贸易、服务贸易、数字贸易等多个领域，并散落于这些领域的文献中，本综述即侧重边境后措施在上述领域已有文献中的成果和资料。

（一）对边境后措施的基本概述

1. 边境后措施的概念与分类

目前国际上暂时没有关于边境后措施的公认定义以及分类，仅有部分文献对此略有提及，其中大多也仅是以列举的方式笼统概括边境后措施，包括环境、劳工、国有企业、竞争政策、监管合作、知识产权等一系列属于国内政策范围的措施。周伟民在对技术型贸易壁垒进行分析时提到了"边境后壁垒"这一概念，并对边境后壁垒进行了界定——"由于各国国内政策差异形成的贸易壁垒"，指出技术型贸易壁垒就属于边境后壁垒。[1]杨树明在分析非关税壁垒的发展趋势时使用了"新型非关税壁垒"的表述，将其定义为以技术性壁垒为核心的包括绿色壁垒和社会责任壁垒在内的所有限制国际商品自由流动的新型非关税壁垒。他指出，传统的非关税壁垒主要是从商品数量和价格上实行限制，采取的大多是边境措施，而新型非关税壁垒更多考虑的是商品对于人类健康、安全以及环境的影响，体现的是社会利益与环境利益，

---

［1］ 周伟民："TBT 对传统贸易壁垒理论和政策的挑战"，载《国际商务研究》2005 年第 1 期，第 26~29 页。

采取的除了边境措施还涉及国内政策和法规。[1]杨树明的解释其实与周伟民有异曲同工之处,二人均将"边境后"圈定在国内范围之内。川崎健一(Kenichi Kawasaki)将边境后措施定位为源自国内法律法规和实践的非关税措施,有别于非关税措施的边境壁垒。[2]

而陈志阳和安佰生则直接界定了"国内规制"与"边境后措施"两个概念之间的关系,认为国内规制属于"边境后措施",将其定义为"一国国内由专门政府机构通过一定程序制订并予以实施的管制措施,在国际经贸范畴内,指对国际经贸可能产生影响的国内管制措施"[3]。而恩斯特·彼特斯曼(Ernst-Ulrich Petersmann)在对大型区域自由贸易协定的研究过程中,发现这些协定在传统的关税、配额等措施之外还涉及许多边境后的措施,在此他将边境后措施直接定义为可能会对贸易产生影响的国内规制。[4]高明同样直接将边境后措施定义为一国实施的环境、劳工、知识产权保护、歧视性待遇以及监管一致性等影响国内生产和贸易的国内规制政策。他关于边境后措施的特征的分析与上文 WTO 对比境内非关税措施与边境非关税措施得出的结论一致,即边境后措施不仅对外国企业和外国产品或服务产生影响,同时影响了本国企业的生产和提供服务。[5]从国内外学者的分析可以看出,边境后措施与非关税措施存在一定区别,其概念界定与国内规制较为一致,主要内容是一国制定的国内法律法规。

就边境后措施的分类而言。陈志阳与安佰生以措施所发挥的特定功能为标准将边境后措施划分为确保市场正常运营的经济管制措施、保障公众健康

---

[1] 杨树明:《非关税贸易壁垒法律规制研究》,中国检察出版社 2007 年版,第 266~269 页。

[2] Kenichi Kawasaki, "The Relative Significance of EPAs in Asia-Pacific," *Journal of Asian Economics*, vol. 39, 2015, pp. 19~30.

[3] 陈志阳、安佰生:"多双边贸易谈判中的国内规制问题",载《国际贸易》2014 年第 10 期,第 15~18 页。

[4] Petersmann, Ernst-Ulrich, "CETA, TTIP, and TiSA: New Trends in International Economic Law", in Stefan Griller, Walter Obwexer and Erich Vranes (eds.), *Mega-Regional Trade Agreements: CETA, TTIP, and TiSA: New Orientations for EU External Economic Relations*, Oxford: Oxford University Press, 2017, pp. 17~46.

[5] 高明:"服务业开放的边境内措施对服务贸易的影响研究",天津财经大学 2019 年博士学位论文,第 35~37 页。

和安全的产业管制措施以及保障环境和公民权利的社会管制措施三类。[1]刘志中则将边境后措施分为了四类：一是监管一致性，即监管体制与标准的一致性，尤其是涉及卫生和健康有关的行业；二是知识产权规则；三是竞争政策，主要是针对国有企业的竞争中立规则；四是可持续发展规则，比如涉及环境、劳工等领域的规则。[2]

2. 边境后措施的性质

WTO 在 2012 年发布的世界贸易报告中指出了边境后措施作为贸易保护主义工具的属性，当成员签署几轮贸易协议来限制其通过贸易政策追求贸易目标（关税和特定的边境非关税措施）的能力时，其他非关税措施包括境内措施将成为通过改变贸易条件转移成本给国外出口商最有吸引力的工具。WTO 在报告中还针对非关税措施的分类提出了一个新的标准，即根据这些措施是否被应用在边境上可以分为出口措施、进口措施和境内非关税措施三类。此处的境内非关税措施与边境后措施存在一定的相似性，WTO 认为境内非关税措施与数量限制等边境上的非关税措施最重要的区别在于，境内非关税措施不仅仅用在外国产品上（边境上），还同时适用于国内产品和外国产品。[3] WTO 关于境内非关税措施阐释其实也在一定程度上揭露了该类措施作为贸易保护手段时较之传统的贸易壁垒更具隐蔽性，因为它并非仅仅针对出口至本国的外国产品。随后，WTO 在报告中进一步分析了境内非关税措施相较于边境措施更具挑战性的主要原因：①透明度很低。由于境内非关税措施大多为一国在境内实施的政策措施，存在披露程度不够与通报延迟的情况，致使其他国家在获取相关信息方面存在困难。②具有名义上的合法性。境内非关税措施往往以保护某种公共利益的形式呈现，而 GATT 第 20 条的一般例外条款也为此保留了一定的政策空间，这也就导致了境内非关税措施的保护主义性质较为隐蔽。杨洁勉在分析新贸易保护手段盛行的原因时也发现实际上 WTO

---

[1] 陈志阳、安佰生："多双边贸易谈判中的国内规制问题"，载《国际贸易》2014 年第 10 期，第 15~18 页。

[2] 刘志中："国际经贸规则重构与中国话语权的提升"，载《现代经济探讨》2016 年第 5 期，第 84~88 页。

[3] [瑞士] World trade organization：《世界贸易报告 2012 贸易和公共政策：21 世纪的非关税措施探析》，中国世界贸易组织研究会、对外经济贸易大学中国 WTO 研究院译，中国商务出版社 2013 年版，第 41~92 页。

的许多规则为边境后措施成为新型贸易保护手段提供了合法的外衣,例如GATT的一般例外条款允许一国为保护人类的生命健康、环境和经济安全采取保障措施,为一国在相关领域的标准制定方面留下了一定空间,导致很多国家利用制定本国严格的技术、环境标准阻止外国产品的流入。[1]

国内外诸多学者同样发现了边境后措施所具有的隐蔽的贸易保护主义的性质。卢西安·塞纳特(Lucian Cernat)和玛琳·马德森(Marlene Madsen)颇有创设性地提出了关于隐蔽贸易保护主义(murky protectionism)的"俄罗斯套娃"理论,在他们看来,理解保护主义的过程就像打开一个俄罗斯套娃,开始的时候人们通常将保护主义限定在关税、配额、进口禁令、出口税等边境措施方面,但如果深入观察,打开套娃之中的套娃,就会发现一些包含保护主义和歧视的国内政策即边境后措施。[2]刘振环认为非关税壁垒作为当前新贸易保护主义的主要手段,其中许可证、进出口配额以及补贴等措施已经受到了WTO多边规则的有效约束,壁垒效应得到了削弱,但与技术标准、健康标准、环境标准以及各类合格评定程序或检验程序相关的边境后措施,由于其通常具有表面的合法性而成为贸易壁垒的更优选择。贸易保护手段从单边的、显性保护发展为"合法"的、隐形的"人文"保护,这种保护主义具有名义上的合理性、形式上的合法性、范围上的广泛性、技术上的歧视性和对多边规则的挑战性等特点。[3]约翰·O. 麦金尼斯提出了隐形贸易保护措施的判断标准:一是该措施必须属于仅仅是为了通过限制进口而使国内企业得利才会制定的措施;二是该措施不具备某种公共利益基础。麦金尼斯还提出了鉴别隐形贸易保护主义的规则,即一种由透明度、效能取向和一致性构成的法理学,[4]其中透明度原则要求向所有可能受到影响的企业公布国内法规,效能取向则突出强调了采用劳工、环境等标准所力求达到的目的,在某些情况下,WTO应采用一致性的要求审查规则是否与管制可比较的国内产品的法

---

[1] 杨洁勉等:《体系改组与规范重建:中国参与解决全球性问题对策研究》,上海人民出版社2012年版,第137~145页。

[2] Lucian Cernat, Marlene Madsen, "Murky Protectionism and Behind-the-border Barriers: How Big an Issue?", The € 100 billion question, 23 March 2011, VoxEU.

[3] 刘振环:《美国贸易政策研究》,法律出版社2010年版,第159~188页。

[4] [美]约翰·O. 麦金尼斯、马克·L. 莫维塞西恩:《世界贸易宪法》,张保生、满运龙译,中国人民大学出版社2004年版,第107页。

007

规一致。此外，WTO还可以采取程序取向的方法协助解决隐形的贸易保护主义，即要求成员用客观证据支持其认为产品对环境或公共卫生造成损害的观点。

此外，由于边境后措施涉及的主要是国内的政策法规，因此必然会引发利益集团的利益考量与影响控制。邓纲结合了曼瑟尔·奥尔森的"利益集团理论"指出，小型利益集团是包括边境后措施在内的保护主义政策的坚定支持者，比如环保组织对环境政策的影响，工会等劳工组织对劳工政策的影响，这些利益集团由于聚结的利益往往能够对政府的决策产生重要影响。[1]安妮·O.克鲁格在利益集团理论的基础上进一步分析了为何利益集团较之普通群众能够对一国的国内贸易政策发挥更大的影响。根据克鲁格的分析，人们通常无力共同努力推进和维护自由贸易联盟，因为自由贸易虽然可以使大多数人获益，但这些受益人通常呈现分散的状态，当他们因为贸易壁垒而利益受损时，也很少选择与贸易保护主义势力作对。而少数能因贸易壁垒受益的人反而能够形成有效的利益同盟去推行贸易保护措施。尤其是某些国家的政治家或官员为了在选举中争取到这些利益集团的支持，在政策制定方面会更多考虑这些利益集团的诉求，因此利益集团往往能够使国内政策向有利于自身的方向倾斜。约翰·H.巴顿等人结合了政治学、法学和经济学等多学科的理论研究了GATT与WTO体制的演进过程，他们同样肯定了利益集团等组织联盟对贸易谈判的影响，他们还发现当贸易协定的谈判和制定涉及边境后的新议题时，传统上对贸易政策制定具有重要影响的国内政治联盟的组成和性质发生了改变。GATT时期，在大多数情况下，欧洲和美国的内部贸易政策往往取决于具有强大实力的出口导向型产品生产商和实力较弱但有劳工组织参与的进口竞争型产品生产商之间的角力，而关于边境后新议题的全球谈判则将新的非国家行为体——如服务提供者、服务消费者、消费者利益保护团体以及环保主义者等——引入了国内贸易政策制定的政治纷争之中。[2]

(二) 边境后措施成为国际经贸规则的规制重心

1. 边境后措施成为规制重心的国际背景

根据国内外学者的研究，全球价值链的形成与扩张和贸易业态的结构性

---

[1] 邓纲：《非关税措施的理论、立法和实践》，厦门大学出版社2007年版，第31~35页。

[2] John H. Barton, *The Evolution of the Trade Regime: Politics, Law, and Economics of the GATT and the WTO*, Princeton: Princeton University Press, 2006, pp. 38~40.

变化，尤其是服务贸易的飞速发展促成了边境后措施开始成为新的贸易保护手段，形成了新型贸易壁垒。

竺彩华根据理查德·鲍德温（Richard Baldwin）关于阻碍市场全球化发展的三大限制因素为货物运输成本、思想（技术）传播成本以及人员流动成本的理论分析，认为当前思想流动成本的下降促成了以中间品贸易扩张为主要特征的全球化时代，国际经贸规则的核心也因此逐渐从"关税和边境上的问题"转向影响全球价值链运行的贸易—投资—服务—知识产权等一系列相互关联的问题，即更多转向边境后措施。[1]王原雪与张二震认为传统分工模式与全球价值链模式的区别在于，传统模式下的产品生产过程分工不跨越国界，贸易协定只需要在边境建立规则，而在全球价值链模式下，产品的生产通常发生在不同的国家，涉及多个国家的边境后措施。[2]巴顿等人也指出随着跨国资本市场的出现，通过利用各国生产成本和生产条件的多元化差异所进行的外包生产成为一种主要的生产方式。[3]程大中发现狄龙回合之后的谈判已经开始触及"边境后措施"，造成这种情况的主要原因与跨国投资和劳动分工相关：一是跨国投资在国际贸易中占据的地位越来越重要；二是全球价值链中的劳动分工导致生产在全球的分散，而跨国投资与全球价值链分工实际都触及了一国国内的边境后措施。[4]王丹的研究支持了上述观点，因为伴随着全球价值链的不断发展，越来越多的国家参与到商品和服务生产与供应的全球化网络中，各国对产品和服务标准认定的不一致性以及国际标准的采用率低导致了新的贸易障碍。[5]由国内外学者的研究分析可知，在全球价值链分工模式的背景下，不同国家国内规制的差异将对贸易和投资构成新型贸易壁垒，原有的以削减关税和配额等边境壁垒为主要目标的国际经贸规则显然已

---

[1] 竺彩华："市场、国家与国际经贸规则体系重构"，载《外交评论（外交学院学报）》2019年第5期，第1~33、156~157页。

[2] 王原雪、张二震："全球价值链视角下的区域经济一体化及中国的策略"，载《南京社会科学》2016年第8期，第10~17页。

[3] John H. Barton, *The Evolution of the Trade Regime: Politics, Law, and Economics of the GATT and the WTO*, Princeton: Princeton University Press, 2006, pp. 41~45.

[4] 程大中："论全球贸易自由化的基本趋势与现实挑战"，载《学术前沿》2018年第20期，第38~50页。

[5] 王丹："全球自贸协定中的'监管一致性原则'与中国的因应"，载《河北法学》2017年第5期，第76~86页。

经无法满足各国贸易往来的需求,贸易规则向边境后延伸成为必然趋势,涉及国内规制的融合与标准的统一,而这对于重构国际经贸规则将是一个根本性且难度不低的挑战。

此外,服务贸易(包括以数字形式交付的服务)的飞速发展也推动了边境后措施成为新的贸易壁垒。周伟民的分析指出边境后措施之所以成为国际贸易谈判关注的新重点,是因为服务贸易的重要性不断提升。与货物贸易不同,服务产品的无形性决定了服务贸易的过程中不存在有形货物越境的情形,因此关于服务贸易的限制措施几乎都在边境之内实施。另外,由于环境健康问题的社会关注度不断提升,鉴于环境与贸易之间的联系,使得贸易协定也开始吸纳这些传统上属于一国国内事务的议题。[1]迟福林认为,由于服务贸易壁垒具有隐蔽性和非数量性等突出特点,因此,无论是提升服务贸易自由化水平还是消除服务贸易壁垒,其难度都远超货物贸易。[2]美国国会研究服务局(CRS)2020年1月编制的关于美国服务贸易趋势和政策相关报告也指出,外国政府的边境后措施是阻碍美国服务贸易全面发展的主要力量。[3]

2. 规制边境后措施的法理基础——经济主权让渡

首先,全球化的过程实际上就是一个国家的主权不断向外让渡的过程,全球化程度越高,国家主权就越弱。根据上文对边境后措施的概念厘定以及性质分析,边境后措施作为国内规制,大量涉及国内的法律法规和政策标准,因此必然触及国家经济主权问题。屠新泉提出,边境后措施涉及成员国的国内政策、制度调整、营商环境等一系列事务,倘若一国想要在这些边境后的新议题领域有所作为,就必须首先制定或调整其国家政策和立法,这不可避免地涉及国家政策的独立性。[4]根据徐泉对国家经济主权的阐释,经济主权包含两方面的内容:一是独立自主地制定各种本国的和涉外的经济政策和经

---

[1] 周伟民:"TBT对传统贸易壁垒理论和政策的挑战",载《国际商务研究》2005年第1期,第26~29页。

[2] 迟福林主编:《二次开放:全球化十字路口的中国选择》,中国工人出版社2017年版,第204页。

[3] 原文为:A number of economists argue that "behind-the-border" barriers imposed by foreign governments prevent U.S. trade in services from expanding to its full potential. The United States continues to negotiate trade agreements to lower these barriers.

[4] 屠新泉:"以开放促改革:中国与多边贸易体制40年",载《学术前沿》2018年第23期,第66~73页。

济立法；二是独立自主地开展对外缔结或参加各种涉及国际经济事务的国际条约的权力，而第一类内容恰恰与边境后措施密切相关，边境后措施亦属于国家经济主权范围内的事务。[1]建立在这一结论的基础上，赵龙跃提出国际规制合作的法理基础是经济主权让渡论，虽然主权在国家内部是最高权威，国际干涉也是一种不被国际社会接受的行为，但是随着国际关系的发展，国际冲突与合作问题不断增多，许多问题依靠主权国家已经无法解决，因此国家必须将主权让渡一部分以应对单一的主权国家难以解决的问题。[2]就经济主权让渡的合理性而言，劳特派特在《奥本海国际法》中也指出："人们日益认识到，国际法的进步、国际和平的维护，以及随之而来的独立民族国家的维持，从长远来看，是以各国交出一部分主权为条件的，这样才有可能在有限范围内进行国际立法，并在必然无限范围内实现具有强制管辖权的国际法庭所确立的法治。"[3]与劳特派特观点一致，段存广指出，在国际合作中，国家为了适应国际政治经济发展变化的需要让渡出一部分主权的行为并非放弃主权，而是共享主权。[4]当然，主权的让渡并非毫无限制，哈佛大学经济学教授丹尼·罗德里克（Dani Rodrik）在其著作《全球化的悖论》一书中提出了一种相对"超级全球化"（hyper-globalization）的"温和全球化"，根据他的阐释，"温和全球化"就包含了一种贸易自由与国家主权的平衡，意味着在促进贸易自由和保障充分的国际规制的同时，考虑到各国自身经济与社会发展的需要，确保政府享有一定程度的政策制定自主权。[5]

3. 规制边境后措施的实践

巴顿和杰克逊等学者其实在早期就指出了 GATT/WTO 时期关于边境后措施的相关讨论乃至规则。巴顿对贸易体制范围的变化进行了考察，并对贸易体制在经济和政治上所带来的影响进行了探讨，指出 WTO 所规制的范围比

---

[1] 徐泉：《国家经济主权论》，人民出版社 2006 年版，第 15~59 页。

[2] 赵龙跃编著：《制度性权力——国际规则重构与中国策略》，人民出版社 2016 年版，第 321~323 页。

[3] [英] 劳特派特修订：《奥本海国际法》（上卷·第 1 分册），王铁崖、陈体强译，商务印书馆 1971 年版。

[4] 段存广："从绝对主权到实效主权：对国家主权原则的再认识"，载《河南师范大学学报（哲学社会科学版）》2003 年第 1 期，第 52~55 页。

[5] [美] 丹尼·罗德里克：《全球化的悖论》，廖丽华译，中国人民大学出版社 2011 年版，第 19~36 页。

GATT大得多，涉及所有门类的货物贸易、多种服务贸易以及与贸易有关的知识产权保护问题，还有针对投资政策和政府采购政策的限制措施，WTO规则不仅仅规制边境措施，还越过成员边境将触角伸到了其国内政策制定领域。WTO现在的谈判议程不仅仅关注对贸易有着直接影响的贸易政策，还关注传统上主要属于成员国内规制事项且对贸易没有直接限制或影响的其他政策内容。约翰·H.杰克逊在研究WTO权限问题时指出人们关于WTO应当"回归其传统的GATT范围与关注点"并将其权限范围限制在关税与配额等边境措施问题上的观点是错误的，他认为GATT的第3条国民待遇条款就揭示了协定已经关注到了属于政府内部事务的边境后措施。[1]杨树明和邓纲均认为非歧视原则、透明度原则、程序规则导向为主的原则和发展中国家特殊待遇原则等WTO的基本原则实际上也是规制边境后措施的通用原则。伯纳德·霍克曼（Bernard Hoekman）教授发现，GATT的合作总是建立在所谓的"浅层一体化"（shallow integration）基础上——成员间达成协议不做某些事情，在浅层一体化中，各国政府仍然有权自行决定是否实行某一既定政策，倘若实行的话则要受一定限制，此种浅层一体化的方式在增加市场准入机会方面取得了较为成功的结果，且随之形成的生产专业化以及相关的直接投资和贸易流动使各国管理体制上的差异更加明显。而这一成功引起了在多边范围内从国内政策的协调实施到管理体制的相互统一以实现更深层次一体化（deep integration）的呼声，包括实行共同的政策或者政策的协调统一，这种统一对于保证公平贸易或国内与国外企业竞争机会的平等是非常必要的。[2]从肯尼迪回合开始，多边贸易谈判（MTN）中越来越多的议程涉及一些与贸易有关的国内政策问题和纪律的谈判。伯纳德在当时预测，乌拉圭回合以后的谈判可能的议题将包括：竞争政策、劳工标准和规定、外国直接投资政策、贸易与环境政策的关系等。深层次的一体化主要的例子是欧盟，它涉及管理体制的一些统一，目的在于使管理体制对内部贸易的影响最小化。尽管事实上欧盟各国相对来说比较相似，关于（产品、行业或管理体制）标准的统一仍是一个十

---

〔1〕［美］约翰·H.杰克逊：《国家主权与WTO变化中的国际法基础》，赵龙跃、左海聪、盛建明译，社会科学文献出版社2009年版，第152~155页。

〔2〕Bernard Hoekman, Denise Eby Konan, "Deep Integration, Nondiscrimination, and Euro-Mediterranean Free Trade", *World Bank Policy Research Working Paper*, No. 2130, 1999, pp. 1~3.

分缓慢和低效的过程，伯纳德认为从欧盟得出的一条经验是：更深层次的经济一体化不必要求完全的统一，只要协议中包含了有关的最低标准，相互承认已经足够。除了应急保护问题，几个主要领域如政府采购、投资政策、服务业管理体制等，似仍可通过传统的相互减让的 GATT 方式取得重大进展。在这些问题上，没有必要搞政策统一，最要紧的是达成允许外国企业在国内市场竞争并且不搞歧视的协议，也就是自由化和适用国民待遇及最惠国原则。不管是单边还是 WTO 内，想把不公平贸易的概念扩大到包括环境或劳工标准差异的企图都应受到积极抵制，因为寻求统一的劳工标准及环境政策不会提高可竞争性，尽管处理好这类压力对于保持以及增加市场准入很有必要。

不过，彼特斯曼也指出 WTO 并不是一个适合讨论边境后措施规制事宜的场所，这是因为源于不同国内风险偏好和国家治理体制的边境后措施，若想要通过如相互认可、等效、监管一致之类的合作方式去规制，在实践中是很难在多边层面上取得谈判成果的。[1]

王燕在前人理论的基础上提出将多边层面的全球治理与制定国际经贸规则分为四个时期阶段，分别是"关税治理"时期的国际经贸规则、"非歧视治理"时期的国际经贸规则、"贸易相关治理"时期的国际经贸规则以及"市场开放与法制同化综合治理"时期的国际经贸规则。在"关税治理"时期，国际经贸规则规制的重点是关税，规则主要涉及货物贸易领域，最早可以追溯至 18 世纪的《友好通商航海条约》。GATT 1947 作为二次世界大战后为了恢复全球经济、促进各国友好往来、形成全球贸易治理新秩序而达成的世界上第一个多边贸易协定，早期谈判主要集中于货物贸易的关税减让谈判，在 GATT 的八轮谈判中前七轮谈判都是致力于降低成员关税，且亦取得了卓越成果。此时，其他非关税的边境及国内措施开始影响贸易，形成行政或隐形壁垒。因此，GATT 逐渐向"非歧视治理"阶段过渡，其权限范围就不再仅仅限制于边境措施问题，而开始关注政府内部"边境之后"的措施，因为这些措施将不可避免地对国际贸易产生影响。国际贸易组织（International Trade Organization，ITO）以"贸易相关"的方式吸纳了相关边境后的规则，全球治理进入"贸易相关治理"时期，比如 1995 年生效的《与贸易有关的知识产权

[1] Petersmann, Ernst-Ulrich, supra note 6, p. 16.

协定》（Agreement on Trade-Related Aspects of Intellectual Property Rights，TRIPs）。TPP/CPTPP、USMCA、综合性经济贸易协定（CETA）等高标准区域贸易协定的出现使得国际经贸规则进入"市场开放与法制同化综合治理"阶段。[1]

（三）USMCA 强化对边境后措施的规制功能的具体内容

首先从上文的分析中可以确定的是边境后措施规制的主要平台并非 WTO 为主导的多边贸易体系，而是 TPP/CPTPP、USMCA 等高标准区域贸易协定。赵龙跃就分析了这种情况，在这轮国际经贸规则重构中，以 WTO 为主导的多边贸易谈判进展受阻，无法就边境后新议题达成新的多边规则。因此，以美欧为首的发达国家开始寻求双边和区域贸易协定，就边境后措施率先展开谈判并制定规则，呈现出议题广泛性增加和规则标准提高的整体趋势。[2]关于这些高标准区域贸易协定如何规制边境后措施这一问题，诸多学者进行了整体或专项性分析。朱隽等人将贸易保护主义兴起冲击全球贸易体系作为国际贸易规则重塑的整体大背景，从"怎么看"和"怎么办"两个问题针对国际贸易规则的重点议题展开了具体讨论，包括与国有企业规则、补贴、知识产权保护、技术转让、发展中国家"特殊与差别待遇"、数字贸易、金融领域等相关的国际规则。[3]李雪平以西方国家的新贸易保护主义为切入点，着重分析了劳工权益、环境保护、知识产权保护等相关政策和实践。[4]王燕从国际经贸规则重塑的二元制度构建出发，对国企竞争中立规则、国际投资条款等区域贸易协定国际经贸规则重塑的实践进行了分析。[5]高疆则主要针对 TPP 和 TTIP 等巨型区域贸易协定中相关的新规则谈判进行分析，包括协定的结构、理念、特征、内容以及影响等。[6]本尼迪克特·金斯伯里（Benedict Kingsbury）等人也是以 TPP 为研究对象，分析了后 TPP 时代的全球经济秩序，包括 TPP 对不同国家的影响与启示，重点关注监管合作、劳工、环境、

---

[1] 王燕：《国际经贸规则重塑的二元制度构建》，法律出版社 2020 年版，第 32~37 页。

[2] 赵龙跃编著：《制度性权力——国际规则重构与中国策略》，人民出版社 2016 年版，第 4~10 页。

[3] 朱隽等：《新形势下国际贸易规则的重塑》，中国金融出版社 2019 年版，第 1~10 页。

[4] 李雪平：《西方国家的新贸易保护主义与中国的应对措施研究》，人民出版社 2019 年版，第 156~231 页。

[5] 王燕：《国际经贸规则重塑的二元制度构建》，法律出版社 2020 年版，第 109~185 页。

[6] 高疆：《多边贸易体制、全球贸易治理与国际贸易新规则》，上海社会科学院出版社 2020 年版，第 166~198 页。

竞争政策等边境后议题。[1]黄鹏则重点分析了服务贸易和数字贸易领域的国际经贸规则重构，尤其着重阐述了在美国在这些领域的规则重构中协调单边主义的路径。[2]除上述专著外，国内外还有诸多单篇文献对这类话题进行了详细论述，尤其是国内关于 TPP 和 CPTPP 有大量讨论，而针对 USMCA 的专门分析则相对较少。

在 USMCA 规制边境后措施的具体规则方面，学者大多是通过与《北美自由贸易协定》(North American Free Trade Agreement, NAFTA)、CPTPP、RCEP 等协定中相应规则对比进行分析评述。欧阳俊和邱琼以世界贸易组织、TPP 为参照对象，基于文本和历史演进分析 USMCA 试图构建的国际贸易体系的目标、原则和治理机制。[3]张小波和李成通过对比 NAFTA 和 TPP 以及 USMCA 的文本，发现有许多与边境后措施相关的新变化，例如 USMCA 在数字贸易章节设置了诸多更严格的新标准，USMCA 吸纳了环境和劳工等作为协定的核心议题等。[4]王学东梳理了从 NAFTA 到 USMCA 的演变过程，并对两个协定文本进行对比与解读，在文本变化中发现 USMCA 实际上是在 NAFTA 的基础之上，结合了国际贸易最新的实践与理念，摒弃了过于理想主义的成分后综合形成的。[5]

第一，国有企业章节。丁倩对 USMCA 国有企业规则的发展脉络和规则内容进行了较为完整的论述，意图展现国有企业规则从国内法成为国际规则且标准越来越高的发展特点，并在此基础上对中国的国有企业规则新发展提出对策。在针对贸易协定中国有企业的规则进行具体分析时，多数学者选择从国有企业的界定以及非歧视待遇、商业考虑、非商业援助和透明度等方面进行剖析。李玉梅和张梦莎从文本对比的角度分析了 USMCA 与 CPTPP、中欧全面投资协定（CAI）和日欧经济伙伴关系协定（EJEPA）四个协定中国有企

---

[1] Benedict Kingsbury, *Megaregulation Contested: Global Economic Ordering After TPP*, New York: Oxford University Press, 2019, pp. 103~551.

[2] 黄鹏：《世界经济再平衡下的国际经贸规则重构——动因、方向及可能路径》，上海人民出版社 2020 年版，第 145~239 页。

[3] 欧阳俊、邱琼："《美墨加协定》的目标、原则和治理机制分析"，载《拉丁美洲研究》2019 年第 1 期，第 23~42、155~156 页。

[4] 张小波、李成："论《美国-墨西哥-加拿大协定》背景、新变化及对中国的影响"，载《社会科学》2019 年第 5 期，第 27~39 页。

[5] 王学东："从《北美自由贸易协定》到《美墨加协定》：缘起、发展、争论与替代"，载《拉丁美洲研究》2019 年第 1 期，第 1~22、155 页。

业的规则，认为上述协定国有企业规则虽有差异，但反映出了三点共识：加强国有企业和公共机构的范围认定、建立竞争性国有企业的商业行为准则以及建立竞争性国有企业的商业行为准则。[1]伊内斯·威来明斯（Ines Willemyns）同样是从上述几个方面对国际贸易协定中的国有企业规则进行剖析，肯定了这些规则为国际贸易提供了公平竞争的环境。伊内斯指出，允许单方面征收反倾销税或者实施反补贴等贸易救济措施无法完全纠正国有企业的扭曲贸易行为，只有制定国有企业的具体纪律和透明度要求，规定成员的一般义务与权利，才能进一步促进国有企业竞争中立。[2]金珉宇（Minwoo Kim）将贸易协定中的国有企业规则称为"规范看得见的手"，对贸易协定中的国有企业规则进行法理评析与批判性评估，认为当前贸易协定通过引入国有企业的明确定义更新规则并增强了规则的可执行性。[3]

第二，劳工章节。在劳工问题上，美国国内的主流声音认为美国的就业率大幅下跌主要源于美国严重的制造业外流，为了提高就业率，美国工会在 USMCA 的谈判中发挥了异常活跃的力量。李西霞指出，USMCA 升级和发展了 NAFTA 的劳工标准，主要体现在四个方面：一是 USMCA 劳工标准采取吸纳模式；二是与 1998 年《国际劳工组织关于工作中基本原则和权利宣言》建立起联系；三是 USMCA 劳动争议受制于主协定争端解决机制；四是扩大了 USMCA 贸易制裁的适用范围。通过对比 USMCA 与其他自由贸易协定中的劳工标准，李西霞发现 USMCA 劳工标准的发展特征不仅与 CPTPP 劳工标准趋同，而且延续了美国与秘鲁、巴拿马、哥伦比亚、韩国签订的自由贸易协定劳工标准的特征。她认为 USMCA 将最终加强上述宣言中核心劳工标准的实施，对多边贸易体系劳工标准规则确立造成撬动效应以及其他对国际贸易可能产生的影响，作为最新的法律实践，USMCA 极有可能演变成未来其他区域自由贸易协定中劳工标准的模板。

第三，环境章节。同样，在环境问题上，一方面，美国国内众多环保组

---

〔1〕 李玉梅、张梦莎："国有企业国际规则比较与中国应对"，载《国际贸易》2021 年第 8 期，第 13~19 页。

〔2〕 Ines Willemyns, "Disciplines on State-Owned Enterprises in International Ecnonmic Law: Are We Moving in the Right Direction?", *Journal of International Economic Law*, vol. 19, 2016, pp. 657~680.

〔3〕 Minwoo Kim, "Regulating the Visible Hands: Development of Rules on State-Owned Enterprises in Trade Agreements", *Harvard International Law Journal*, vol. 58, no. 1, 2017, pp. 225~272.

织不断呼吁加强对环境问题的关注；另一方面，美国惯于通过将环境问题转化为美国贸易标准的优势。因此USMCA中环境章节也进行了诸多符合美国利益的新调整，新增了过度捕捞、野生动植物贩运和海洋垃圾，以及有关水和空气质量的执行指南。周亚敏在对诸多区域性自由贸易协定的分析中发现，北方国家在区域贸易协定中大量嵌入环境条款，以环境规则外溢来建立并强化符合自身利益的全球绿色治理体系。这类环境条款因其非中性特征而成为北方国家干预南方缔约国国内环境政策的有效手段。[1]USMCA第24章环境章节是在TPP环境章节的基础上扩充而来，涵盖议题十分广泛。除了强调要履行认可的多边环境协定，还要求就已签订的多边环境协定进行信息沟通、磋商谈判新的多边环境协定以及各缔约方对加入其他多边环境协定的看法，这意味着美国贸易协定不仅关切已签署的多边环境协定，而且将磋商中的和未签署的多边环境协定都纳入考虑。USMCA依然强调公众参与和环境合作的重要性，要求确保在环境影响评估中有公众参与，根据环境合作协定来展开三方环境合作项目以改善环保技术和实践。最重要的是，最早出现在TPP文本中的"基因资源"概念，也在USMCA的生物多样性条款中得到了复制、扩展和实施。USMCA环境条款的演变表明，贸易协定中所涵盖环境问题的广度和深度不断增加。

第四，数字贸易章节。学者们关注的主要是USMCA框架下数字贸易章节中的跨境数据自由流动、数据存储非本地化、禁止源代码强制性披露、对数字产品的非歧视待遇以及豁免互联网服务提供商的第三方侵权责任等内容。周念利基于上述内容分析了美国在数字贸易规则方面的核心诉求，并比照中国国内法相关规则分析了中美在数字贸易规则上的分歧。[2]通过对比，他指出USMCA在TPP的基础上对数字贸易规则进行了一系列深化和升级，可预计未来美国会借助此类区域贸易协定继续推动数字贸易国内规制的国际化，USMCA的数字贸易规则则会成为最新的美式模板。[3]陈颖则对USMCA与

---

[1] 周亚敏："全球价值链中的绿色治理——南北国家的地位调整与关系重塑"，载《外交评论（外交学院学报）》2019年第1期，第49~80页。

[2] 陈寰琦、周念利："从USMCA看美国数字贸易规则核心诉求及与中国的分歧"，载《国际经贸探索》2019年第6期，第104~114页。

[3] 周念利、陈寰琦："基于《美墨加协定》分析数字贸易规则'美式模板'的深化及扩展"，载《国际贸易问题》2019年第9期，第1~11页。

CPTPP、RCEP、EJEPA 进行了数字贸易规则的比较分析，认为这些协定中数字贸易规则的差异主要源于美国、欧盟和中国等主导国家之间的利益诉求分歧，由于尚未形成统一的规则体系，因此中国需要不断寻求合作与突破。[1] 张俊娥和董晓红以 USMCA 为研究对象剖析了中美数字贸易规则领域的分歧焦点，主要是跨境数据流动、数字知识产权、数据存储地等，提出中国应当从分类监管、完善数字知识产权保护机制以及平衡数据主权与经济发展等角度进行应对。[2]

第五，良好监管实践章节。关于监管一致性与监管合作，暂无学者专门针对 USMCA 中相关规则内容进行专项分析。根据高明的分析，对边境后措施进行监管合作的主要原因在于不同国家制定的边境后措施存在差异，而这种差异会增加企业的合规成本，导致不公平的贸易竞争和经济扭曲，因此需要对边境后措施进行规制协调和融合，对边境后措施进行有效监管。[3] 伯纳德·霍克曼（Bernard Hoekman）教授根据是否需要承诺不做某事或是否需要采取积极行动等标准将监管合作分为浅层次监管合作和深层次监管合作。[4] 浅层次监管合作主要限于承诺提高监管透明度，建立流程以便各方可以通过该流程相互交流和协商，以及承诺在采用新法规之前征求意见等举措。更深层次的监管合作则涵盖了从相互认可到接受等效的监管体制各种可能的合作方式。

国内学者胡枚玲和张军旗对 CPTPP 的"监管一致性"章节进行了详细的剖析，指出 CPTPP 协定整体保留了 TPP 协定首次纳入的"监管一致性"议题的内容，主要阐释了透明度、公众参与、争端解决机制等良好监管实践规则，并对 CPTPP 如何平衡贸易自由与规制主权进行了文意解读。[5] 就良好监管实践而言，其中最核心的机制在于监管影响评估机制，英国政府内阁办公室认

---

[1] 陈颖："数字服务贸易国际规则研究——基于 CPTPP、EU-JAPAN EPA、USMCA 和 RCEP 的比较分析"，载《全球化》2021 年第 6 期，第 90~101、136 页。

[2] 张俊娥、董晓红："从 USMCA 看中美数字贸易规则领域的分歧及中国应对策略"，载《对外经贸实务》2021 年第 2 期，第 42~45 页。

[3] 高明："服务业开放的边境内措施对服务贸易的影响研究"，天津财经大学 2019 年博士学位论文，第 127 页。

[4] Bernard Hoekman, "'Behind-the-Border' Regulatory Policies and Trade Agreements", *East Asian Economic Review*, vol. 22, no. 3, 2018, pp. 243~273.

[5] 胡枚玲、张军旗："论 CPTPP 规制合作的新范式及中国应对"，载《国际贸易》2019 年第 10 期，第 35~41 页。

为该机制是一种重要的政策工具,可被视为传统成本效益分析(Cost-Benefit Analysis)的延伸和概括。[1]近年来监管影响评估机制的应用范围不断扩大,它可以有效协助监管机构评估其正在制定的法规的必要性和潜在影响(比如在成本、收益和风险方面的影响),以判断该法规是否可能实现预期目标。2011年,亚太经合组织(APEC)领导人宣言附件D《加强实施良好监管实践》提出RIA机制作为良好监管实践的内容之一,通过对监管影响进行评估并对比替代方案,有助于消除不合理的和过时的规章制度,促进成员间的监管一致性,从而提高生产力和创造就业机会,促进贸易和投资,并保护环境、公共卫生及安全等。

(四)美国利用USMCA强化对边境后措施规制的更高目标

美墨加三国重新谈判达成的USMCA显然又是美国意志的一次体现,它是美国维系在国际经贸体系中的主导地位,服务美国利益,反映"美国优先"(America First)理念的新规则的制度性工具。根据尹政平等人的观点,国际经贸规则重构重点产生变化实际上反映了美欧等国利益诉求的变化,传统贸易协定规制的重点在边境措施,但随着贸易和投资全球化以及全球价值链的不断扩张,发达国家认为发展中国家的边境后措施构成了新的贸易壁垒,为了打破这类壁垒,维系本国公司的竞争优势和主导权,这些发达国家开始在协定中吸纳边境后议题以做好规则上的准备,[2]尤其是美国作为世界贸易体系的主导国,逐渐将环境标准、劳工标准、国有企业监管、汇率操纵、非市场经济国家等新议题提上贸易谈判议程,以双边和区域谈判取代了传统的多边贸易谈判机制,迫使贸易伙伴国家就新议题达成妥协。正如王翠文所说,从NAFTA到USMCA时代,北美区域合作的政治基础变得更加脆弱,贸易谈判和规则体系的调整都体现了美国现实主义的逻辑。[3]美国向来惯于利用这些贸易谈判与规则调整输出符合自身意志与利益诉求的美式规则,斯蒂芬·M.沃尔特在对美国权力的研究中就指出,在贸易谈判中,美国的谈判代表们

---

[1] Government of the United Kingdom, Cabinet Office, Good Policy Making: A Guide to Regulatory Impact Assessment, 2000, p.18.

[2] 尹政平、杜国臣、李光辉:"多边贸易体制与区域贸易安排的关系与前景",载《国际贸易》2017年第7期,第11~15页。

[3] 王翠文:"从NAFTA到USMCA:霸权主导北美区域合作进程的政治经济学分析",载《东北亚论坛》2020年第2期,第19~31、127页。

一直坚持贸易协定还应包含那些单纯被视作国内事宜的内容，如劳动标准、环境保护、知识产权、政府规章等，[1]而NAFTA和世界贸易组织已归并了部分内容，这些条款要求签署方将大量的国内制度及程序与特定条约所定义的标准一致，导致后加入的国家就不得不接受一系列它们根本没有参与形成并且没有反映其理想中偏好的规则。USMCA显然遵循着这一传统路径，通过强化对边境后措施的规制功能在新一轮国际经贸规则重构中抢占先机，迫使后来者接受这一系列美式规则。

根据摩拉奇克（A. Moravcsik）和瓦楚多娃（M. A. Vachudova）的关于自由政府间一体化的分析，自由政府间一体化的逻辑在于那些能够通过更密切的政府间合作而获得最大受益的国家对于达成政府间协议的偏好最为强烈，即与多边政策制定相比，这种小范围的政府间合作对这些国家更具吸引力。因此，自由政府间一体化不承认存在超越具体缔约方利益的集体利益，一体化只是缔约方实现最大化自身利益的工具。[2]USMCA实际上就属于自由政府间主义一体化，美国贸易谈判代表在USMCA的谈判中始终秉持着"美国优先"理念，该协定突出了公平和对等贸易理念。在万军的观点里，与积极推动北美经济一体化的NAFTA相比，在USMCA的谈判中，美国始终突出和强化"美国优先"的战略考量，经济一体化不再是谈判的目标，而是作为美国实现自身利益最大化的政策工具。[3]廖凡同样认为USMCA中体现的是一种以"美国优先"为基本立场的美式全球化，美国所追求的是符合美国利益的国际经贸规则重构。[4]沈伟和胡耀辉则将USMCA视为美式小多边主义的重要成果，强调这种小多边主义所体现的"美国优先"理念实际上与20世纪所强调的"以美国为中心"（US-Centered）理念形成了呼应。[5]UMSCA还刻意强化

---

[1] ［美］斯蒂芬·M. 沃尔特：《驯服美国权力：对美国首要地位的全球回应》，郭盛、王颖译，上海人民出版社2008年版，第29页。

[2] A. Moravcsik, M. A. Vachudova, "National Interets, State Power, EU Enlargement", *East European Politics and Societies*, vol. 17, no. 1, 2003, pp. 42～57.

[3] 万军："《美墨加协定》对北美三国投资的影响"，载《拉丁美洲研究》2019年第2期，第1～24、154页。

[4] 廖凡："从《美墨加协定》看美式单边主义及其应对"，载《拉丁美洲研究》2019年第1期，第43～59页。

[5] 沈伟、胡耀辉："美式小多边主义与美国重塑全球经贸体系"，载《国际论坛》2022年第1期，第3～24页。

了对中国的遏制和针对性,王俊在对 USMCA 的整体分析中指出,作为美国贸易协定的新范式,USMCA 涵盖了一系列非传统的边境后议题,该协定实质上重申了美国重塑国际经贸规则的战略意图,是美国遏制中国的重要战略工具。他认为,USMCA 的签署将对中国的"走出去"战略构成重大障碍,对中国区域经济一体化战略的实现具有重要意义,使中国重点领域的改革迫在眉睫,并可能使中国面临"重新入世"的挑战。而中国应积极推动世贸组织改革,捍卫多边体制,深化国内改革和扩大对外开放。[1] 翁国民与宋丽认为 USMCA 中的"毒丸条款"(poison pill)实际所针对的就是中国的市场经济体制,协定所反映的美国核心利益诉求之一就是遏制中国的发展。[2] 洪朝伟和崔凡采用全球贸易分析模型(GTAP 模型)从北美区域价值链的角度分析了 USMCA 对全球贸易格局和各国经济可能产生的影响与冲击,根据模型的计算结果,USMCA 能够有效促进美国的经济发展,但会对中国在亚太地区的贸易往来造成阻碍。[3]

(五)中国的应对策略

就中国对外开放与边境后措施的关系而言,学者的观点较为一致,认为中国当前的制度型开放的重心就在于边境后的开放。江小涓指出,中国的对外开放进入了转型的新时期,其中最重要的一环就是推动制度型开放,构建与国际规则衔接的制度体系,尤其关注到 USMCA、CPTPP 等高标准区域贸易协定,通过自贸区进行规则试验,从而以开放促改革,优化营商环境,建立高标准的国内市场体系。[4] 张二震与戴翔认为新一轮的开放必然意味着从边境开放措施向境内开放措施转变,这是中国构建开放型经济新体制的内涵,他们尤其指出高标准是当前全球经济规则发展的重要趋势,为了适应这种高标准,建立更加成熟、完善、公平、规范、透明且法制化的市场经济体制,中

---

[1] 王俊:"美国贸易协定新范式及对中国的挑战",载《亚太安全与海洋研究》2019 年第 1 期,第 12~24 页。

[2] 翁国民、宋丽:"《美墨加协定》对国际经贸规则的影响及中国之因应——以 NAFTA 与 CPTPP 为比较视角",载《浙江社会科学》2020 年第 8 期,第 20~29 页。

[3] 洪朝伟、崔凡:"《美墨加协定》对全球经贸格局的影响:北美区域价值链的视角",载《拉丁美洲研究》2019 年第 2 期,第 25~43 页。

[4] 谢伏瞻等:"中国共产党与中国特色社会主义政治经济学——庆祝中国共产党成立一百周年笔谈",载《经济研究》2021 年第 6 期,第 16~22 页。

国的唯一可选择路径就是进一步推动经济体制改革。[1]全毅和胡维在探讨开放型经济新体制的基本框架与实现路径时指出当前提出加快构建开放型经济新体制的背景之一为美国主导的贸易谈判试图构建一个全新的国际贸易规则体系，把新规则所规范的领域从边境延伸至边境后。[2]由于美欧日市场规模以及在国际价值链的主导地位，这些协定的规则会成为引领未来全球贸易规范的基准，因此中国在设计开放型经济新体制的基本框架时，对于贸易自由化与便利化的制度安排应当注重增加贸易机会、减少贸易成本以及削减边境内的贸易壁垒，这将不可避免涉及国内经济体制、规制与政策调整。余雷再次强调边境后措施问题是中国构建更高水平开放型经济体制的现实挑战之一。[3]廖凡在对 USMCA 背后的美式单边主义进行剖析后，提出中国应当从多边、区域和国内三个层面出发作为积极应对，在多边层面中国所面临的主要是 WTO 改革相关问题，当前 WTO 囿于自身弊端无法有效组织新议题的谈判，但不可否认 WTO 在世界贸易体系中的重要作用，中国应当积极推动 WTO 改革，并利用 WTO 规则约束区域贸易协定中的不公正条款；在区域层面，中国主要是运用好 RCEP 这一平台并积极加入 CPTPP；而在国内层面，中国应当高举对外开放的旗帜，不断深化改革、扩大开放，提高经贸法制水平，构建高质量的营商环境。[4]在中国的具体规则应对方面，东艳与李国学在分析国际经贸规则重塑与河南自贸试验区制度型开放的基础上，提出三类不同的对标规则：一是优先对标和改革的规则，包括商务便利化、监管一致性、中小企业等；二是渐进对标和调整的规则，包括环境、劳工、透明度等；三是探索和逐步对接的规则，包括国有企业竞争中立、负面清单、争端解决机制等。[5]

（六）对国内外研究现状的评析

国内外学者从不同学科和不同角度对国际经贸规则重构中的边境后措施

---

[1] 张二震、戴翔："关于构建开放型经济新体制的探讨"，载《南京社会科学》2014 年第 7 期，第 6~12 页。

[2] 全毅、胡维："论开放型经济新体制的基本框架与实现路径"，载《新兴经济体创新发展与中国自由贸易试验区建设论文集》（上），第 13 页。

[3] 余雷："更高水平开放型经济新体制的构建路径"，载《河南社会科学》2020 年第 2 期，第 57~65 页。

[4] 廖凡："从《美墨加协定》看美式单边主义及其应对"，载《拉丁美洲研究》2019 年第 1 期，第 43~59 页。

[5] 东艳等：《国际经贸规则重塑与自贸试验区建设》，中国社会科学出版社 2021 年版，第 17~147 页。

问题进行了诸多研究，内容涉及动因、规则内容、法理基础以及中国应对策略等，但一方面，现阶段国内外关于 USMCA 的研究较为分散，以笼统性归纳为主，缺乏具体的框架性分析解构。在国际经贸新规则的研究方面，国内研究聚焦于 CPTPP，忽略了 USMCA 虽然与 CPTPP 同源，但内容上仍然有一系列的增改与删减，加之美国业已退出 CPTPP，USMCA 作为当前由美国主导达成的高标准区域贸易协定，其地位可见一斑。因此，立足于美国视角研究分析 USMCA 仍然具有极高的价值。另一方面，目前关于"边境后措施"的研究主要集中在经济学领域，且相关文献大多将"边境后措施"作为研究主题的背景阐释，至于边境后措施具体内涵、生成动因通常也是以分散讨论的形式存在，尚未形成清晰的框架体系，需要从众多文献中提取糅合。此外，在中国的应对策略方面，虽然目前已有部分学者意识到"十四五"规划中建设更高水平开放型经济新体制这一目标所要求的制度型开放，实际上就是一种"边境后"开放，但是关于新阶段对外开放与边境后措施之间的关系尚未厘清，缺乏一套完整的理论与实践相结合的研究框架。

三、理论与实践意义

（一）理论意义

第一，本书以国际条约、国际贸易协定、区域贸易协定、USMCA 为四个定位点，全面梳理了条约与贸易协定的发展和功能定位，通过共性结合个性的方式，以递进式路径确定美国视角下 USMCA 的特定功能定位。

第二，目前暂无普遍意义上的边境措施的概念与类型划分，国内关于国际经贸规则（边境后规则）的研究大多停留在规则内容及对中国借鉴和启示的分析，对边境后措施形成的动因、制定相关规则的动因及现实背景和制度环境的分析有待加深。本书将结合边境后措施的多学科背景，进一步界定边境后措施的概念与内涵及性质，对混用的概念进行区分，为后续研究奠定理论基础。

第三，以对边境后措施为切入点，从国有企业、社会议题、数字贸易、监管合作多个方面对 USMCA 的具体规则内容进行梳理，并与 CPTPP、RCEP 等贸易协定进行对比分析，确定 USMCA 如何强化对边境后措施的规制功能，从而成为美国维系规则主导权的有力工具。

(二) 实践意义

边境后措施实则已构成未来多边贸易体系改革中最为棘手的难点、重点和焦点。边境后措施与新兴贸易业态及与原有贸易规则体系之间的关联性增大了多边贸易体系改革的难度、深度和广度。边境后措施不仅与既有规则的贸易业态连接，也与新兴贸易业态领域连接。一方面，针对边境后措施，既有规则体系必须脱胎换骨；另一方面，边境后措施对新兴贸易业态有系统规制和引领作用，必须考量边境后措施的内容之后再来制定和完善。边境后措施也就促成了两大领域叠加、融合和互动。鉴于此种情形，边境后从理论阐释、规则体系到制度建构都对当现国际经贸规则和全球规则治理体系的改革与完善提出了新的标准、新的诉求、新的发展内涵，必须在理论上给予系统的理论阐释与梳理，也必须在规则体系的发展演进中作出系统研判，必须对其关联性之显著特征作出精准的学术研判。

鉴于 USMCA 是美式自由贸易协定的最新模板，在某种程度上它代表着美国在国际经贸规则重构中的根本诉求和愿景，尽管它的达成是在特朗普政府的领导下，但拜登政府已明确表示本届政府的贸易政策将不会进行过多调整，且美国面临的整体贸易大背景并未发生根本性变化，所以可以预期的是美国对于未来国际经贸规则的需求将会更加严苛，USMCA 中的高标准、高规则将成为美国未来达成贸易投资协定的基本出价，美国将会以 USMCA 作为以区域贸易规则整合推进整体多边贸易体制改革的逻辑起点。

同时，这些新的规则也正深刻形塑着我国新阶段对外开放的外部环境，尤其是 USMCA 关于边境后措施的诸多新规则与中国当前阶段的改革需求存在不同程度的契合与相悖情形。因此，面对国际经贸规则重构以及美欧等迫切通过区域贸易协定中边境后新议题谈判继续掌握规则主导权的这一局面，我们应当纵观全局，在洞悉美国意图的基础上分析不同的规则所产生的效应与影响，并给出对应的策略。这也对我国建设更高水平开放型经济新体制，实现从要素流动型开放转向制度型开放具有重要的实践价值。

四、研究方法

（一）文献分析法

收集并分析大量理论文献，将文献综述作为研究的关键环节，对有关 USMCA 边境后措施的现有文献进行全面的梳理、分析与归纳，找出研究的薄弱环节作为理论创新突破口。

（二）跨学科分析法

在对USMCA的规制功能定位和边境后措施进行研究时，吸纳国际法学相关理论之外，还综合政治学、经济学、国际关系学等众多学科领域的理论，尽力确保研究的广阔性和完整性。

（三）对比分析法

对比分析USMCA与GATT/WTO以及CPTPP和RCEP中边境后措施相关规则，探究USMCA如何强化对边境后措施的规制功能，从而成为美国维护自身利益、掌控规则主导权的有力工具。

（四）实证分析法

在阐释USMCA具体章节中的内容时，通过列举在WTO的争端解决实例加深对规则的理解。

五、研究创新

本书结合多学科视角对边境后措施的规制进行解读，尝试剖析USMCA通过强化边境后措施规制功能所企图达到的更高层级的目标，全面梳理了USMCA强化边境后措施规制功能方面的具体规则，并结合中国的制度型开放提出多层面的应对策略。具体而言，本书的创新点体现在以下四个方面。

首先，从国际条约开始溯源USMCA的规制功能，以共性结合个性的方式确定了USMCA的核心功能在于规制功能，进而从美国视角确定USMCA规制功能所服务的更高层级的目标，即服务美国利益并维系美国在国际经贸规则体系中的主导地位。

其次，全面梳理边境后措施基础理论，结合非关税措施、国内规制等概念进行对比分析，一方面厘清边境后措施与上述概念的关系与区别，另一方面构建对边境后措施的全面解读，确定本书语境下所适用的相关内涵。并且对国际经贸规则重塑的全球大环境进行事实与理论的全面剖析，为边境后措施为何成为国际经贸规则重构的焦点提供背景支撑。

再次，详细阐释了USMCA在哪些重要领域如何强化边境后措施的规制功能。主要以USMCA国有企业、环境、劳工、数字贸易、监管合作等具体章节为研究对象，结合GATT/WTO、CPTPP、RCEP以及诸多双边或区域贸易协定进行全面的对比分析。

最后，分析解读中国的对外开放与边境后措施的关系，以边境后措施为切入点构建起中国制度型开放与国际经贸规则重构和 USMCA 三者之间的联系，在此基础上从角色转换、具体规则领域、规则对接平台、国际层面提出了中国的应对策略，并提出了将对外开放、处理中美贸易摩擦、推动 WTO 改革与加入区域贸易协定的四极联动模式作为中国推动构建国际经贸新规则的可行路径。

第一章

USMCA 的演进与规制功能定位

本章沿着国际条约、国际贸易协定、区域贸易协定、USMCA 的递进路线，通过对国际条约和贸易协定发展演进的详细梳理，尝试以共性结合个性对 USMCA 进行功能定位分析，主要目的是将 USMCA 的功能定位在两个层面，即除具有一般的条约和贸易协定对缔约方贸易关系进行规制协调这一核心功能外，USMCA 更高层级功能是作为美国继续影响和主导国际经贸规则的政策工具。简而言之，本章所揭示的是 USMCA 的规制功能实际上是服务于更高层级的工具性功能，从而为后续章节分析 USMCA 奠定基础，而后续章节在剖析 USMCA 如何强化对边境后措施的规制功能时，其实也是在呼应本章所揭示的美国视阈下 USMCA 将如何服务于美国的利益，维系美国在国际经贸规则体系中的主导地位。因此，本章在对 USMCA 进行功能分析时，主要是从美国视角出发，尝试从美国的公平与对等贸易理念、美国利益优先等角度阐释该协定诞生的原因及其本质目标功能。

第一节 国际条约的概述与规制功能分析

本节主要是从共性和个性的层面去分析条约的功能，分别是国际条约的一般功能以及国际贸易协定的特定功能，条约是施加约束性义务的工具，核心功能在于通过规制权利义务关系发挥协调标准作用，贸易协定则是在贸易方面为了确定彼此的权利和义务关系而缔结的书面协议，核心功能在于规制各方贸易关系而促进贸易往来。通过如下分析为第二节与第三节进一步定位 USMCA 的规制功能奠定理论基础。

一、国际条约的概念与发展

(一) 条约的概念与特征

条约的缘起主要是与国际发生战争后恢复和平以及结成同盟和划定疆界等目的相关。条约的语源"pactus"与"pactum"就是从拉丁词 paciscere 的过去分词 pactus 演变而成，而 paciscere 意味着达成一致、缔结契约或条约，词根 pac 源于 pax，而 pax 意味着交战国达成协定的行为或事实。[1]当前，条约主要是指国际法主体之间达成的各种协议，它们也可以被称为协议、公约、议定书、宪章、公约、议定书或协约，与习惯共同构成国际法的主要渊源。就国家而言，条约是国家参与国际关系和进行国际交往的主要工具，缔结条约是行使独立或主权的最古老和最独特的方式之一。"条约"一词的定义见 1969 年《维也纳条约法公约》[2]（Vienna Convention on the Law of Treaties，VCLT）第 2(1)(a) 条，"条约"被定义为"国家之间以书面形式缔结并受国际法约束的国际协定，无论其体现在单一文书或两个或多个相关文书中，也无论其具体名称如何"。因此，条约本质上是缔约方之间通过书面形式达成的协议，旨在就影响国际的任何事项达成一套原则。通常，联合国大会通过的宣言不是条约，因为它们不具有约束力，但它们可能是最终导致联合国条约谈判的进程的一部分。狭义上的条约仅限于国家间的合意而缔结的权利义务关系，主要具有以下特征：首先，缔约主体是两个或者两个以上国际法主体；其次，形式上应当达成意思表示的一致（concurrent wills），即国际法主体之间意思表示应当一致；最后，条约的内容是在各缔约方之间创设国际法上的权利和义务关系并对规制该法律关系。条约具有约束力，但并不对其每条规定产生任何法律义务，其主要目的是在各方之间建立法律关系，以通过协议规范其关系。当前国际社会中已经有涉及各种领域的协议，如政治、军事、经贸等。正如著名国际法学家阿诺德·麦克奈尔爵士（Lord Arnold McNair）被广泛引用的论述，即"条约是国际社会为进行多种多样的交易而配备的唯一且过度利用的工具"[3]。

---

[1] 李浩培：《条约法概论》，法律出版社 1987 年版，第 37 页。

[2] 《维也纳条约法公约》通常被称为"条约公约"，它构成了习惯国际法的重要组成部分，为条约的特征和行为提供了基本框架。它不仅定义了条约，还涉及条约的制定、修订、解释、运作和终止的方式。它的目的不是为缔约方创造具体的实质性权利或义务——这是由具体条约决定的。

[3] Arnold McNair, *The Law of Treaties*, Cambridge: Cambridge University Press, 1961, p.739.

(二) 国际条约的发展演进

国际条约的历史与有组织的人类共存的历史一样。当今已知的第一个条约可能是赫梯帝国的统治者于公元前 14 世纪与邻国以及附庸国缔结的条约。之后是赫梯国王与埃及国王拉美西斯在公元前 1280 年至 1270 年之间签订的条约。而全文保存的最古老的国际条约是厄尔巴国王与亚述王缔结的友好商业协定。虽然中世纪不存在现代意义上的"国家"和"国家体系",但主权国之间依然签订了大量国际条约。

中世纪早期,具有法律性质的条约不仅在独立的君主和当局之间缔结,也在不同等级和法律地位的当局之间缔结。条约可以被赋予成文法的效力,但它们通常被记录在单独的文件中,这些文件在形式上相互独立,第一个并入同一文件的联合条约是《康斯坦茨条约》(Treaty of Constance),由腓特烈一世皇帝和教皇欧根三世于 1153 年缔结。雨果·格劳秀斯(Hugo Grotius)在其开创性著作《战争与和平法》中阐述了条约法的理论基础,提出了基于自然正义概念的条约一般理论。这一时期的国际条约仍然主要用于解决特定争端或处理具体事务,如缔结和平关系、确立边界或割让领土等,暂未出现具有立法性质的条约。

由于 1814 年至 1815 年的维也纳会议后世界维持了 40 年的和平状态,在这样的稳定时期,国际条约关系开始集中在技术与行政问题上,在具体的法律交易方面,各国开始利用条约作为规范其国际关系的手段,大量的国际会议也促进了集体条约形式。当条约被用作国际立法的文书时,法律学说开始区分关于特定法律交易的条约,即契约性条约和造法性条约。工业革命时期的技术和经济发展,导致各国相互依存度不断提高,该时期双边协定的数量也显著增加。仅 1917 年当年就有约 1 万个条约生效,从国际法角度来看,这是一个成文法显著增加的时代。而 19 世纪条约法的进一步结构性发展对整个国际法律体系产生了重大影响,出现了通过集体性质的多边条约创建国际组织。例如 1865 年的国际电报联盟和 1874 年的万国邮政联盟,这些条约和以条约为基础的国际组织的主要行政性质不同于国际法的传统视角,此前国际法的视角完全集中在国家间的政治协调,这一改变表明了国际条约的结构发生了巨大变化。

国际联盟(League of Nations)的出现,以及《凡尔赛条约》第 18 条规定了条约的登记并将其作为条约具有约束力的先决条件，为条约的制定创造了适当的法律环境，提高了条约的制定技术，在1920年1月1日至5月19日间就有近3600项条约或国际约定在国际联盟的秘书处登记。尽管国际条约的数量和重要性都显著增加，但依然缺乏结构清晰、定义明确的条约法，条约本身也被认为内容模糊不确定，为了改变这一现象，国际联盟专家委员会在国际法编纂的主体清单中列入了"是否可能为国际会议程序和起草条约制定建议的规则以及这些规则是什么"的问题，但国际联盟理事会认为该问题不具紧迫性，故未进行处理。1925年，美国国际法学会应泛美联盟理事会的要求，起草了一份国际法编纂草案，其中拟定了一份关于条约的草案，经修订后产生了《哈瓦那条约公约》，于1928年2月20日在第六届美洲国家国际会议上通过，但该公约存在许多缺点，例如对"条约"一词没有进行定义或解释，以及其中所包含的原则也十分零碎，因此对澄清条约法没有作出重大贡献。随后，哈佛大学的研究所起草的《条约法公约》则有所改进，对澄清当时条约法的诸多方面起到了重要作用。不过，1969年的维也纳会议通过的《维也纳条约法公约》才是国际条约法的第一次全面编纂。

二、国际条约的分类与规制功能

（一）条约的核心功能定位

条约构成了现代国际法大部分内容的基础，是国际法的重要渊源。条约有助于满足各国通过协商一致来规范共同关心的问题的基本需要，从而使它们相互间的关系保持稳定和谐。作为确保国际关系稳定、可靠的工具，条约是国际和平与安全的最重要的因素之一，而这恰恰也是条约从国际法诞生早期开始就成为国家等实体之间法律关系的主要来源的原因。《维也纳条约法公约》的序言就强调了条约在国际关系史上的根本作用，特别是条约对于国家间和平合作的重要性。

条约作为国际法行为体即主权国家和国际组织根据国际法签订的明示协议，在缔约方之间产生法律权利和义务，是一种施加约束性义务的工具。托马斯·C.谢林（Thomas C. Schelling）在其经典著作《冲突的战略》（The Strategy of Conflict）中提到了解决博弈论中的"囚徒困境"的可行路径，即建立"焦点"（Focal Point），处于囚徒困境中的各方依据经验证据（包括先例、偶然安排、因果推理以及他们对彼此的了解等）推测其他人的可能推测，倘若这类经验证据中的某一点对所有人来说都是如此明显（obvious）以至于每个人都确信该点对他们来说都是显而易见的，那么这些参与者的注意力都将聚焦于这一点。[1]随后，焦点理论被学者应用于法律表达理论（Expressive Law Theory），指法律可以在纯粹的协调博弈中（Pure Coordination Games）充当"焦点"，在不实施威胁制裁的情况下，法律往往也能够提供一种最为突出的解决方案，足以使各参与方愿意围绕解决方案进行协调，进而在博弈中达到均衡。[2]在国际法领域，法律表达理论具体体现为条约的协调功能理论。[3]具体而言，条约通过设置实质性义务可以创制"焦点"，即条约中关于缔约各方权利义务的表达充当着国家之间的国际经贸投资活动的焦点，使得条约在缔约国之间的谈判协商中发挥规制与协调标准作用并最终达成博弈均衡。[4]

条约亦是各国实现自身利益的重要工具。在决定是否参与条约时，理性的国家会将未进行国际合作获得的净收益与通过国际合作实现特定目标获得的净收益进行比较。若将国家在缺乏国际合作的情况下可获得的回报视为一种自助回报（self-help payoff），最高的自助回报就代表了国家在考虑参与国际条约时面临的机会成本。在没有国际合作的情况下，各国或多或少有能力追求特定目标，并可能从这种追求中获得不同的净收益。[5]因此，各国在参与条约方面面临不同的机会成本，而当条约各方追求共同的规模经济或存在贸易收益时，那么国家从条约中的获益就可能会超过其机会成本。

（二）基于分类的规制功能

麦克奈尔很久以前就指出了条约所发挥的多种规制功能。一些条约决定了领土和与领土有关的权利，涉及国家之间讨价还价的条约则与合同类似，

---

[1] SCHELLING Thomas C., *The strategy of conflict*, Cambridge: Harvard University Press, 1980, p. 57.

[2] North, D. C., "Institutions and credible commitment," *Journal of Institutional and Theoretical Economics*, vol. 149, no. 1, 1993, pp. 11~23.

[3] Tom Ginsburg and Richard H. McAdams, "Adjudicating in anarchy: an expressive theory of international dispute resolution," *Social Science Electronic Publishing*, vol. 45, no. 4, 2004, pp. 1229~1339.

[4] 毕莹、何剑波："条约功能视阈下负面清单范围解释机制之研究——兼评RCEP相关条款的完善方向"，载《海南大学学报（人文社会科学版）》2022年第1期，第142~151页。

[5] Vincy Fon and Francesco Parisi, "The Formation of International Treaties," *Review of Law & Economics*, vol. 3, no. 1, 2005, pp. 5~33.

创建一套规则的条约更具有"立法"性质，建立一个机构的多边条约则类似于公司章程。因此，思考不同类型条约的不同特点并设置专门规则无疑是必要的。当前关于条约的分类多种多样，条约可以根据其目的或缔约方数量进行分类。例如，根据缔约国数量可以将条约分为双边条约与多边条约。条约的此种分类，最早是为了服务契约性条约和造法性条约的界定。双边条约是指两个缔约方一对一签订的国际条约，旨在根据两国特定的形势与利益诉求调整两者之间的关系，是一种特定的互惠。多边条约则是相对双边条约而言的，主要是指三个及以上的多个国家共同签订的国际条约，调整的是多个国家之间的关系，是一种扩散的互惠。基于对象的分类可能有定义政党盟友或裁军政策的政治条约，以及旨在建立和定义国际组织职能的行政条约，还存在商业条约、刑事条约、人权条约等。但更切中条约内核的分类无疑还是根据条约的实质进行的分类——"造法性条约"（law-making treaties）和"契约性条约"（contractual treaties）两类，其中造法性条约是旨在为国际社会制定普遍遵循的规则的条约，它们"以法律设想的方式为各缔约方的未来行为创设一般规范，而且这种条约义务对所有缔约方基本上是相同的"[1]。而契约性条约是规定各方当事人在特定事项上的权利和义务的条约，例如各方同意解决某种争端的条约。

造法性条约的出现与公共层面国际法律秩序的出现密不可分，与特定功能领域（例如使用武力）相关的公共维度通常需要具有法定功能的规则，即一种超越平等主体之间自愿法律关系的规则。杰拉德爵士（Sir Gerald Fitzmaurice）在1955年至1960年间起草了一部条约法解释法典，区分了三大类条约。第一类是基于互惠权利或利益交换的双边或多边条约。第二类是一种"相互依存"的条约，即一方的表现依赖于所有其他方的表现，例如裁军条约。第三类即制定法律的条约，或涉及承诺遵守某些标准和条件的条约，又或任何其他条约，其中义务的法律效力是固有的，而非依赖于其他缔约方的相应履行，即在所有条件下都必须履行绝对且完整的义务。[2]在杰拉德的定义中，"造法性条约"是固有条约的一个子类别，此类条约下产生的义务，无论从法律还是实践角度看，都不依赖于其他缔约方的相应履行，典型的例子

---

[1] [英]伊恩·布朗利：《国际公法原理》，曾令良等译，法律出版社2003年版，第10页。
[2] Second Report on the Law of Treaties, UN Doc. A/CN.4/107, YILC 1957, Vol. II, p.31.

有人权条约和国际劳工条约等。造法性条约的标的物和内容是法定的,与其他条约不同,造法性条约不仅仅制定了留给签署方自由裁量权的规则,还以法规的形式创建强制性义务。因此,这些条约规定的义务是独立的,无需遵循一套单独的规则。造法性条约通常是多边的,涉及两个以上的缔约方,并且缔约方拥有一个影响全球的共同目标,例如人权条约和海事法被列为最常见的造法性条约。

与造法性条约不同,契约性条约具有更排外的当事方群体,并且通常是双边性质的。双方之间存在共同利益,通常是商业或政治利益。要么获得某种利益,要么获得保护以提供同样的回报。虽然造法性条约侧重权利、义务、行为准则并受自然法、道德等原则的约束,但契约性条约侧重仅与利益相关方相关而不是全球性的问题。这些通常是贸易协议、联盟协议、运输协议等。这几乎是一份纯粹的合同,受易货原则的约束,如果其中一方未能遵守协议,其他各方将免除任何义务。

德国国际法学者特里佩尔在《论国际法与国家法》一书中指出,这两类条约有着根本的区别。在契约性条约中,当事方的共同目标是解决当前的特定问题,而不是为未来建立共同的行为规则,因此这样的条约没有立法目标,也不能成为国际法的渊源。而造法性条约中,当事方的共同目标是制定未来必须遵守的规则,因此当事方意思一致,即在双方之间建立权利义务的法律关系,这显然构成了国际法的渊源。然而,与特里佩尔的观点相反,中国著名的国际法学家李浩培认为,无论是契约性条约还是造法性条约,实际上都为当事方创造了法律,即设立了国际法规则,其内容体现在对缔约方施加的法律义务以及缔约方享受的相应的法律权利,而这些权利和义务在条约缔结之前并不存在。法治的功能始终是规范法律主体的行为,即规范其法律义务和权利。因此,条约通过规定各方的权利和义务,实际上规定了各方必须遵守的法律规则。[1]

三、国际贸易协定的规制功能阐释

国际贸易协定是政府间合作的正式表现形式,是指两个或两个以上国家或地区为确定相互之间的经济关系,特别是贸易权利和义务关系而签订的书

---

[1] 李浩培:《条约法概论》,法律出版社1987年版,第29~33页。

面协议，反映各方之间的经济和贸易关系。国际贸易协定虽然属于一般意义上的国际条约，但由于国家之间的经贸利益关系较之一般国际条约所协调的关系具有更大的变动性，且国际贸易协定中涵盖的通常是一种相对义务而非对世义务，因此国际贸易协定较之一般国际条约具有更强的约定性与工具性特征及功能，[1]核心目的始终是获得更大经贸利益。

促成政府让渡或放弃选择和制定本国贸易政策乃至其他政策的部分主权的主要原因在于世界范围内国家之间的相互依赖，即任何政府实施的政策不仅会影响本国公民的福祉，也会影响其他国家公民的福祉。在单边措施的情况下，政府无法考虑其行为对国外利益的影响，而贸易协定提供了一种将这些内部化的方法。[2]当福利最大化的政府可以采取行动努力改善其贸易条件时，由此产生的国际外部性激发了互利的贸易协定的潜力，政府被引导着提供更好的市场准入。通过签订贸易协定，各国的贸易政策以及其他诸多国内立法和行政措施得到协调，国家之间的经济利益获得平衡。第一个现代意义上的自由贸易协定于1860年在英国和法国之间达成，被称为《科布顿-谢瓦利埃条约》（Cobden-Chevalier Treaty），它规定英国将取消除48种商品以外的所有商品的进口壁垒，并降低葡萄酒、白兰地和丝绸产品的关税。反过来，法国同意取消对英国商品的所有进口禁令，包括煤炭、铁和工业产品，并将大部分关税限制在30%。第二次世界大战后，各国领导人逐渐认识到经济合作是实现国内外和平与繁荣的唯一途径，1944年，布雷顿森林会议提出的关于建立国际贸易组织的设想促成了《关税及贸易总协定》，并最终建立起了以WTO为中心的世界多边贸易体系，各国在WTO框架下达成了一系列多边贸易协定，有效消除和削弱了关税壁垒以及部分非关税壁垒，推动了全球贸易的自由化与便利化发展。伴随着多边贸易体制的发展，全球贸易格局发生改变，这一改变又在多边贸易体系之外推动了双边及区域贸易协定的发展，从《北美自由贸易协定》到USMCA，以及CPTPP、RCEP这些大型区域贸易协定（mega-regional trade agreement），它们一方面影响并推动高标准贸易新规则的形成，在多边贸易体系陷入困境的今天从另一个维度推动了国际贸易的

---

[1] 韩立余：“构建国际经贸新规则的总思路”，载《经贸法律评论》2019年第4期，第1~13页。
[2] Gene M. Grossman, "The Purpose of Trade Agreements," *Handbook of Commercial Policy*, vol. 1, part A, 2016, pp. 379~434.

发展；另一方面以美国为首的发达国家始终掌握着规则的主导权，这些国家将贸易的不平衡发展归因于与发展中国家之间不公平、不对等的贸易合作，它们所秉持的贸易理念从贸易自由开始走向贸易单边主义与保护主义，因此当前的区域贸易协定中也不乏发达国家企图通过设置新的高标准贸易规则来规锁、限制以中国为首的发展中国家。

第二节　多边与区域国际贸易协定的规制功能阐释

本节主要是基于前述分析，从多边和区域层面进一步定位国际贸易协定的具体规制功能。多边层面主要是以 GATT/WTO 为主导的规则体系，对农业、纺织品与服装、服务贸易、知识产权等不同领域的众多国家之间的权利义务关系进行规制调整，促进全球范围内的贸易自由化与经济发展。区域层面的贸易协定涵盖的国家较少，除了促进区域范围内的贸易自由化与经济发展，新一代的区域贸易协定如 CPTPP 和 RCEP，其另一重要功能是基于不同的立场制定符合区域发展需求的新规则与新标准。

一、多边国际贸易协定的规制功能分析

（一）从 GATT 到 WTO 的规制功能演进

为了应对第一次世界大战后出现的经济大萧条，各国采取了多项保护主义政策，主要包括：①高关税，典型例子就是美国于 1930 年通过的《斯穆特-霍利法案》，该法案通常被认为是二战前对国际经济秩序具有重大意义的事件，是全球范围内保护主义浪潮的开始。约 12 000 个税目的平均关税税率提升至自 1830 年以来的最高水平——59%。[1] ②以邻为壑（beggar-my-neighbour）的国际贸易政策，即利用货币贬值和保护性壁垒，以牺牲其他国家为代价来缓解本国的经济困难，虽然该政策有助于恢复本国的经济困难，但它会损害该国的贸易伙伴，使其经济状况恶化。典型例子是针对美国的高关税政策，美国的贸易伙伴展开了一系列报复行动和"以邻为壑"的政策，从而导致贸易中断。③竞争性货币贬值，是指一个国家的本国货币突然贬值与另

---

[1] Sennholz, H. F., *The Great Depression: will we repeat it ?*, Spring Mills: Libertarian Press, 1988, p. 17.

一个国家的货币贬值相匹配的情况。④歧视性贸易集团,即一种帝国特惠制,例如英国和法国对其殖民地的优惠政策。上述政策均进一步导致了国际环境的不稳定,经济状况并未得到改善,各国关系却愈发恶化。

二战结束后,各国基于对自由贸易能够促进世界和平的期盼开始建立新的战后世界经济秩序,尤其是美国政府在1930年至1940年之间做了诸多努力,美国总统罗斯福以及国务卿科德尔·赫尔等人作为威尔逊信念的拥护者,认为自由贸易不仅能促进繁荣,还能促进和平,他们成了布雷顿森林会议的先驱。

1941年5月,美国政府开始起草正式的互助协定以非歧视待遇为基石。1941年5月,美国政府开始起草正式的《互助协定》(Mutual Aid Agreement),主张英国应与美国合作建立以非歧视待遇作为基础原则的开放的多边贸易体系。英国随后派出首席经济学家兼英国财政部主要顾问约翰·梅纳德·凯恩斯(John Maynard Keynes)赴美就《互助协定》进行磋商。凯恩斯与时任美国国务卿的迪恩·艾奇逊(Dean Acheson)产生了重大分歧,艾奇逊向他提交了一份援助协议草案,规定战后协议不应影响两国之间的贸易,而应促进两国之间的互利经济关系,改善全球经济关系,防止美国或英国对对方任何产品实施任何歧视性待遇。而凯恩斯是帝国特惠制的坚定支持者,他坚信政府的经济计划,包括对贸易的控制,是战后陷入困境的英国重新发展经济所必需的,凯恩斯将两国之间非歧视性贸易的建议斥为"赫尔先生的疯狂提议"。此后六年时间里,关于帝国特惠制问题的冲突在每一次的美英双边会晤中都不断上演。直到罗斯福总统向丘吉尔承诺,关于美英双方建立开放多边体系这一问题,英国并非必须放弃帝国特惠制,只需双方就此问题进行真诚谈判即可。罗斯福和丘吉尔在1941年8月大西洋会议结束时发表了著名的《大西洋宪章》,其中首次阐明了两国经济合作的愿景。《大西洋宪章》的第4条承诺美英两国将促进所有国家,无论大小和实力胜负,均平等享有其经济繁荣所必需的世界贸易和原材料的准入权,第5条则表达了两国对所有国家在经济领域进行最充分合作的承诺,以确保为所有人提高劳工标准、经济发展和社会保障。[1]最终,美英两国于1942年2月在华盛顿签署了《互助协

---

[1] Richard Peet, *Unholy Trinity: The IMF, World Bank and WTO*, London: Zed Books, 2003, p. 34.

定》。其中第 7 条规定，协定的条款和条件应不对两国间的贸易造成负担，而是促进两国间互利的经济关系和改善全世界的经济关系。为达此目的，协定应包括规定美国和英国商定的行动，并允许所有其他有相同想法的国家参加，旨在通过适当的国际和国内措施扩大生产、就业以及货物的交换和消费，这亦是所有人民自由和福利的物质基础。第 7 条还要求消除国际贸易中一切形式的歧视性待遇，减少关税和其他贸易壁垒，并在总体上实现美英 1941 年发表的《大西洋宪章》中提出的所有经济目标。两国政府还应在方便的时候尽早开始对话，以便根据当前的经济状况，确定通过它们自己的商定行动和寻求其他志同道合的政府的商定行动来实现上述目标的最佳途径。但美英两国始终未对第 7 条达成一致意见。

1942 年 7 月，英国内阁秘书处经济部经济学家詹姆斯·米德（James Meade）提出了一项建立国际商业联盟的计划，旨在创建多边贸易体系，詹姆斯指出多边贸易体系应当具有下述特点：①开放式协定，即允许任何有意愿承担协定项下成员义务的国家加入该协定；②非歧视待遇，成员之间不得享有帝国特惠制以外的任何优惠或歧视性待遇；③成员有义务取消针对协定其他成员的保护主义措施，并缩小对本国生产商的保护范围，不得超出明确规定的上限。詹姆斯的提议为随后在华盛顿举行的美英国际经济合作会谈奠定了基础。美英两国在 1944 年的布雷顿森林会议上签署了一项协议，其中设想了维护全球经济合作的三大支柱，即国际货币基金组织（International Monetary Fund，IMF）、世界银行（World Bank，WB）和国际贸易组织。IMF 的成立是为了提供一个以美元为储备货币的稳定货币制度，WB 的设立则是为了促进战后经济复苏以及在其他方面协助经济发展，而 ITO 旨在规范国际贸易事务。在众议院于 1945 年批准将《互惠贸易协定法案》延期三年后，美国提出了一种双边谈判与多边谈判并行的路径，即首先由各国与产品的主要供给商就关税问题进行双边谈判，然后组织一个大型的多边谈判，将达成的关税削减通过无条件最惠国待遇条款扩散至其他国家，且多边谈判中还可就贸易政策的制定以及国际贸易组织的建立达成统一意见。加拿大对此给出了一项颇具影响力的提议，即在更大范围内确定创建国家贸易组织的最终协定文本前，围绕削减贸易壁垒这一共同目标召集 8 至 12 个国家组成小型组织进行谈判。美国接受了加拿大的建议，采取"有选择的核心多边—双边"方式，在 1945 年

12月邀请了15个国家参加"核心"国家会议，重新就关税削减问题进行磋商谈判，企图纠正自1930年以来一直存在对保护主义措施的遗留问题，早日推动贸易自由化。1946年2月，美国提议召开联合国贸易和就业会议，起草国际贸易组织章程，联合国国际贸易和就业会议筹备委员会于当年10月到11月在英国圣公会伦敦总部教堂大厦举行了第一次会议。会议上各国就国际贸易组织章程草案的大部分条款达成了一致，筹备委员会建议在一小部分国家之间通过《关税及贸易总协定》的形式执行国际贸易组织章程的某些规定，这是GATT的概念第一次独立于国际贸易组织被提及。

1947年4月，来自18个国家的代表在瑞士日内瓦举行会议，开启了GATT第一轮谈判，谈判的目的主要有两个：一是就贸易政策的实施原则缔结协定；二是达成关税减让。此次谈判进展十分顺利，产生了一揽子贸易规则和45 000项关税减让，影响约100亿美元的贸易额，占当时世界贸易总额的1/5。1947年10月30日签署协议时，成员国已经扩大到23个。1947年10月通过了著名的《哈瓦那宪章》，亦称《国际贸易组织宪章》，《哈瓦那宪章》规定了ITO的成立，建议赋予ITO联合国专门机构的地位，并规定了国际贸易以及其他国际经济事务的基本规则。ITO的章程草案雄心勃勃，它管辖范围广且执行机构复杂，除贸易之外还涉及就业、商业协议、限制性商业惯例、国际投资和服务等诸多领域。但由于《哈瓦那宪章》在生效前需要获得美国国会的批准，而当时冷战问题导致的全球政治形势变化、共和党的保护主义和孤立主义立场以及有组织的利益集团，如工会、农业协会的反对，使得杜鲁门总统放弃全力以赴促成《哈瓦那宪章》的批准。而其他国家认为ITO缺乏美国的参与和支持将无法发挥效用，因此，《哈瓦那宪章》由于一直未得到足够多的缔约方批准，始终没有生效。但"临时申请协议"于1948年6月30日生效，标志着GATT的诞生，该协议在序言中表达了旨在达成削减关税和其他贸易壁垒以及消除歧视性待遇的国际贸易协定，并通过这些协定规制和调整各方贸易关系以促进贸易往来和经济增长，保障就业和稳定收入，提高人们的生活水平。[1]

虽然建立ITO这一目标最终并未实现，但是建立ITO的努力促成了GATT

---

〔1〕［美］道格拉斯·欧文：《贸易的冲突：美国贸易政策200年》，余江、刁琳琳、陆殷莉译，中信出版集团2019年版，第454~461页。

的形成，在 GATT 的主持下各国进行了多轮贸易谈判，促使成员之间的关税大幅降低。GATT 1947 在协定伊始就表明了宗旨，即缔约国"认为在处理它们的贸易和经济事物关系方面，应以提高生活水平、保证充分就业、保证实际收入和有效需求的巨大增长，扩大世界资源的充分利用以及发展商品的生产与交换为目的"。无数实践证明 GATT 在推动贸易自由化、便利化方面发挥了重要的积极作用，具体来说，其一，GATT 为成员国之间的贸易关系制定了一系列行为准则，并通过签署大量协议，不断扩大和完善多边贸易体制的法律规范，以规范国际贸易行为和国际市场的秩序。其二，GATT 为各国提供了进行关税减让谈判的平台，在 GATT 八个回合的谈判后，全球范围内的关税税率发生了明显降低。此外，自东京回合以来，GATT 还努力限制非关税贸易壁垒，为国际自由贸易奠定了基础。其三，GATT 充当"国际商务法庭"，制定了一套解决各成员国在相互的贸易关系中所产生的矛盾和纠纷的程序，发挥着贸易仲裁的作用，且由于 GATT 的协调机制有较强的权威性，大多数的贸易争端都得到了解决。其四，GATT 努力为发展中国家争取贸易优惠条件，为发展中国家参与到国际贸易中提供了充足的动力支持，极力推动了发展中国家的经济发展。虽然 GATT 只是一份临时协定，但它在达成后的 47 年间为促进世界贸易自由化作出的贡献仍然无可争议，GATT 时代贸易增长始终超过生产增长就是这一贡献的最佳例证，乌拉圭回合中新成员的涌现也表明多边贸易体制已经被公认为经贸改革与发展的有力支柱。

20 世纪 70 年代末，东京回合结束后，世界贸易格局已经发生了重大变化，而 GATT 愈发无法满足时代的需要，其规则常常被各国忽视。因此，各国认为有必要启动新一轮 GATT 谈判，1986 年 9 月，来自 100 多个国家的代表聚集在乌拉圭的埃斯特角城，正式启动乌拉圭回合谈判。此次谈判议程范围十分广泛，此前的回合谈判重点集中在工业制品的关税方面，东京回合虽然涉及部分非关税壁垒问题，但程度浅、范围窄。乌拉圭回合就关税、非关税措施、补贴和反补贴措施、农业、保障条款、争端解决、纺织品和服装、与贸易有关的投资措施等一系列问题分别设置小组展开谈判。乌拉圭回合是 GATT 成立以来最宏大、影响最深远的多边贸易谈判，其达成的一揽子协定是世贸组织成员之间达成的最具实质性内容的重大协定，确立了许多全新的规则和做法，对世界贸易的发展产生了重要影响，而美国在很大程度上是乌拉圭回合成就的主动推动者，将诸多新的贸易领域加入了谈判议程。1993年，历经7年漫长谈判，乌拉圭回合最终落下帷幕，在此回合的谈判中，各国就各项议题达成了全面的贸易协定，对全球贸易体系的重塑产生了深刻影响。

WTO就诞生于1994年乌拉圭回合贸易谈判结束之时，取代了自二战后以临时适用形式而运行的GATT，WTO不仅仅是GATT转变的一个正式的国际组织，它涵盖了更广泛的范围，包括补贴、知识产权、食品安全和其他曾经完全由国家政府负责的政策。其主要目标是作为一个全球性组织，帮助各国和商品生产商在跨国界开展业务时公平、顺利地进行交易，世界贸易组织下的协定旨在为国家之间开展业务提供法律框架。从技术上讲，由于WTO来自ITO和GATT，因此WTO与ITO功能非常相似，它们的成立都是为了规范成员之间的国际贸易，促进自由和公平贸易，从而促进经济繁荣和促进国际和平。WTO通过管理贸易协定和充当贸易谈判论坛、帮助解决贸易争端、审查国家贸易政策、通过技术援助和培训计划等在贸易政策问题上向发展中国家提供援助以及与其他国际组织合作，为成员政府提供了一个解决国际贸易问题的永久舞台，并监督贸易谈判中达成的贸易协定的实施。

（二）WTO框架下具体协定的规制功能

GATT为国际经贸规则体系提供了制度性框架，确定了各方的主要义务以及一系列例外条款，而WTO法律框架下的协定被视作国际经贸规则的基础与主体，主要包括《建立世界贸易组织的马拉喀什协定》及其四个附件。附件一包括《货物贸易多边协定》《服务贸易总协定》（General Agreement on Trade in Service，GATS）和《与贸易有关的知识产权协定》，分别被称为附件1A、附件1B及附件1C；附件二为《关于争端解决规则与程序的谅解》；附件三为《贸易政策审议机制》；附件四是诸边协定。

1. 《建立世界贸易组织的马拉喀什协定》的规制功能

1994年4月15日，乌拉圭回合多边贸易谈判结束时，各国在摩洛哥马拉喀什签署了《建立世界贸易组织协定》，俗称《马拉喀什协定》。该协议定义了世界贸易组织的范围、职能和结构，目标是建立一个综合的多边贸易体系，将其作为所有成员国之间就WTO协定所涉事项建立贸易关系的基本框架。

2. 《货物贸易多边协定》的规制功能

附件1A中包括GATT 1994以及有关多边货物贸易具体领域的12个协议。

GATT 1994 建立在 GATT 1947 的基础上，GATT 1947 仅规范与货物贸易有关的关税壁垒措施，因此其设置的多边规则范围较窄，而 GATT 1994 旨在削减货物贸易的关税与非关税壁垒，其规制的议题范围远超 GATT 1947，就技术性贸易壁垒、政府采购、海关估价、反倾销等均达成了多边规则。与其他 WTO 协定一样，GATT 1994 为国际贸易提供了法律基础规则，以促进贸易自由流动。这些规则类似于一种契约，约束签署国将其贸易政策保持在商定的范围内。

其余12个具体领域的协定分别为——《农业协定》《纺织品与服装协定》《反倾销协定》《补贴与反补贴措施协定》《保障措施协定》《技术性贸易壁垒协定》（Agreement on Technical Barriers to Trade，TBT）、《实施卫生与植物卫生措施协定》（Agreement on the Application of Sanitary and Phytosanitary Measures，SPS）、《海关估价协定》《进口许可程序协定》《原产地规则协定》《装运前检验协定》《与贸易有关的投资措施协定》。这些协定针对特定领域的特定事件发挥特定作用，例如《农业协定》的重点是减少各国对国内生产者的农业支持和补贴，消除贸易扭曲，协定的总体目标是建立一个更公平的贸易体系，以增加市场准入并改善世界各地农民的生计；又如《补贴与反补贴措施协定》主要目的在于规范提供补贴的多边规则以及使用反补贴措施来抵消补贴造成的损害，该协定与 WTO 争端解决程序一起为解决补贴竞争问题提供了实质性和程序性工具。当然，尽管上述协定各自具有特定的目标与功能作用，但由于 WTO 涵盖的协定形成了一个单一的、综合的法律体系，而权利和义务的适当平衡是 WTO 体系的首要目标，[1]因此上述协定的目标和原则也需要与这一特定目标相关联加以考虑。

3.《服务贸易总协定》的规制功能

由于发达国家服务业比较优势发生变化，在1992年关税及贸易总协定的部长级会议上，美国率先提议将服务贸易纳入 GATT 谈判之中，不过这一想法实践的过程十分艰难。服务业长期以来被认为"不可交易"，具体来说，服务经济的很大一部分，从酒店餐馆到个人服务，传统上都被认为不适合应用贸易政策概念的国内活动，铁路运输、电信这些部分则一直被视为政府所有

---

[1] Correa, Carlos, *Trade Related Aspects of Intellectual Property Rights: A Commentary on the TRIPS Agreement*, Oxford: Oxford Univernsity Press, 2007, pp. 125~126.

和控制的领域，卫生、教育和基本保险服务在许多国家被视为政府责任，应当进行严格监管而不能任由市场主导。此外，由于服务业的主要目标是满足特定的消费者需求，因此没有针对类似商品供应的一般标准，而服务贸易通常不存在有形货物的跨境，因此单纯削减关税无法切实促进服务贸易的自由化，只能通过修改相应的边境后的国内法规来实现，故服务贸易谈判和设立服务贸易国际规则势必会影响国家主权。加上各国担心倘若GATT急于吸纳服务贸易议题，那么关乎自身利益的其他议题可能会被忽视，最终美国提议GATT吸纳服务贸易议题的举动遭遇了大多数发展中国家的抵制。直到1982年部长级会议和埃斯特角城会议，各国才达成了某种程度的妥协，制订了服务业工作计划，允许GATT和缔约方为服务业谈判做技术准备。乌拉圭回合中，服务业正式被纳入谈判议题，《服务贸易总协定》最终成为WTO协定下"一揽子承诺"的重要组成部分。

GATS是乌拉圭回合多边贸易谈判的一项重大成就，建立了服务贸易的多边规则和原则框架。正如序言所述，GATS旨在在透明和逐步自由化的条件下，作为促进所有贸易伙伴经济增长和发展中国家发展的一种手段。序言还明确提及增加发展中国家参与服务贸易的目标以及照顾最不发达国家的特殊经济形势和发展、贸易以及金融需求。由于削减服务贸易壁垒通常只能依靠修改国内法律法规来实现，因此，服务业议题被纳入WTO框架内意味着WTO管辖范围的进一步扩张，即GATS另一重要功能在于扩大了WTO的管辖范围。[1]

4.《与贸易有关的知识产权协定》的规制功能

知识产权制度是公共政策的一种规制工具，通常旨在通过鼓励创造性工作和技术创新来促进经济、社会和文化进步。自20世纪80年代始，全球贸易开始更多地涉及"无形"产品和服务的贸易，技术在国际竞争中变得越来越重要，涌现了众多新技术领域。在日益以知识和技术为基础的全球经济中，发达国家担心发展中国家知识产权保护不力，从而阻碍本国企业的发展。因此，出于建立知识产权保护的最低标准和有效执行机制的需要，美国大力游说将知识产权纳入贸易谈判中，并得到了欧盟和日本等发达国家的支持。

---

[1] [英] Amrita Narlikar：《权力、政治与WTO》，陈泰锋、薛荣久译，外语教学与研究出版社2007年版，第221~222页。

《与贸易有关的知识产权协定》的谈判始于1986年9月在埃斯特角城举办的GATT部长级会议，适逢发达国家与发展中国家之间关于修订《保护工业产权巴黎公约》的谈判在世界知识产权组织下陷入僵局的关键时刻，在这次部长级会议期间，GATT缔约方为新的乌拉圭回合制定了谈判目标，其中就包括建立新的多边知识产权协定。到1990年初，几乎所有谈判方都认为将知识产权保护和执行的最低标准纳入GATT体系已无可避免。1990年初，一些发达国家在没有事先通知的情况下提出了它们关于未来TRIPs的法律文本草案，涵盖了当时存在的所有知识产权，甚至是关于很少使用的计算机芯片的特殊保护，提案还包括在国家法院和海关当局行使权利的具体规定，以及将TRIPs相关争端纳入GATT/WTO争端解决框架的规定。针对发达国家的提案，十几个发展中国家联合提出了另一种法律文本作为回应，它们认为应当保持灵活性以实现经济和社会发展目标。面对发达国家与发展中国家之间的分歧，GATT总干事亚瑟·邓克尔（Arthur Dukel）提出了关于TRIPs的"接受或放弃"的最终草案，谈判很快结束，1994年4月在摩洛哥马拉喀什举行的部长级会议上，TRIPs作为《建立世界贸易组织的马拉喀什协定》的附件1C获得通过。

TRIPs在序言中阐述了目标，在全球范围内建立一套统一的规则，为知识产权提供充分的保护标准，在国际经济关系中提供更高的可预测性和稳定性以减少对国际贸易的扭曲和阻碍，以及确保执行知识产权的措施和程序本身不会成为合法贸易的障碍。从广义层面看，TRIPs协议的目的在于构建起关于知识产权的广泛适用的国际规则，并制定知识产权保护的最低标准。此外，TRIPs第7条规定了协定的公共利益目标——"知识产权的保护和实施应有助于促进技术革新及技术转让和传播，有助于技术知识的创造者和使用者的相互利益，并有助于社会和经济福利及权利与义务的平衡"，该条规定清楚表明了知识产权本身并不是目的，协定不仅仅是为了保护私人权利，而应当被视为为促进更大的公共利益而授予工人或机构经济特权的公共政策工具，授予的特权应该是达到目的的手段。[1]

---

〔1〕 Abbott, Frederick M., "Protecting first world assets in the third world: intellectual property negotiation in the GATT multilateral framework," *Vanderbilt Journal of Transnational Law*, vol. 22, no. 4, 1989, pp. 689~745.

综上，TRIPs 作为迄今为止最全面的知识产权多边协议，是对知识产权与贸易之间联系的重要性以及平衡知识产权制度的必要性的法律承认，从创新、技术转让和公共福利的角度构建了多边知识产权制度。

二、区域国际贸易协定的规制功能分析

在对国际经贸关系的现实解读中，区域通常是主导国家可以施加影响的优先空间。因此，区域贸易协定更能切实反映当前的全球秩序，CPTPP、RCEP 和 USMCA 等新一代区域贸易协定通常不再局限于贸易有关议题，而是注重更全面的综合性治理，对既有规则做出了或弱化或强化甚至根本性改变的处理，规则内容的深度与广度均已远远超过了 WTO 规则。

（一）CPTPP 的规制功能分析

《全面与进步跨太平洋伙伴关系协定》是亚太地区第一大自由贸易协定，前身是由美国主导达成的《跨太平洋伙伴关系协定》，美国退出后目前有 11 个亚太地区签署国，包括澳大利亚、加拿大、日本、马来西亚、越南、新西兰、新加坡、墨西哥、智利、文莱、秘鲁，经济总量占全球的 13.2%，贸易总量占全球的 15%，进出口总额和对外直接投资流出与流入规模在世界总值中的同期占比已分别达到约 28.77% 和 34.81%。[1]

CPTPP 作为一个以更低关税和更高自由贸易为目标的贸易体系，在 WTO 改革陷入僵局，贸易保护主义、单边主义横行的当下，有效缓解了成员国之间在贸易和投资方面的关税和非关税壁垒，塑造了透明和可预测的营商环境以促进经济增长。尽管 CPTPP 的内容在 TPP 的基础上有所削减，门槛稍有降低，但其核心目的依然是"全面且进步"，而非一般自由贸易协定仅以降低交易成本为目的。CPTPP 的定位是 21 世纪的综合性自由贸易协定，共 30 章，几乎涵盖了贸易的所有部门和方面，包括货物和服务贸易、原产地规则、贸易救济、卫生和植物卫生措施、贸易技术壁垒、竞争政策、知识产权、政府采购、经济合作、争端解决等。在市场准入方面，CPTPP 原则上要求缔约方实施关税全面削减，减少非关税壁垒，促进监管一致性，提高国内市场的开放度与透明度。

---

〔1〕 白洁、苏庆义："CPTPP 的规则、影响及中国对策：基于和 TPP 对比的分析"，载《国际经济评论》2019 年第 1 期，第 58~76 页。

（二） RCEP 的规制功能分析

2020 年 11 月 15 日，东盟 10 国与中国、日本、韩国、澳大利亚、新西兰五国经过八年谈判终于签署了 RCEP。RCEP 被称为全球最具潜力的区域自由贸易协定，十五个成员国人口 23 亿，涵盖 29.7%的全球人口，GDP 约 26 万亿美元，出口额总量约 5.5 万亿美元，经济规模占全球经济比重高达 28.9%，[1]高于 USMCA 和 CPTPP。

作为区域内经贸规则的"整合器"，RCEP 的目标是建立一个现代、全面、高质量、互惠的大型区域自由贸易协定，优化了区域贸易投资环境，促进区域贸易和投资的扩大，建立亚洲统一市场，为全球经济增长和发展作贡献。RCEP 在整合东盟与中国、日本、韩国、澳大利亚、新西兰多个"10+1"自贸协定以及中国、日本、韩国、澳大利亚、新西兰五国之间已经建立的多对自贸伙伴关系的同时，还在中日和日韩之间建立了新的自贸伙伴关系，使区域内自由贸易程度显著提升。RCEP 还具有高度的包容性，成员既包含高度发达国家如日本、新加坡、澳大利亚，也不乏一些低收入、欠发达国家如老挝、柬埔寨和缅甸。考虑到成员间的人口规模、经济水平、法治水平以及技术水平均具有较大差异，RCEP 给予最不发达国家差别待遇，为发展中国家的能力建设提供技术支持，甚至还为有关国家安排了一定的过渡期，以求在最大程度上平衡各方在货物贸易、服务贸易和投资等领域的利益，使成员国能够更好融入区域经济一体化。

从篇幅来看，CPTPP 有 30 章内容，USMCA 有 34 章内容，而 RCEP 仅有 20 章内容，涉及的领域仍然以传统议题为主，[2]虽然其广度与深度远不及 CPTPP 和 USMCA，但 RCEP 更具包容性、灵活性与发展性，强调灵活性与高标准的平衡，对于发展中国家来说，RCEP 更符合成员自身的发展水平，可适用性更强，也更能集中反映全球经贸治理中发展中国家以"发展"为诉求的核心利益，而且不可否认 RCEP 依然吸纳了诸多高水平的现代化议题，如知识产权、电子商务、竞争政策等，一方面为其他区域的发展中国家合作制定区域经贸规则提供了借鉴与参考；另一方面也为多边贸易体制的改革提供了

---

[1] Countries and Economies Data, at https://data.worldbank.org.cn/country.

[2] 比如 RCEP 没有设置劳工和环境章节，在竞争章节中也未提及国有企业相关内容，在电子商务章节中并未禁止数据本地化条款。

思路与经验，有利于打破以美欧等发达国家意志为经贸规则制定标准的现状。

第三节　USMCA 的规制功能探析

本节主要以前述两节的内容为基础，从美国视角分析 USMCA 通过强化对边境后措施的规制功能所企图达到的更高层级的目标。从 NAFTA 到 USMCA，美国所面对的国际背景发生了重大变化，为了进一步巩固本国的经济地位，维护美国在国际规则中的主导权，遏制中国的发展，美国在继续维持以国内规则外溢引导区域规则从而影响多边规则制定的路径外，还调整了贸易理念，采取更为激进的公平与对等贸易的立场，在 USMCA 中吸纳了更多以规制边境后措施为目的的高标准经贸规则。

一、从 NAFTA 到 USMCA 时代背景变迁

（一）NAFTA 的成立与革新

美国自 20 世纪 80 年代起逐渐将贸易谈判的工作重心转移到双边和区域贸易协定，1989 年，美国与加拿大签署了自由贸易协定，即《美国-加拿大自由贸易协定》，随后美国继续向其他西半球国家抛出了橄榄枝，但当时拉丁美洲国家对此并不在意。1989 年柏林墙倒塌后，国际政治局势出现重大变化，许多国家开始进行政策改革，墨西哥政府同样意识到必须进行重大的政策调整，其中重要一环就是与美国签署自由贸易协定，推动贸易开放，使本国的经济实现现代化。1990 年 6 月，美国政府宣布将与墨西哥政府启动自由贸易协定谈判的准备工作，随后加拿大也要求加入谈判。1991 年 2 月，美国、墨西哥以及加拿大三国宣布就自由贸易协定启动正式磋商，同年 6 月，美国政府在继续持有"快速通道"谈判权后，三国正式对《北美自由贸易协定》启动谈判。1992 年 8 月，美墨加三国正式签署 NAFTA，该协定由 22 章正文以及大量附件构成，涉及市场准入、原产地规则、金融服务、知识产权、投资和争端解决等诸多领域。美国国内就 NAFTA 产生了巨大分歧，反对者认为这份协定会使美国工人陷入与墨西哥工人的"逐底竞争"，造成大量美国工人失业，还会促使移民人数增长并破坏环境。1993 年 4 月至 8 月，美国贸易代表开始对 NAFTA 中涉及劳工和环境的补充协议进行磋商，最终达成了《北美环境合作协定》（North American Agreement on Environmental Cooperation，NAAEC）

及《北美劳工合作协定》(North American Agreement on Labor Cooperation, NAALC)。但有关劳工的补充协议并未缓解工会对这份协定的反对情绪，劳联-产联领导其他几十个工会组织了规模庞大的反对NAFTA的运动，工会甚至威胁不再为那些投票支持NAFTA的民主党人提供资助。环保组织则分为两派，一派如世界自然基金会认为NAFTA有助于墨西哥经济实力提升，从而使其能够采取更为先进和清洁的生产技术，从而实现环保目标。而另一派如塞拉俱乐部（Sierra Club）等环保组织强烈反对NAFTA，认为有关环保的补充协议只是打着环保的幌子发展贸易。在美国国内就NAFTA产生巨大争议的情况下，克林顿政府扭转局势，1993年11月，国会最终通过了该份协定，NAFTA于1994年1月正式生效。

NAFTA具有重要的历史地位，因为它是当时谈判达成的最全面的自由贸易协定，包含多项开创性条款，是首个新一代美式自由贸易协定。北美自由贸易协定确立了贸易自由化承诺，并为未来的自由贸易协定就美国重要的问题制定了新的规则和纪律，包括知识产权保护、服务贸易、争端解决程序、投资、劳工和环境。NAFTA的直接目标是增加北美的跨境贸易，它确实对贸易的影响十分显著，其市场开放条款逐渐消除了三个贸易伙伴之间几乎所有的关税和大多数非关税壁垒，促进了美墨加双边贸易快速增长，并大大提升了北美经济的一体化程度。大约1/4的美国进口商品，如原油、机械、黄金、车辆、新鲜农产品、牲畜和加工食品等来自墨西哥和加拿大，截至2019年，这两个国家分别是美国的第二和第三大进口商品供应商。[1]此外，大约1/3的美国出口产品，特别是机械、汽车零部件、矿物燃料/石油和塑料等都被运往加拿大和墨西哥。NAFTA还通过限制或取消关税刺激三个成员国之间的贸易和投资，而这对中小型企业尤其有利，因为它降低了成本并取消了公司在国外开展业务的要求。大部分贸易增长来自美国与墨西哥之间或美国与加拿大之间的贸易，墨西哥与加拿大的贸易也有所增长。总体而言，从1993年到2015年，三边贸易额为1万亿美元，名义增长258.5%（经通胀调整后为125.2%）。这三个国家的实际人均国内生产总值也略有增长，主要是加拿大和美国。在贸易增长的同时，贸易不平衡也开始出现，比如美国与墨西哥之

---

[1] Kimberly Amadeo, NAFTA Pros and Cons: Why Its Six Advantages Outweigh Its Six Disadvantages, at https://www.thebalance.com/nafta-pros-and-cons-3970481.

间贸易对等平衡的局面就因为 NAFTA 的出现而被打破，自 NAFTA 生效起，美国与墨西哥之间就出现了贸易逆差，并逐年增长，从最初的 150 亿美元增长至 2017 年的 710 亿美元。

克林顿政府在进行 NAFTA 谈判时就预估该协定将在两年内为美国创造 20 万个就业机会，在五年内创造 100 万个就业机会。1993 年，彼得森国际经济研究所（Peterson Institute for International Economics）也通过模拟分析得出结论——NAFTA 将会为美国创造 17.7 万个就业机会。[1]此外，美国政府预测 NAFTA 的有关环境和劳工标准的协议使得该协定在促进经济增长的同时能够推动社会进步。然而，事实上这些美好的期许均未能实现。虽然 NAFTA 通过 NAAEC、NAALC 等协议实施了劳工和环境保障措施，提高了美国在海外的竞争力，并将更高的美国工作场所安全和健康标准"出口"到其他国家。但对美国人而言，NFATA 造成了美国国内就业机会大量减少，尤其是在制造业部门，许多公司将其制造业务转移到了墨西哥和其他劳动力成本较低的国家，成千上万的美国汽车工人和服装业工人受到了严重影响。特朗普就声称 NAFTA 是"历史上最糟糕的贸易协定"[2]，并将美国制造业工作岗位的流失归咎于 NAFTA。一些批评者还指出，NAFTA 并未如当初那些支持者们所预期的一样，无法实质性提高墨西哥的劳动生产率和工资水平，美国和墨西哥工资不仅未发生预期的趋同，甚至墨西哥的制造业劳动生产率和工资率与美国相比差距进一步增大，从而在一定程度上导致了墨西哥移民涌入美国的人数不断增加。

针对上述问题，许多美国政客曾多次指责 NAFTA 是不公平的贸易协定并要求就此重新谈判。特朗普政府于 2017 年 8 月 16 日正式启动了与墨西哥和加拿大的北美贸易协定谈判，并于 2018 年 9 月 30 日结束谈判。2018 年 11 月 30 日美墨加三国正式签署 USMCA，该协定于 2019 年 12 月 19 日获得美国众议院投票批准，于 2020 年 1 月 16 日由参议院高票通过，最终于 2020 年 1 月 29 日

---

[1] Gary Clyde Hufbauer and Jeffrey J. Schott, *NAFTA: An Assessment*, Washington: Peterson Institute for International Economics, 1993, p. 23.

[2] 原文为："I have long contended that NAFTA was perhaps the worst trade deal ever made"，参见 Trump: We're replacing NAFTA, which was "perhaps the worst trade deal ever made", at https://edition.cnn.com/politics/live-news/trump-us-mexico-canada-remarks-oct-18/h_2c0a8c6bad4dc7a2f98acda7c57ea454.

签署成为法律，2020年7月1日正式生效。在USMCA的谈判过程中，美国始终秉持着两个主要目的：其一，更新北美自由贸易协定，以吸纳代表21世纪高标准贸易协定的现代条款，其中包括数字贸易、知识产权、劳工标准、环境保护、良好监管实践和国有企业的管理等；其二，重新谈判北美自由贸易协定，减少美国、墨西哥和加拿大不断增大的贸易逆差。[1]

（二）公平与对等理念的影响

特朗普在2018年达沃斯世界经济论坛上提出"公平"（fair）和"对等"（reciprocal）是自由贸易的两个必要条件，这种将公平与对等并列的行为意味着当前美国在贸易领域提倡的"公平"理念实际上是追求一种绝对平等，即只有其他国家采取和美国同样的关税水平与贸易政策以及维持相同的开放程度，贸易才是真正公平的。[2]

1. 从自由贸易到公平贸易

传统国际经贸规则以市场规模为导向，而新一轮国际经贸规则重构中各国追求的重点在于国际分工中的国家利益最大化，[3]逻辑的转变必然带来规则理念上的转变，即从自由贸易理念向公平贸易理念演进。[4]因此，当前以规制边境后措施为主要内容的新一代国际经贸规则背后蕴含着从"自由贸易"（free trade）到"公平贸易"（fair trade）的理念转变，毫无疑问，这一理念转变的始作俑者是美国。

历史上，美国等发达国家曾长期奉行自由贸易理论，要求其他国家开放市场。然而随着其在国际经贸往来中的竞争优势相对减弱，美国政府认为经济全球化的受益是不均衡的，中国等新兴经济体在获取竞争优势的同时破坏了公平原则。[5]为了扭转这种不公平竞争的局面，美国开始将公平贸易作为

---

[1] United States-Mexico-Canada Agreement, at https://ustr.gov/trade-agreements/free-trade-agreements/united-states-mexico-canada-agreement.

[2] 孙杰："对等贸易：特朗普挑战世界贸易规则体系"，载《中国外汇》2018年第7期，第19~21页。

[3] 竺彩华："市场、国家与国际经贸规则体系重构"，载《外交评论（外交学院学报）》2019年第5期，第1~33页。

[4] 尹政平："国际金融危机以来国际经贸规则演变新趋势与我国对策"，载《经济纵横》2015年第11期，第119~123页。

[5] Sean D. Ehrlich, *The Politics of Fair Trade: Moving beyond Free Trade and Protection*, New York: Oxford University Press, 2018, p.29.

一种通行的国家贸易原则强加给其他国家，这正是它参与国际市场竞争、构建新一代国际经贸规则的战略之一。USMCA 作为特朗普政府主导下美国企图再次引领新一轮国际经贸规则重构的最新模板，其战略目标必然更聚焦于"公平贸易"。

自由贸易是指产品、服务、劳动力和资本不受限制地跨越国家地理边界流动，而不受政府以各种名义进行干预。"自由贸易"一词常常与"公平贸易"形成对比。早期"公平贸易"的提法始于 19 世纪 70 年代和 80 年代，从最简单的意义上说，是一场旨在帮助生产者的商品和服务获得公平价格的国际级的社会运动，[1]由无数生产者、公司、消费者和组织组成，目标是打击贸易伙伴的不公平贸易行为，[2]以及保护环境、促进环境可持续发展、提高劳工标准和改善工人的待遇。就当前国际经济法的基本原则的界定而言，无论是三原则说还是四原则说都包含公平互利原则，公平贸易是其核心内容。

公平贸易的实现路径包括贸易限制手段，也包括非贸易限制手段，[3]关注的是结果的公平，最低要求是在贸易交往中强者不歧视弱者。公平贸易论认为，当制造商或他国政府采取违反贸易公平竞争原则的行为时，该国应采取有针对性的贸易限制措施，消除不公平贸易造成的影响，维护公平的市场竞争秩序。也有反对采取贸易限制措施的人主张采用例如"公平贸易标签"等非政府政策行为，为在良好工作条件、可持续生产技术等情形下生产的产品提供标签认证，供消费者自主选择，同样达到间接促进产品生产地提高劳工和环保标准的目的。[4]

WTO 体制下的公平贸易则是指各国发展对外贸易应当在公平竞争条件下进行，换句话说 WTO 语境下的公平贸易是一种公平竞争条件下的自由贸易。

---

[1] 19 世纪 80 年代，英国奉行自由贸易政策，而当时的德国实行贸易保护政策，此时就出现了英国对进口的纺织品不征收关税而德国对进口的纺织品征收关税的情况，大量德国纺织品涌入英国市场，为了应对这一局面，包括纺织业在内的英国产业界组织了"公平贸易俱乐部"，发动了"公平贸易运动"。

[2] Sean D. Ehrlich, *supra* note 102, p. 46.

[3] Dunoff, Jeffrey L., "Fairness in the World Economy: U. S. Perspectives on International Trade Relations (Book Review)", *American Journal of International Law*, vol. 101, 2007, p. 207.

[4] Eddie Hearn, "Harm, Fairness and Trade Policy Preferences: An Experimental Examination of Sincere Fair-Trade Preferences," *International Politics*, vol. 51 no. 1, 2014, p. 125.

为此，WTO达成了《反倾销协定》《补贴与反补贴措施协定》和《保障措施协定》等一系列旨在维护公平贸易的协定，规定了成员政府在制定与实施国际贸易立法和规章方面的具体权利和义务。

二战后至20世纪70年代，美国国内经济蓬勃发展，一跃成为世界超级大国，积极倡导自由贸易政策，大力推动GATT和NAFTA等贸易条款，主导建立了一系列的规则、机制与组织。在美国政府的领导下，资本主义国家纷纷削减贸易壁垒，推动以"自由贸易"为核心的全球化。20世纪70年代初期，美国经济开始滑落，新贸易保护主义抬头，美国的贸易理念从自由贸易转向公平贸易，1978年，卡特总统在其第一篇国情咨文中提到"自由贸易亦应是公平的贸易"。随着20世纪80年代经济实力和国际竞争力的进一步削弱，美国公平贸易思想和政策不断强化。为了减少美国的对外贸易逆差，当局向国会提交了大量关于贸易保护主义的议案，旨在通过加强非关税壁垒和扩大贸易保护产品的范围推行贸易保护主义。此外，1985年，里根总统在"贸易政策行动计划"中正式提出了"自由和公平贸易"的概念，被视为美国贸易政策从自由走向公平的经济宣言。并于1988年8月23日签署颁布了《1988年综合贸易与竞争法案》（以下简称《1988年法案》），该法案中的301条款以及超级301条款尤其体现了美国的公平贸易理念，在往后的实践中亦成为美国推行贸易保护主义的有力武器。《1988年法案》的颁布也标志着公平贸易取代自由贸易成为美国贸易政策的基本原则。[1]20世纪90年代冷战结束后，随着美国国内经济形势转好，克林顿政府开始推行战略贸易政策理论，制定了"国家出口战略"。虽然表面上克林顿政府是在倡导自由贸易，但实际上公平贸易和对等原则才是其贸易政策的主要基调，而"国家出口战略"正是在理论和实践两方面彻底完成了从自由贸易向公平贸易政策的历史性转变。虽然在继续推动GATT和WTO多边谈判外，美国还签署了一系列自由贸易协定，但2008年金融危机之后，美国经济遭受重创，其贸易政策再次转向强调贸易保护，意识形态不断由自由贸易主义退守到贸易保护主义，单边主义和逆全球化的行为层出不穷。美国2018年贸易政策议程暨2017年度报告中，美国明确表现出从自由贸易立场上退却转而支持以对等原则为前提的公平

---

[1] 吴云翔、叶明华："从自由贸易走向公平贸易——80年代美国贸易政策转向及其原因"，载《求实》2003年第S2期，第120~121页。

贸易。[1]特朗普政府时期着重强调寻求"公平且对等的"贸易关系,[2]新一届美国政府同样表现出了类似的倾向,呼吁"公平贸易"并号召打击贸易伙伴的不公平贸易行为,[3]可以预想的是公平与对等贸易理念将在较长的一段时间内占据美国对外贸易的主流意识形态。

从美国政府贸易政策演变历程可以看出,美国贸易政策中的"自由贸易"和"公平贸易"实际上并没有明确界限,两者通常处于一个此消彼长的状态。公平贸易也并非新事物,而是美国一直以来制定贸易政策的基轴,且贯穿于建国以来美国贸易政策全部阶段。[4]美国贸易政策基调的改变本质并非基于国际规则,而是美国在本国经济衰退、竞争力渐趋式微的情况下维护自身利益所必然做出的调整。在仍然保持优势的领域,美国会继续推行自由贸易,要求他国消除贸易壁垒。综合来看,美国式的公平贸易观主要包括以下三个方面:首先,以美国为基准,要求其他国家实施美国水平的开放程度,如果他国的贸易壁垒水平高于美国,那么贸易就是不公平的;其次,公平贸易实质上是美国解决自身就业问题以及贸易逆差问题的政策性工具;最后,美国式的公平贸易观通常十分狭隘,忽视了各国经济体制与发展水平的巨大差异,仅仅从片面角度就断定美国在国际贸易中遭受了不公平待遇。

2. 从公平贸易到对等贸易

"对等"作为国际法上的一项重要原则,诞生于大萧条后的美国,是"以邻为壑"贸易政策的对立产物,也是美国主导国际贸易秩序的基本原则。[5]对等原则的基本含义是"如果一个国家凭借某个国际法规范向对方国家主张权

---

[1] 2018 Trade Policy Agenda and 2017 Annual Report, at https://ustr.gov/about-us/policy-offices/press-office/reports-and-publications/2018/2018-trade-policy-agenda-and-2017.

[2] Remarks by President Trump in State of the Union Address, at https://trumpwhitehouse.archives.gov/briefings-statements/remarks-president-trump-state-union-address/.

[3] 2021 Trade Policy Agenda and 2020 Annual Report of the President of the United States on the Trade Agreements Program, at https://ustr.gov/sites/default/files/files/reports/2021/2021%20Trade%20Agenda/Online%20PDF%202021%20Trade%20Policy%20Agenda%20and%202020%20Annual%20Report.pdf.

[4] 徐泉、郝荻:《WTO双重二元结构理论研究》,人民出版社2021年版,第54~55页。

[5] 高柏:"对等开放:中国迈向发达国家的必由之路",载《文化纵横》2021年第1期,第65~82页。

利,那么这个国家自己也应该受该规范的约束"[1]。1998年出版的《法学大辞典》中则将对等原则定义为"国家之间相互给予对方国家或其自然人以某种对等的待遇或权利的原则"。[2]对等有两个要件,即权变性(contingency)与相等性(equivalence),前者意味着一方的行为以另一方的行为为条件,后者则要求双方的待遇条件在幅度上相等。应当注意到,虽然对等原则广泛应用于许多领域,如国家责任法、领事关系法、外交关系法、武装冲突法、条约法等,但它并不适用于国际法的所有领域,如人权领域就不可适用对等原则。[3]对等通常分为形式对等和实质对等,前者是在相互的条件下,把本国法中规定的权利赋予对方国家或其自然人和法人,而不管两国之间的法律规定的权利是否相同;后者是相互赋予某一特定的权利,它使两国自然人在对方国家内所享有的权利是平等的或同等的。[4]国际上目前一般实行形式对等。而国际法中的"对等"则可以分为两种情况,一种是"同一性"对等,即各方承担同样的义务,做出一致的行为;另一种是"等价"对等,即各国在不受相同义务约束的情况下履行"同等价值或同等意义"的义务。[5]对等原则仅在指涉国家地位和基本权利义务时,具有较为普遍的适用性,但当指涉具体的收益交换与分配时,对等则不再是绝对的。

美国的"公平贸易"已经偏离了早期关于贸易规则或贸易行为的公平公正的解释,该术语在美国的推动和解释下发展出了特殊的新内涵,其核心实际上是"对等开放"。就美式公平理念在贸易领域的反映而言,公平贸易是指"在自由贸易原则的基础上,以追求公平为手段,促成多、双边贸易政策的一致"[6]。美国在《1988年法案》中汇集了此前出台的多项"公平贸易"相关条款,法案认为美国正遭受贸易伙伴的不公平贸易行为的损害,要求它们

---

[1] 杜涛:"互惠原则与外国法院判决的承认与执行",载《环球法律评论》2007年第1期,第110~119页。

[2] 曾庆敏主编:《法学大辞典》,上海辞书出版社1998年版,第147页。

[3] Eric A. Posner, "Human Rights, the Laws of War, and Reciprocity," *Law & Ethics of Human Rights*, vol. 6, no. 2, 2013, p. 13.

[4] 曾庆敏主编:《法学大辞典》,上海辞书出版社1998年版,第147页。

[5] Yearbook of the International Law Commission 1991, at https://legal.un.org/ilc/publications/yearbooks/english/ilc_1991_v2_p1.pdf.

[6] 郭同峰、邢红:《全球化时代的自由贸易和公平贸易》,中国社会科学出版社2019年版,第97页。

应当制定和实施更为开放和公平的贸易政策。《1988年法案》的出台意味着美国"公平贸易"内涵发生变迁,"从自由贸易体系下一厢情愿的价值倡议全面转变为立足于国内法律的政策工具"[1]。在此内涵基础上,比起固定的概念形式,公平贸易表现得更贴近动态的发展过程,即在不同国家的不同发展阶段乃至不同的产业领域,公平贸易的内涵会随着诉求的变化而改变,推进公平贸易的手段也愈发多样化,除了传统的反补贴反倾销措施和保障措施,劳工标准、环境标准、技术标准等也被冠以"公平贸易"的名号推出,成了新型贸易壁垒。

美国政府的决策者们对不公平贸易的界定十分单一,即只要各国国内政策和制度不一致那么就是不公平贸易,他们反对别国企业从不同的国内政策和制度中获取优势,希望尽可能消除各国之间的差异,[2]要求各国在每个具体产品的关税水平和每个具体行业的市场准入上都要与美国保持一致,甚至已经开始干预别国的国内社会政策,要求对方实行与本国相同的社会福利、劳工工资、劳工权利、社会保障等标准。[3]从这个层面出发,美国支持公平贸易的群体也可能具有特定的政治诉求、价值诉求以及其他非经济利益考量,例如致力于提高国外的劳工和环保标准的特定群体。在美国政府决策者眼中,任何同其他国家之间的不平衡都应当被纳入不公平贸易的范畴,[4]但这种绝对意义上的所谓对等,仅仅是表面上的公平。各国的自然禀赋、产业结构都各有特点,在关税减让、承担义务等方面必然存在差异,抛开这些差异讨论对等问题并不符合WTO的贸易理念,尤其与WTO框架下的特殊和差别待遇以及最惠国待遇相悖。公平贸易政策实际上已经上升到美国在国际市场上斗争的策略,或者说贸易保护手段,即政策制定者为了纠正、报复他国不公平贸易行为而发展的灵活的贸易保护主义,美国通过追求公平贸易的策略调整,以此保障美国实力地位,护持美国霸权。[5]

USMCA的架构特点就体现出美国以"对等"取代"最惠"的贸易谈判新

---

[1] 杨子涵:"美国'公平贸易'政策分析",载《国际研究参考》2021年第9期,第1~7页。
[2] [美]贾格迪什·巴格瓦蒂:《现代自由贸易》,雷薇译,中信出版社2003年版,第38~39页。
[3] 刘振环:《美国贸易政策研究》,法律出版社2010年版,第174~175页。
[4] [美]贾格迪什·巴格瓦蒂:《现代自由贸易》,雷薇译,中信出版社2003年版,第38~39页。
[5] 李永成:"特朗普对美国自由霸权主义的继承与调整",载《现代国际关系》2019年第5期,第30页。

思维，它无意于努力"求同"，而满足于多处"存异"。[1]特朗普在评价USMCA时称，"我们已经用真正公平和对等的贸易协议取代了一项灾难性贸易协议，这将保持美国的就业和财富增长"，USMCA是"所有50个州的农民、牧场主和美国工人的巨大胜利"，并称赞该协定是"有史以来最大、最公平、最平衡和最现代的贸易协定"。USMCA将原来NAFTA名称中的"自由贸易"删除，仅将其称作"协定"，这一改变在客观上反映了美国当前的贸易理念转变为"公平且对等"。USMCA在序言中并未提到考虑缔约方发展水平的差异性和经济的多样性，而是明确了协定的目的之一在于建立"更自由、更公平的市场"，需要"加强和促进……区域的公平竞争条件"，[2]USMCA的规则比起自由贸易更注重公平竞争。

二、美国利益至上与美国优先理念的体现

维护美国利益和"美国优先"的理念深植于美国政治基因中，[3]美国前总统尼克松曾说，"我们的利益必须决定我们的义务，而不是相反"。因此，美国的对外政策始终立足于本国国内利益的考量，无论是权力还是道德都必须服从维护国内利益这一恒定目标。就美国的对外贸易政策而言，其通过双边和区域贸易协定重构国际经贸规则的重点目标就在于保护美国经济免受外国竞争的不利影响，大力拓展海外市场以及建立有利于美国的贸易和金融体系，[4]更好维护和增进美国的国家利益。

（一）"美国优先"理念的内涵与发展

"美国优先"理念，最早出现在威尔逊总统在第一次世界大战中推行保持中立政策时尊奉的信条，伴随着美国20世纪30年代的民族主义和保护主义思潮而深根于美国政府的执政理念之中。"美国优先"理念背后所蕴含的是一种"零和博弈"的思维模式，也是美国式霸权主义思想的又一印证，在这一理念中，美国利益至上成了最重要的基点。丹尼斯·肖（Dennis Shea）大使

---

[1] 廖凡："从《美墨加协定》看美式单边主义及其应对"，载《拉丁美洲研究》2019年第1期，第43~59页。
[2] The preamble, USMCA.
[3] 柳丝："以'美国优先'为名的'丛林法则'"，载《新华每日电讯》2021年9月3日。
[4] [美]杰里尔·A. 罗赛蒂：《美国对外政策的政治学》，周启朋等译，世界知识出版社1997年版，第226页。

在第 14 次贸易政策审议会议上指出美国的贸易政策将"坚定地聚集于美国国家利益,包括保留并使用国家主权权力维护此种利益,具体有五个方面:维护美国国家安全,加强美国经济,协商达成更好的贸易协定,积极执行美国贸易法以及改革多边贸易体系"。

特朗普认为经济全球化、美国的对外贸易政策以及跨国公司的海外布局是造成美国经济颓势的根本原因,尤其是美国先前签署的不公平的贸易协定纵容了贸易伙伴对美国产品与服务实施歧视性政策,从而严重阻碍了美国的经济发展。因此,特朗普政府认为必须改变之前失败的贸易政策,秉持美国主义的信条,将"美国优先"作为政府的主基调,使美国不再受"坏协定"的约束。[1]特朗普政府提倡停止全球化的政策而采用新的美国主义政策,要求美国政府在各种对外事务上应当以有利于美国和美国人民为首要考量因素,可以利用其他国家对美国的高度贸易依存迫使他国作出更多让步,从而为美国赢得更多利益。贸易改革就是特朗普执政时期在"美国优先"理念指导下推行的重要改革之一,而其中最重要的一项成果莫过于达成 USMCA 从而取代了此前的 NAFTA,特朗普一直以来都指责 NAFTA 对于美国来说是灾难,认为它使美国各个州空心化、使美国制造业和就业岗位空心化。在 USMCA 谈判过程中,美国贸易代表办公室(USTR)代表莱特希泽同样忠诚地秉持着"美国优先"理念进行谈判,以寻求美国利益最大化,因此,USMCA 毫无疑问就是"美国优先"理念指导下达成的产物,性质上倾向于美国单边主义裹挟下的国家间协定。[2]

(二)实用主义下 USMCA 的"工具性"

实用主义(pragmatism)是 19 世纪后期发源于美国本土的一个哲学流派,其古希腊语原意是"行为""行动"。美国式的实用主义比起一种哲学思辨型的学说更倾向于一种看待世界的方式,一种思想方法和处世的原则,[3]强调

---

[1] Azza Bimantara, "Donald Trump's Protectionist Trade Policy from the Perspective of Economic Nationalism," *Journal Hubungan International*, vol. 7, no. 2, 2018, p. 191.

[2] 翁国民、宋丽:"《美墨加协定》对国际经贸规则的影响及中国之因应——以 NAFTA 与 CPTPP 为比较视角",载《浙江社会科学》2020 年第 8 期,第 20~29 页。

[3] 盛宁:"传统与现状:对美国实用主义的再审视",载《美国研究》1995 年第 4 期,第 83~98 页。

实践、行动对人类生存的决定性的意义。[1]实用主义是美国的国家哲学，影响着美国法律、外交、社会、文化等各个方面。[2]从个人层面看，实用主义影响着美国人的生活态度和价值观；从国家层面看，实用主义影响着美国政府的政治态度和政策制定倾向。[3]美国式实用主义的实质就是美国利益至上主义，其中一个重要观点就是规则被认为只是解决现实问题的工具，[4]美国在制定规则时主要立足于美国的当下需求和价值取向，重视规则实施的效果和反应。[5]

与美国实用主义相对应的是一种国际经贸领域的"政府间主义一体化"。通常经济一体化可以分为"功能主义一体化"与"政府间主义一体化"，其中前者也被称作"超国家主义"，理论核心是"外溢"思想和超国家观念，认为存在超越具体成员利益的集体利益，而一体化是集体利益最大化的理性选择，WTO 就是功能主义一体化的经典体现。而"政府间主义一体化"是自由政府间主义的一体化，不承认存在超越具体缔约方利益的集体利益，一体化只是缔约方实现最大化自身利益的工具，USMCA 就属于自由政府间主义一体化。[6]

现代国际体系是一个以西方权力为中心的国际体系，由于主导国家之间发展的差异性，呈现出"中心—半边缘—边缘"的、稳定的不对称权力结构。[7]该结构中，霸权与合作是互补的。罗伯特·吉尔平指出，美国的霸权领导培育出了一种不对称的合作模式，这种合作模式使得其他国家不得不与美国的政策倾向保持一致。[8]美国的价值标准、制度模式乃至政策目标始终

---

〔1〕王岩："从'美国精神'到实用主义——兼论当代美国人的价值观"，载《南京大学学报（哲学·人文科学·社会科学版）》1998年第2期，第34~40页。

〔2〕余怀彦：《深层美国：实用主义与美国的300年》，中国友谊出版公司2015年版，第43页。

〔3〕闫玉华、付裕："美国古典实用主义思想与美国精神"，载《中北大学学报（社会科学版）》2020年第1期，第106~111页。

〔4〕刘燕南：《实用主义法理学进路下的国际经济法》，法律出版社2007年版，第43页。

〔5〕陈亚军："当代美国实用主义者对杜威哲学遗产的继承与发展"，载《复旦学报（社会科学版）》2019年第6期，第66~73页。

〔6〕A. Moravcsik and M. A. Vachudova, *supra* note 60, pp. 42~57.

〔7〕张建新："后西方国际体系与东方的兴起"，载《世界经济与政治》2012年第5期，第5~8页。

〔8〕[美]罗伯特·基欧汉：《霸权之后：世界政治经济中的合作与纷争》（增订版），苏长和、信强、何曜译，上海人民出版社2016年版，第171~175页。

存在于国际规则的制定过程和制定结果中,[1]"通过将其他国家约束于多边国际制度和规则之内……美国将足以维护其权力"。[2]规范和制度被认为是社会互动过程中谈判和协商的产物,它们是有目的地被创造出来的,而创造它们的原因在于创造者认为遵守该规范符合他们的利益,违反该规范则会损害他们的利益。国家被视为理性行为体,行事逻辑在于自身利益驱动。从这一角度出发,理性制度主义者并未将国际制度置于国家之上,国家是通过建立国际制度推动有限的集体行动来实现自身的利益。[3]领导国能够将国际制度进行不同程度的私有化(privatization),使原本应服务于整个国际社会的公共物品变成服务于领导国的私人目的的工具,[4]帮助领导国维系和"锁定"其在国际权力结构中的核心地位。[5]现实制度主义认为,国际体系虽然能够提供公共服务,但在利益和权力分配上并不是中立的,因为不同类型的成员国以不同的方式从国际体系中受益,不同规模的国家在国际体系中拥有不同的权力地位。国际制度的非中性使领导国能够通过国际制度进行合作从而获得各种特定利益,还能通过影响或引领国际制度体系的构建实现自身的战略目标。[6]因此,国际制度规则虽然具有公共产品属性,但实际承载的是西方国家凭硬实力与软实力获得的制度霸权。[7]综上,USMCA是在美国实用主义理念影响下美国掌控国际规则主导权的又一重要工具。

(三)遏制中国在经贸体系中的影响力

USMCA内容涵盖广泛,代表着美国当前对国际经贸规则重构的诉求,对WTO改革的走向有着深刻影响。USMCA所蕴含的远超出一个贸易协定,除促

---

[1] 舒建中:《多边贸易体系与美国霸权:关贸总协定制度研究》,南京大学出版社2009年版,第12页。

[2] Steward Patrick and Shepard Forman, eds., *Multilateralism and U. S. Foreign Policy: Ambivalent Engagement*, Boulder and London: Lynne Rienner Publishers, 2002, p. 128.

[3] David A. Baldwin, ed., *Neorealism and Neoliberalism: The Contemporary Debate*, New York: Columbia University Press, 1993, pp. 273~274.

[4] 樊勇明:"区域性国际公共产品——解析区域合作的另一个理论视点",载《世界经济与政治》2008年第1期,第23页。

[5] Ikenberry, G. John, *After Victory: Institutions, Strategic Restraint, and the Rebuilding of Order after Major Wars*, Princeton: Princeton University Press, 2001, pp. 21~49.

[6] Robert Jervis, "Realism, Neoliberalism, and Cooperation: Understanding the Debate," *International Security*, vol. 24, no. 1, 1999, pp. 42~63.

[7] [美]约瑟夫·奈:《软实力》,马娟娟译,中信出版社2013年版,第8~11页。

第一章　USMCA的演进与规制功能定位

进国际经贸规则重构中高标准新规则的建立这类经济诉求之外，还涵盖了政治方面的战略目标，尤其明显的是美国遏制和打压中国的意图，[1]协定中美国不再掩饰对中国贸易政策的偏见，尤其是其中的"毒丸条款"。[2]

"毒丸条款"[3]，即USMCA第32条第10款"非市场经济国家"规定，如果缔约方与非市场经济国家谈判自由贸易协定，至少在自贸协定谈判前3个月，一缔约方应该告知其他缔约方其意图与非市场经济国家进行自贸协定谈判。而且应另一缔约方的请求，打算与非市场国家开始自由贸易谈判的一方应提供尽可能多的有关谈判目标的信息。该缔约方还应不迟于签署日期前30天向其他缔约方提供机会审查协定全文，包括所有的附件和补充协议，以便各缔约方能够审查该文本并评估其对USMCA的潜在影响。如果所涉缔约方要求将案文视为机密，则其他缔约方应将文本保密。且若任一缔约方与非市场国家签订自由贸易协定，应允许其他缔约方提前6个月通知终止USMCA，有关缔约方在6个月的通知期内审查协定并对其进行必要修改，作为双方之间新的双边协定以取代USMCA。双边协定应在缔约双方交换书面通知告知已完成国内程序后60日后开始生效。

尽管美国没有直接点名中国，但国际上普遍认为"毒丸条款"实际上就是"排华"条款，美国企图拉拢贸易伙伴对中国经济进行围追堵截，遏制中国的发展，具有强烈的政治意图。首先，2017年10月，美国商务部发布的《作为非市场经济的中国状况备忘录》[4]就已经从六个方面对中国进行评估：①货币可以在多大程度上兑换成其他国家的货币；②工资水平在多大程度上由劳资双方的自由谈判决定；③允许外国公司合资或者其他投资的程度；④政府拥有或控制生产资料的程度；⑤政府对资源配置以及企业的价格和产出决策的控制程度；⑥管理当局认为适当的其他因素，并最终裁定中国是非市场

---

[1] 白洁、苏庆义："CPTPP的规则、影响及中国对策：基于和TPP对比的分析"，载《国际经济评论》2019年第1期，第123~138页。

[2] 翁国民、宋丽："《美墨加协定》对国际经贸规则的影响及中国之因应——以NAFTA与CPTPP为比较视角"，载《浙江社会科学》2020年第8期，第20~29页。

[3] 美国商务部前部长罗斯在采访中表示，这一条款是"试图堵住贸易协议漏洞的又一举措"，提及新协定，他说："这是合理的，这是一种毒丸（poison pill）。"

[4] *China's Status as a Non-Market Economy*, E&C Ⅵ：MJH/TB, 26 October 2017, p. 10.

059

经济国家。[1]随后，2019年2月，美国贸易代表办公室向国会提交《2018年度中国WTO合规报告》，认定中国仍维持非市场经济结构和国家主导模式。美国商务部和美国贸易代表办公室作为美国政府主要负责贸易救济调查和贸易政策谈判的两个机构，仍维持将中国视为非市场经济国家的做法。因此，不难看出USMCA的"毒丸条款"确实是直接针对中国，企图在中国与墨西哥和加拿大之间设置贸易壁垒，限制中国与墨西哥和加拿大签订自由贸易协定。

三、国内政策的外溢与区域规则的多边化

美国推动国际经贸规则生成与演进的逻辑是以美国国内经贸法治的制度优势进行制度输出，通过国内法撬动区域贸易规则，再利用区域贸易规则撬动全球贸易规则，USMCA就是该逻辑链条中最新也最关键的一环。USMCA的重要性就在于其作为新一代国际经贸规则模板的风向标，是对过去规则的延伸，亦是对现实的关切，[2]美国前贸易代表罗伯特·莱特希泽（Robert Lighthizer）曾称USMCA为未来贸易协定提供了黄金标准的指导模板。[3]因此，美国在国际经贸规则重构时期抢先出击，将谈判重点放在探索建立涵盖国有企业、环境、劳工等各边境后措施上，[4]并就此达成的USMCA的核心目的在于，一方面，通过抢先制定规则维持本国规则制定主导者的地位；[5]另一方面，通过建立高标准的市场准入范式，维护有利于发达国家的"公平贸易"，同时有效遏制中国等新兴国家的经济发展，帮助本国产业重获在国际市

---

〔1〕 1930年《美国关税法》第771节（18）（B）款就规定，在根据第771节（18）（A）款确定一个国家是否为非市场经济时，应考虑以下六个因素：①货币的可兑换程度；②劳资双方进行工资谈判的自由程度；③设立合资企业和外资企业的自由程度；④政府对生产方式的控制程度；⑤政府对资源分配、企业的产出和价格决定的控制程度；⑥主管机关认定恰当的其他规定。

〔2〕 韩立余："构建国际经贸新规则的总思路"，载《经贸法律评论》2019年第4期，第1~13页。

〔3〕 原话为"the gold standard by which all future trade agreements will be judged, and citizens of all three countries will benefit for years to come"。

〔4〕 实际上，在早期的贸易协定谈判中，美国的谈判代表们就不断坚持贸易协定应当包含那些曾经单纯被视作国内事宜的内容，例如劳动标准、环境保护、知识产权、政府规章等，协定的条款通常会要求缔约方将大量的国内制度及程序与特定条约所定义的标准相一致。参考［美］斯蒂芬·M.沃尔特：《驯服美国权力：对美国首要地位的全球回应》，郭盛、王颖译，上海人民出版社2008年版，第29~30页。

〔5〕 翁国民、宋丽："《美墨加协定》对国际经贸规则的影响及中国之因应——以NAFTA与CPTPP为比较视角"，载《浙江社会科学》2020年第8期，第20~29页。

场的竞争力。

（一）美国国内政策的外溢

随着美国对贸易依赖性的增强，对外贸易政策对美国国内经济变量的影响越来越大，因此，美国政府在制定对外贸易政策时也越来越倾向于满足国内经济发展的要求，此即美国贸易政策的"国内化"。同时，由于贸易占有经济的份额不断增加，贸易政策开始被用作达到国内目标和反击外国企业的工具，"不公平"的贸易措施不断涌现。[1]

美国在规则上的国际领导力，是从国内开始形成和推动的。它利用自身法律规则、贸易体系以及法治和文化意识形态渗透并影响全球市场，将法律作为确保美国利益优先的工具。[2]从国际贸易体制演进的整个进程来看，无论是最初的国际贸易组织，还是关税及贸易总协定再到现在的世界贸易组织，美国国内法中的贸易规则的"外溢"对多边贸易体制规则生成产生了深刻的影响。[3]美国将其国内成熟的政策法规推向世界市场背后的逻辑在于，国内已成熟的政策法规往往建立在国内市场多年运行的基础上，因此该国国内企业早已适应这套规则体系，将这套规则体系推向国际市场有利于为国内企业走出去打造良好的营商环境，提高本国企业的国际市场竞争力，同时还能减少本国政府进行国际政策协调的所花费的成本。[4]

多边贸易体制中现存的最惠国待遇原则、主要供应方的谈判方式、农业政策以及"例外条款"等多项规则均可以从美国国内法中找到根源。[5]此外，美国主导下的双边贸易协定也对多边规则的形成产生了重大影响，成为美国构建多边贸易体制的主要雏形。在 USMCA 中，数字贸易规则是美国国内

---

[1] [美]保罗·克鲁格曼主编：《战略性贸易政策与新国际经济学》，海闻等译，中信出版社 2010 年版，第 239 页。

[2] 强世功："《美国陷阱》揭露了一个骇人听闻的霸凌主义案例"，载《求是》2019 年第 12 期，第 73~76 页。

[3] 舒建中：《多边贸易体系与美国霸权：关贸总协定制度研究》，南京大学出版社 2009 年版，第 19~33 页。

[4] 黄鹏：《世界经济再平衡下的国际经贸规则重构——动因、方向及可能路径》，上海人民出版社 2020 年版，第 17 页。

[5] [美] I. M. 戴斯勒：《美国贸易政治》（第 4 版），王恩冕、于少蔚译，中国市场出版社 2006 年版，第 22~23 页；徐泉："美国外贸政策决策机制的变革——美国《1934 年互惠贸易协定法》述评"，载《法学家》2008 年第 1 期，第 154~160 页。

数字贸易政策的直接体现。[1]美国引入的"交互式计算机服务"条款源于美国《通信规范法》（Communications Decency Act）第230节的"网络中介责任豁免"条款，该条款禁止政府要求互联网平台对第三方内容负责，从而保护了互联网平台以促进数字平台的开放和信息的自由流动。USMCA通过引入"交互式计算机服务"条款，成功实现了美国国内法的国际化，豁免了美国互联网中介平台企业在非知识产权侵权中承担的连带责任。[2]事实上，美国在USMCA等自由贸易协定中提出的环境、劳工等标准本质也是其国内贸易政策的延伸，属于"美国制造"。以美国为首的发达国家总是想方设法将国际劳工标准、环境标准纳入多边贸易体系之中，一方面是希望通过提高劳工标准、环境标准达到限制发展中国家出口产品的低廉价格；另一方面发达国家也希望借维护劳工权利、保护环境之名实现对发展中国家国内政治的干预，向发展中国家强行输出其人权理念。

USMCA的环境和劳动章节与美国2007年《两党贸易政策协定》（Bipartisan Agreement on Trade Policy）之间的推进关系就是美国利用国内法撬动区域贸易规则的一大例证。该协定要求将国际劳工标准纳入国内法律和实践中，缔约国在本国法律和实践中都应当采纳和维持国际劳工组织（International Labour Organization, ILO）宣言中承认的几项基本劳工原则，而本次USMCA中就明确与ILO1998年的宣言建立直接联系，否则缔约方将构成违反协定义务。此外，《两党贸易政策协定》还要求劳动争议的解决应当与贸易争议解决适用同样的争端解决程序，即主协定的争端解决程序，USMCA就规定磋商无果后缔约方可诉诸主协定第31章的一般性争端解决机制。不难看出，USMCA劳动章节中体现了美国国内相关贸易政策对劳工标准的要求，体现了美国国内政策的外溢。

（二）区域规则制定的演进

建构主义学者玛莎·费丽莫（Martha Finnemore）与凯瑟琳·斯金克（Kathryn Sikkink）提出了国际规范的三阶段生命周期论。[3]其中第一个阶段是

---

[1] 李墨丝："CPTPP+数字贸易规则、影响及对策"，载《国际经贸探索》2020年第12期，第21~33页。

[2] 沈玉良等："数字贸易发展新动力：RTA数字贸易规则方兴未艾——全球数字贸易促进指数分析报告（2020）"，载《世界经济研究》2021年第1期，第3~16、134页。

[3] Martha Finnemore and Kathryn Sikkink, "International Norm Dynamics and Political Change", *International Organization*, vol. 52, no. 4, 1998, pp. 887~917.

规范的生成与兴起阶段（norm emergence），第二个阶段是规范得到普遍接受即规范的普及阶段（norm cascade），第三个阶段则是规范的内化（internalization）。在第一个阶段，规范的主导国会劝说其他国家接受其界定的新规范，[1]即意识性建构，在这一过程中主导国国内利益集团的要求或社会运动是推动国际新规则形成的主要动力。在第二个阶段，虽然并没有关于新规范的普及需要多少国家接受的相关实证证据，规范生命周期论提出需要"关键多数"（critical mass）国家接受才可达到普及化的要求，桑斯坦（Sunstein）教授则提出可以以"足够数量"（sufficient amount）的国家接受新规范作为"普及"的前提，[2]一般来说需要1/3以上的国家接受才能实现规则的普及化。到第个三阶段，新规则由于得到了国际社会的广泛认同而内化为国际规则，受到多数国家的遵守，形成国际社会的"法律确信"，正是在此阶段某一区域贸易协定的偶然性内容由于成了多数区域贸易协定中的普遍性内容，从而推动该内容形成了多边规则。因此，从建构主义的角度来看，国际规则制定的过程遵循一种三阶段的生命周期模式，即大国国家利益的变化导致新的国际行为准则的建立，而新的国际行为准则逐渐被中小国家采纳，经过长期的实施，逐渐内化为绝大多数国家的行为规范，即国际社会适用的国际规则。由此可看出，在主权体系下，新的国际规则设定的前提条件往往是大国认为自身的国家利益发生了变化，与现行的国际规则之间出现了矛盾。对于大国而言，工具性是国际规则的意义所在，国际规则应当为大国的国家利益服务。

理查德·鲍德温提出的"区域主义多边化"（mutilaterlism regionalism）这一概念恰好与国际规范生命周期论第三阶段的内涵吻合。[3]鲍德温认为在以WTO为代表的多边贸易体制陷入困境的情况下，一个绝佳的解决方案是将区域贸易协定和双边投资条约中更深层次的规则借助于经贸规则或贸易转移效

---

[1] 潘亚玲："国际规范的生命周期与安全化理论——以艾滋病被安全化为国际威胁为例"，载《欧洲研究》2007年第4期，第67~82页。

[2] Sunstein, "Cass R. Social Norms and Social Roles", *Columbia Law Review*, vol. 96, no. 4, 1996, pp. 903~968.

[3] Richard Baldwin, "Multilateralising Regionalism: Spaghetti Bowls as Building Blocs on the Path to Global Free Trade", *World Economy*, vol. 29, 2006, pp. 1451~1518.

应进行技巧性改良，使其相互整合，从而推向多边化。[1]关于"区域主义多边化"目前主要形成了三种方案，包括第三方最惠国待遇条款、简化原产地规则以及推动高标准协定的"自由化竞争效应"，从而产生同化其他贸易协定的"积木效应"。[2]而 USMCA 等美式贸易协定尤其证实了第三种积木效应，美国在双边和区域贸易协定谈判中始终致力于输出国内政策或者代表美国利益的规则，一方面利用区域贸易协定的"自由化竞争效应"，促使其他国家接受美式的贸易协定规则，在规则同化的同时实际上以区域贸易协定为构建多边贸易协定的积木，通过对区域贸易协定网络的渐进建构实现了向多边规则的转化，这种将区域贸易协定内的规则推广为多边贸易规则的过程也被称为有顺序的谈判（sequential negotiation）。[3]

当前，随着新兴国家的经济崛起以及在全球贸易体系内的优势不断强化，美国的国际贸易赤字不断攀升，美国认为新兴经济体是上一轮全球化及其规则体系的受益者，对既有的国际经贸规则体系产生强烈不满，于是一方面要求后者承担更大的国际责任、推出更广泛的开放举措；另一方面则致力于推动经贸体系的改革和重构，通过新的规则来规范甚至"限制"后者的发展，以更好地维护和强化其竞争优势。然而从多哈回合谈判开始，美国的能力和影响力均大不如前，无法有效掌控以 WTO 为主导的多边贸易体系，也就无法顺利在多边层面推行反映自身利益诉求的经贸规则。在多边层面的规则制定难以获得满意的结果时，美国发现"规则制定的区域化演进有利于主要大国的单项输出，减弱了发展中国家在多边规则建构中的话语权"[4]，相比于复杂的多边谈判，制裁威胁下的区域、双边谈判更能有效地按照其喜好塑造世界，[5]在区域/双边协定中获取的利益可能是从多边贸

---

[1] Richard Baldwin and Patrick Low, *Mutilaterlism Regionalism: Challenges for the Global Trade System*, Cambridge: Cambridge Press, 2008, pp. 1~12.

[2] 转引自王燕：《国际经贸规则重塑的二元制度构建》，法律出版社 2020 年版，第 188 页。

[3] C. Van Grasstek, "US Plan for a New WTO Round: Negotiating More Agreements with Less Authority", *World Economy*, vol. 23, no. 9, 2000, pp. 673~700.

[4] 王秋雯："国际竞争规则重塑进程中的中国话语权构建"，载《当代世界与社会主义》2019 年第 4 期，第 139~145 页。

[5] Gerard and Victoria Curzon, "Non-Discrimination and the Rise of 'Material' Reciprocity", *The World Economy*, vol. 12 no. 4, 1989, p. 492.

易体制中难以取得的。于是美国开始转换策略，选择通过"多轨道"[1]贸易政策引领。[2]一方面冷落甚至摒弃传统的多边经贸谈判机制，另一方面通过缩小谈判对象来增强自身的谈判能力，企图在区域经济合作层面推行符合美国利益的国际经贸规则和标准，将区域贸易协定作为国际经贸规则重构的"试验田"，再集合区域国际规则所形成的集体力量来增加美国的谈判筹码，进而推动国际经贸规则体系的重构，打造新型贸易协定的美式模板，维系美国在国际经贸规则体系中的主导权。[3]在近年来加快推进的区域经济一体化平台上，讨论的议题早已超越传统的贸易范畴，触及知识产权、竞争政策、环境、劳工、国有企业等日益多样化的"边境后"领域，不同程度反映出美国为首的发达经济体的新主张、新诉求。[4]从这层意义出发，区域贸易协定实际上不再仅仅是贸易工具，而在一定程度上成为美国表达政治诉求与争夺国际经贸规则的重要政策工具，[5]是美国掌握未来规则主动权的主要途径之一。

而 USMCA 正是美国遵循一贯路径达成的又一成果。毫无疑问，美国会在未来的双边和区域经贸协定谈判中以 USMCA 为蓝本，分区实施，定点突破，不断扩大新规则的覆盖面与适用范围。[6]具体来说，美国企图将 USMCA 打造为未来谈判的模板，意图先在"小圈子"内就核心议题达成一致，再逐步"扩容"，并且通过高标准区域贸易协定产生的"规则同化"效应，[7]吸引其他协定不断提升标准以及法制同化程度，从而将发展中国家逐个击破，将蕴含美式理念的 21 世纪高标准的国际经贸规则纳入 WTO 多边体系之中，以达到

---

[1] 实际上在 20 世纪 80 年代中期，美国就出现了脱离国际多边合作的倾向，里根政府抛弃了战后经济多边化的承诺，而赞成"多轨道"的贸易政策，美国开始转向经济区域主义，NAFTA 正是在此种情况下诞生的。

[2] 徐泉、郝荻：《WTO 双重二元结构理论研究》，人民出版社 2021 年版，第 23 页。

[3] 李巍、张玉环："美国自贸区战略的逻辑——一种现实制度主义的解释"，载《世界经济与政治》2015 年第 8 期，第 127~154 页。

[4] 陈德铭等：《经济危机与规则重构》，商务印书馆 2014 年版，第 70 页。

[5] 张茉楠："全球新一轮经贸规则发展呈七大新趋势"，载 https://www.chinatimes.net.cn/article/90633.html，最后访问日期：2021 年 8 月 2 日。

[6] 刘向丽、吴桐："国际经贸规则重构中美国的政策两难与发展趋势探讨"，载《国际贸易》2021 年第 6 期，第 38~46 页。

[7] 王燕：《国际经贸规则重塑的二元制度构建》，法律出版社 2020 年版，第 93~95 页。

重塑多边贸易规则的效果。[1]而且 USMCA 可以与美国主导的其他区域和双边自贸协定共同在全球经济版图上形成以美国为交集、向各方辐射的跨区域性自贸网络，确保美国主导新一轮经济全球化并从中获取最大利益，抢占 21 世纪全球贸易和投资规则的制高点，捍卫其在国际格局中的机制红利。[2]

---

[1] 陈凤英、孙立鹏："WTO 改革：美国的角色"，载《国际问题研究》2019 年第 2 期，第 61~81 页。

[2] 陈德铭等：《经济危机与规则重构》，商务印书馆 2014 年版，第 134 页。

第二章

规制边境后措施的动因与实践

本章尝试通过对边境后措施的概念与性质分析，解释边境后措施是什么以及为什么需要规制边境后措施。接着本章从国际贸易业态的结构变化、全球价值链的扩张与调整等角度解释国际经贸规则重构的重心转向边境后措施的原因，从多边贸易体系受限的角度解释国际经贸规则重构的平台转向区域贸易协定的原因。结合上述分析，本章尝试得出结论——国际经贸规则重构的主要路径就是在区域贸易协定中设置以规制边境后措施为核心内容的高标准规则。之后，本章通过分析 GATT/WTO、RCEP、CPTPP 以及 USMCA 规制边境后措施的实践，确认了 USMCA 是新一代高标准高水平的区域贸易协定，而这正是 USMCA 成为美国继续影响和主导国际经贸规则的工具的重要原因。

第一节 边境后措施形成的国际背景

本节主要从国际贸易业态的结构变化、全球价值链的扩张与调整等方面分析解释了边境后措施缘何成为国际经贸规则重构的重心这一问题。在超级全球化时代，全球价值链的加速深化，各国经济依存度不断攀升，全球分工从最终产品转向以产业链为基础的生产要素分工，从而带来了全球贸易性质和形态的巨大改变，服务贸易、数字贸易占比提高，贸易业态的变化催生了新型的贸易壁垒，从传统的关税、配额等边境措施向边境后措施延伸。[1]而WTO 由于自身体制弊端已经遭遇困境，不论是新议题谈判还是争端解决都陷

---

[1] Sauvé P., *Trade rules behind borders: essays on services, investment and the new trade agenda*, London: Cameron May Ltd., 2003, pp. 21~28.

入僵局，无法对国际经贸规则重构这一大趋势作出有效反应，此时成员数量更少、范围更窄、谈判灵活性更强且标准更高的区域贸易协定，成了全球化浪潮中的一股重要的新生力量。[1]

一、国际贸易业态的结构变化

（一）货物贸易的结构变化及竞争特点

国际货物贸易指有形商品的国际交易。早期货物贸易的发展主要分为奴隶社会和封建社会时期以及二战前国际货物贸易的发展。事实上，原始社会晚期，不同部族之间由于社会分工已经出现了以物易物的商品交换现象。伴随私有财产的出现，奴隶制和封建制社会中自然经济处于主导地位，国家逐渐形成，而国家之间的商品交换可被视为国际贸易的萌芽。14至15世纪，资本主义生产关系在西欧出现，意大利的威尼斯等多个城市成为当时的欧洲贸易中心。15世纪末至16世纪初，新航路的开辟和帝国大力开拓海外殖民地使得原本孤立封闭的各大洲之间建立起了越来越紧密的联系，加之资本主义生产关系的进一步发展，世界开始融合为一个整体，国际贸易的范围越来越大，东西方之间的贸易交流开始大量增加，此时出现了区域性的国际商品市场。从18世纪中后期开始的近一个世纪内，以机器的发明和运用为特征的工业革命如火如荼地展开，这场划时代的技术革命使得生产方式发生了重大转变，从手工生产走向了机器生产。英国、欧洲大陆其他先进国家以及美国相继完成了产业革命，资本主义生产从工厂手工业过渡至机器大工业，相应地也形成了国际分工体系，而交通和通信的便利化使世界更加紧密联结在一起，从而形成了世界大市场。[2]

二战后货物贸易持续发展，1950年至1973年间货物贸易发展速度为7.88%，1973年至1998年间为5.07%，1980年至1990年间为6%，1990年至2000年间为6.7%，2000年至2005年间则升高至10%，此后货物出口量平均增长率回落，2005年至2010年间为7.4%，2010年至2017年平均为3%。1950年至1973年的24年间属于货物贸易迅速增长阶段，受战后世界经济迅

---

[1] 漆彤:"正式申请加入CPTPP彰显中国高水平对外开放决心"，载 https://m.gmw.cn/baijia/2021-10/05/35211525.html，最后访问日期：2021年12月18日。

[2] 薛荣久主编：《国际贸易》（第2版），清华大学出版社2020年版，第1~2页。

速发展、贸易自由化以及稳定的国际货币体系的积极影响，国际贸易总额从600亿美元增长至近6000亿美元，年平均增长率超过10%，增长速度已经领先于此前国际贸易历史上的最高水平。从1973年开始至1986年，全球经济增长速度放缓，货币危机和能源危机相继爆发，通货膨胀率居高不下，导致国际贸易的增长速度明显减缓，进入相对停滞阶段。在这一阶段，国际货物贸易发展速度明显陷入停滞，出口年平均增长率从1973年至1979年间的4.5%降至1980年至1986年间的2.5%。20世纪80年代，世界经济一体化加强以及南北关系趋于缓和为全球经济的新一轮高速增长提供了良好的环境，国际货物贸易亦随之增长迅速，进入发展加快阶段。1986年至1990年间国际货物贸易年平均增长13%，1990年至1997年间年平均涨幅为7.0%。

(二) 服务贸易与数字贸易的兴起发展

著名经济学家理查德·鲍德温在2019年日内瓦高等研究院和美国乔治城大学联合主办的"WTO和全球经济治理年会"上发表演讲，提出过去的全球化是货物的全球化，现在的全球化是知识的全球化，而未来的全球化将是服务的全球化。近三十年来，随着全球产业分工的深度融合发展，各国市场开放度不断攀升，在中间品贸易不断发展的过程中还伴随着服务贸易的飞速发展，尤其是信息技术的不断升级优化使得通过数字化方式提供服务越来越便利化，服务贸易不断融入大众生活之中，成为国际贸易的中坚力量。

目前，服务业成为全球经济中最大的部门，占全球GDP的70%、全球就业的60%和全球出口的46%（以附加值计算），服务贸易增加值已经占全球贸易增加值的近一半。[1]尽管2020年受全球新冠肺炎疫情大流行的影响服务贸易一度陷入负增长，但自2020年第四季度始已逐渐回升。[2]WTO 2018年和2019年的《世界贸易报告》数据显示，当前全球服务贸易的规模与货物贸易的规模已经不相上下，且自2005年以来服务贸易的平均增长速度明显高于货物贸易的平均增长速度。[3]欧盟统计局表示："近几十年来，国际服务贸易呈

---

[1] World Trade Report 2019: The future of services trade, at https://www.wto.org/english/res_e/booksp_e/00_wtr19_e.pdf.

[2] WTO Data-Information on trade and trade policy measures, at https://data.wto.org/en.

[3] Second Quaeter 2021 Trade in Services, at https://www.wto.org/english/res_e/statis_e/daily_update_e/serv_latest.pdf.

现强劲增长，而国际货物贸易增长较为缓慢。"[1]2014年至2019年这六年间全球商业服务进口总金额增长幅度为13.3%，出口总金额增长幅度为17.1%，而这六年间商品和服务进口总金额的增长幅度为3.7%，出口总金额的增长幅度为3.6%。

全球超过一半的服务贸易由数字技术驱动，联合国2019年数字经济报告显示，由数字技术驱动的服务贸易出口额达到近3万亿美元，占全球服务出口总额的一半，[2]此外还以每年7%的速度增长，而所有服务出口的平均增长率为6%，[3]这表明以数字方式提供的服务在不断大幅度增长。

服务业同样在美国的社会经济和对外贸易中占据着重要地位，不仅对美国国内生产总值以及就业的贡献率均超过了70%，同时也对美国进出口份额贡献巨大，仅2018年服务贸易就占美国出口额中的8270亿美元。因此，美国当局始终将服务贸易作为制定本国贸易政策以及引导全球贸易走向的关键，在贸易谈判中始终将服务贸易规则作为谈判的要点之一。[4]当然，服务贸易作为扩大和多样化出口的新前沿也为发展中国家和最不发达国家提供了重要机会。WTO统计数据显示，发展中经济体服务出口占比从2005年的24%上升至2015年的32%，最不发达国家在全球服务出口中的占比从2005年的0.4%上升至2015年的0.8%。

而随着互联网在全球加速普及和数字技术的高速发展，数字贸易已成为国际贸易新模式，是世界经济发展的新引擎。联合国贸易和发展会议（UNCTAD）发布的《2017年信息经济报告》显示，2015年全球电子商务销售额为25.3万亿美元，比2013年增长56%。[5]

与货物贸易通过关税等边境措施来设置"显性壁垒"不同，由于服务产

---

[1] International trade in services-an overview, at https://ec.europa.eu/eurostat/statistics-explained/index.php?title=International_trade_in_services_-_an_overview.

[2] 莫万贵、袁佳、王清：“全球服务贸易发展趋势及我国应对浅析”，载《清华金融评论》2020年第1期，第49~53页。

[3] Digital Economy Report 2019: Value creation and capture-implications for developing countries, [TD/] UNCTAD/DER/2019, 4 September 2019, p.66.

[4] U.S. Trade in Services: Trends and Policy Issues, R43291, CRS Report, 22 January 2020, p.11.

[5] Information Economy Report 2017: Digitalization, Trade and Development, UNCATD IER/2017/Corr.1, 23 October 2017, p.15. 转引自黄鹏：《世界经济再平衡下的国际经贸规则重构——动因、方向及可能路径》，上海人民出版社2020年版，第200页。

品通常具有无形性,服务贸易的过程中不存在有形货物越境的情形,因此关于服务贸易的限制措施几乎都在边境之内实施,各国倾向于采取设置国内的相关行业标准、复杂的合格评定程序以及各类表面合法合理但实际严苛且带有歧视性的"隐性壁垒"来限制市场准入、保护本国服务产业。而正是服务贸易壁垒通常具有更强的隐蔽性且不可量化,导致削减服务贸易壁垒的难度远高于货物贸易,提升服务贸易自由化水平也相应比货物贸易困难得多。[1] 世贸组织将服务贸易的成本划分为五类,包括运输成本、信息和交易成本、技术、贸易政策和监管差异以及治理质量。而其中国内贸易政策和监管差异等边境后相关措施与国际规则紧密相关,这些措施本质是对国外服务及提供者的歧视性政策或做法,阻碍了外国服务或服务提供者进入国内市场。《2019年世界贸易报告》就总结道:"服务贸易政策壁垒的本质是监管壁垒。"因此,服务贸易全球化对国际经贸规则的诉求在于在提高市场准入的同时加强各方国内边境后监管措施的协调,近年达成的区域和双边贸易协定中服务贸易规则就愈发重视加强边境后措施的协调统一,进一步完善国内规制和透明度纪律,对法律法规的公布程序、资质要求和程序、技术标准和许可要求的具体程序性要求做出了具体规范。

二、全球价值链的扩张与调整

20世纪80年代以来,从美国里根革命、英国撒切尔革命开始的一波全球化较之以前的全球化的广度、深度、力度都要强,丹尼·罗德里克将其称为"超级全球化"。在这波超级全球化浪潮中形成了相互依存的全球分工体系,商品、服务、资本和技术在全球范围内进行配置的格局成为不可逆的常态,一条将世界各国紧密编织在一起的全球价值链也已基本确立。

(一) 全球价值链的内涵特征

哈佛商学院教授迈克尔·波特(Michael E. Porter)在他的著作《竞争优势:创造和维持卓越绩效》中介绍了价值链(value chain)的概念。该书中将价值链视为一种商业模式,描述了为企业创造价值而进行的所有活动,而价值创造的最终目标是在市场上获得超越竞争对手的竞争优势。具体而言,价

---

[1] 迟福林主编:《二次开放:全球化十字路口的中国选择》,中国工人出版社2017年版,第204页。

值链描述的是企业推动产品从生产到最终交付使用的整个周期内进行的一系列活动的结合，包括设计、生产、营销、交付和购买产品等分散的活动。起初波特教授的主要研究对象是个体企业中从产品的生产到最终交付使用的价值链，旨在帮助分析单个企业开发、生产、销售、创造价值和建立自身竞争优势的具体活动。但随着全球化浪潮以及国际分工体系的不断发展，波特发现组成价值链的活动不仅可以由一家企业完成，也可能分散在不同的企业，于是他在价值链的基础上提出了价值体系（value system）的概念，而价值体系与全球价值链（global value chain，GVC）两个概念之间显然有一定的共通之处——全球化背景下，价值链活动主要由分布在全球不同地区的多家企业共同承担。[1]在波特提出的价值链概念的基础上，布鲁斯·科格特（Bruce Kogut）进一步提出了"增值链"（value-added chain）的概念，他认为价值链不同环节在不同国家和地区的分配是由国家的比较优势决定的，而企业在增值链所处的环节则取决于企业的竞争能力。在增值链的概念之下，价值链的范围突破了国家之间的边界。

　　加里·格列菲（Gary Gereffi）则在价值链的基础上提出了"全球商品链"（global commodity chain，GCC）的概念。GCC实际上起源于20世纪80年代中期的世界体系学派，加里在《商品链和全球资本主义》一书中将GCC表述为"一个相对连贯的范式"，以商品为分析单位来解释全球生产、交易和消费。大约在2000年初期，为了强调商品生产链上价值创造和价值获取的重要性，一些GCC学者开始将"全球价值链"概念引入他们的工作之中，GVC更突出价值链活动在全球范围内的分散化趋势，呈现的是一种将生产分解为在不同国家进行的活动和任务的国际生产共享现象。在某种程度上全球价值链被认为是一种可以追溯到亚当·斯密时代的大规模分工的延伸。在亚当·斯密的著名例子中，大头针的生产在工厂内分为许多不同的操作，每个操作都由专门的工人执行。而在全球价值链中，运营跨越国界而不再局限于同一地点，制造的产品当然比大头针复杂得多。贸易和投资自由化、运输成本降低、信息和通信技术进步以及物流创新（例如集装箱化）使跨境生产成为可能。近几十年来，跨境生产在许多行业迅速扩张。这种发展在很大程度上是由工

---

[1]［美］加里·杰里菲等：《全球价值链和国际发展：理论框架、研究发现和政策分析》，曹文、李可译，上海人民出版社2018年版，第3页。

业化经济体中的跨国公司推动的。这些跨国公司出于竞争的目的不断重新定位和重组其业务，最经典的例子就是它们将劳动密集型生产阶段从工业化经济体转移到劳动力丰富且低薪的发展中国家。除了活动在地理上被分割和分散，全球价值链的另一个特征是，生产活动也越来越多地由与跨国公司没有股权联系的第三方进行，即国际外包。在这方面，跨国公司在体现其核心优势的行业领域巩固了其国际业务。他们还通过控制和协调由多家公司组成的国际生产网络而变得更加强大。

对于寻求工业化的国家来说，参与全球价值链无疑是一个极具吸引力的选择。由于生产的国际分散和业务的国际分拆，各国不再需要创建完整的产品或价值链。相反，它们可以通过将自己"插入"价值链中适合其现有能力水平的特定生产阶段来创建目标行业。参与全球价值链还提高了国家（尤其是那些国内市场较小的国家）通过向出口企业投资以迅速实现规模经济前景的可能性，包括经济增长、创造就业与增加税收。此外，参与全球价值链还为公司之间的知识与技术转移提供了大量机会，而这种转移对产业升级和提高产品质量都可能产生促进作用。

参与全球价值链不仅会带来积极的结果，还会带来一定的风险，包括社会整体凝聚力的消退、劳工福利遭到侵蚀以及环境的不断恶化，这些风险对治理和监管能力薄弱的国家无疑会造成严重的影响。此外，由于劳动分工，国家之间的经济差距有扩大的风险。例如，从长远来看，参与全球价值链的国家可能会发现自己陷入低附加值的活动中。由于抵御外部冲击的能力不够，贸然参与全球价值链会增加当地经济的风险。例如，在逐步取消《多种纤维协定》之后，包括肯尼亚、南非和莱索托在内的一些非洲经济体的服装行业遭受了沉重的打击，失业率和工资负增长率不断攀升。

（二）全球价值链的发展趋势

20世纪90年代以及21世纪初，以WTO为主导的多边贸易体系的建立使得关税等贸易壁垒得到有效削减，制造业的生产流程开始呈全球化分布状态，运输成本以及信息和通信技术的进步极大推动了全球价值链的扩张与深化，[1]全球价值链贸易在世界贸易总量中占比显著增加。通常，东亚和欧洲的全球

---

[1] 理查德·鲍德温曾指出阻碍市场全球化发展的三大限制因素，即货物运输成本、思想（技术）传播成本以及人员流动成本。

价值链更注重区域内的贸易，而北美的全球价值链则更多依赖于在全球范围内寻找合作伙伴。[1]

不过，贸易全球化的演变并非以线性形式存在，正如林恩·奥尔登（Lyn Alden）的一项研究提到的，世界偶尔也会经历去全球化的时期，例如两次世界大战期间的关税战与贸易战。而当前就面临全球整体经济活动的普遍放缓，加之疫情问题导致全球供应链紧张，美国政界与商界均呼吁将商品生产带回本国并减少外国投资，全球进入了一种被经济学家称为"慢球化"[2]（slowbalisation）的时代。[3]"慢球化"这一概念由荷兰人阿杰德·巴卡斯（Adjiedj Bakas）提出，定义了一种与全球化背道而驰的趋势。而这一趋势产生的原因包括两个方面，一是经济增长总体放缓，尤其是国际投资的放缓；二是全球价值链通常在不同阶段会呈现不同的状态，或扩张或收缩，当前受全球范围内技术的发展以及政策环境变化的影响，全球价值链呈现出一种收缩状态，整体发展趋势放缓。

然而，不可否认的是全球价值链的总体参与度依然在不断攀升。WTO等组织联合发布的《2021年全球价值链发展报告》中指出了这一趋势，根据该报告，虽然中美两国在全球价值链中的参与率有所下降，但两国仍然是全球价值链的顶级参与者，2019年中国在全球价值链贸易中的参与率为33.9%，在全球生产链的参与率为7%。此外，欧洲国家越来越融入全球价值链中，截至2019年，德国是世界上最大的间接贸易国，其贸易参与率从2010年的45.6%增长到2019年的52.4%，生产参与率从18%增长到18.7%。

因此，全球价值链下依然有越来越多的国家参与到商品和服务生产与供应

---

[1] Publication: World Development Report 2020: Trading for Development in the Age of Global Value Chains, at https://openknowledge.worldbank.org/handle/10986/32437.

[2]《经济学人》指出"慢球化"有两大缺点。首先，它带来了新的难题。在1990年至2010年期间，大部分新兴国家都在一定程度上缩小了与发达国家之间的差距。今后，会有更多新兴国家难以通过贸易实现富裕。而在更为区域性的贸易模式与由华尔街和美联储为各地市场设定脉搏的全球金融体系之间存在冲突。大多数国家与美国的贸易关联已经减弱，而它们的利率却仍将受到美国利率的影响，这会导致金融动荡。与十年前不同，美联储不太可能再次充当全球的最终贷款人来拯救外国人。其次，"慢球化"将无法解决全球化造成的问题。自动化意味着西方的蓝领工作不会有复兴。企业将在各个区域中劳动力最廉价的地方雇用非熟练工人。没有了全球合作，气候变化、移民和逃税问题将更难解决。"慢球化"非但远不能让中国的势头放缓及遏制中国，还将有助于它更快地发展。

[3] Slowbalisation: The steam has gone out of globalisation, at https://www.economist.com/leaders/2019/01/24/the-steam-has-gone-out-of-globalisation.

的全球化网络中,产品和服务从生产到最终交付的不同环节发生在不同国家。由此产生的后果是,以国内规制为主要内容的边境后措施因其表面的合理性而成为各国青睐的隐形贸易保护主义措施。美国国会研究服务局(Congressional Research Service)2020年1月编制的关于美国服务贸易趋势和政策相关报告就指出,外国政府的边境后措施阻碍了美国服务贸易的全面发展。[1]故贸易规则谈判的重点从传统的、以边境措施和市场准入为核心的贸易规则向以边境后措施和规制融合为核心的贸易措施转变。[2]国际经贸规则重构也随之呈现出了一种"全生命周期"的特征,即"从企业进入开始到生产和贸易再到最终推出,都要求有相应的国际规范予以约束"。[3]

三、国际经贸规则重构平台迁移

WTO由于自身局限性使得其在进一步深入处理那些阻碍国际贸易的不透明的、繁冗的、非歧视性的边境后措施时发挥的作用有限。而区域经贸安排因其参与成员数量较少、范围更窄、自由度与灵活度更高而成为贸易规则谈判的更优选择。因此,在多边贸易规则体系遭遇困境的情况下,各国开始寻求区域贸易协定等路径进行规则谈判,国际经贸规则重构的平台从多边转向了区域层面。

(一)WTO多边贸易体系的局限

首先,WTO的"一揽子承诺"(the single undertaking)谈判模式使得议题越来越复杂的多边谈判陷入僵局,无法取得实质性进展。《建立世界贸易组织的马拉喀什协定》第2条第2款规定,WTO框架下的一揽子协定对所有成员具有约束力。[4]根据WTO秘书处的解释,"一揽子承诺"指每一项谈判都是整体且不可分割的一部分,成员方不能仅就一项协议单独达成一致,即"在

---

[1] 原文为A number of economists argue that "behind-the-border" barriers imposed by foreign governments prevent U. S. trade in services from expanding to its full potential. The United States continues to negotiate trade agreements to lower these barriers.

[2] 盛斌、陈帅:"全球价值链如何改变了贸易政策:对产业升级的影响和启示",载《国际经济评论》2015年第1期,第85~97页。

[3] 张磊、徐琳:"更高标准经贸规则对上海探索建设自由港的启示",载《国际商务研究》2020年第5期,第86~95页。

[4] 傅星国:《WTO决策机制的法律与实践》,上海人民出版社2009年版,第210页。

就一切问题都达成协议之前,什么协议都未达成"。[1]"一揽子承诺"自诞生之初就备受怀疑,虽然它在乌拉圭回合谈判中发挥了重要作用,通过设置关联性的议题确保了谈判协定的完整性与统一性,克服了谈判各方以"菜单式"选择加入框架协议的弊端,但多哈回合谈判的停滞在一定程度上反映了"一揽子承诺"模式的弊端,发达国家作为WTO主导成员利用"一揽子承诺"模式将主要通过双边谈判达成的成果推至多边体系中,将其强化为其他成员的国际条约义务,发展中国家成员往往只能被动选择加入这一体制,最终WTO多边体系的最大受益者仍然是美欧等发达成员。随着WTO成员数量的不断增加,占比较大的发展中国家自然对美欧所主宰的权力格局提出疑问。[2]

其次,不同于世界银行或者国际货币基金组织,WTO采取的是自下而上的成员驱动(member-driven)模式,所有的重大决定都是由全体成员作出,WTO权力并未下放给相关职能部门或负责人。然而此种成员驱动具有不均衡性的特点,在一定程度上导致了WTO缺乏对发展中国家成员利益的关切,发展中国家无法与发达国家成员平等地享有规则制定权和内部治理权。原始缔约方与后加入成员相比享受着明显的"先发优势",[3]并利用这种先发优势持续掌控并主导着谈判进程,"塑造规则、实施相应措施以保障自身地位并获取足够利益"[4]。多边贸易体制成员驱动的核心由始至终持续地掌握在少数发达成员的手中。

最后,"协商一致"(consensus)决策机制导致WTO成员方之间难以达成决议。《建立世界贸易组织的马拉喀什协定》第9条第1款规定,每个WTO成员拥有一票,所有决策应当以协商一致的形式作出,倘若无法达成协商一致则启动投票程序,然而多边贸易体制几十年来的实践表明,即便无法达成协商一致,WTO也未曾启动投票程序。因此,WTO实际上的决策机制仍然仅

---

[1] 原文是"Nothing is agreed until everything is agreed"。

[2] 徐泉:"WTO'一揽子承诺'法律问题阐微",载《法律科学(西北政法大学学报)》2015年第1期,第147~157页。

[3] Thomas Cottier and Manfred Elsig, eds., *Governing the World Trade Organization: Past, Present and Beyond Doha World Trade Forum*, Cambridge: Cambridge University Press, 2014, p. 320.

[4] Robert Hunter Wade, "What Strategies Are Viable for Developing Countries Today? The World Trade Organization and the Shrinking of 'Development Space'", *Review of International Political Economy*, vol. 10, no. 4, 2003, p. 632.

有"协商一致"。不可否认协商一致体现了 WTO 决策机制的民主性。协商一致规则意味着一项提议的通过建立在无任何成员提出正式反对的基础上，这也意味着任何成员，无论其实力多么弱小，其在全球贸易中的比例多么无关紧要，该成员都拥有否决权。WTO 通过这种方式可以确保即便是最不发达的国家也可在国际贸易决策中占有一席之地，不至于被发达国家完全忽视甚至排除出贸易体系之外，大国必须说服小国以获得协商一致。[1]但协商一致存在繁琐和难以达成共识的弊病，即便 WTO 中发展中成员占据数量优势，但也无法凭借该优势促成有利于发展中国家的决策，且部分发展中国家无法负担在日内瓦总部设置代表处的成本，也就无法正常出席每一次会议，遑论存在平行会议时间冲突的问题。随着 WTO 成员数量的持续增加，协商一致决策机制的弊端变得越来越突出，无论是协商一致还是每个成员一票的投票权都不能彻底改变 WTO 的决策失衡问题。罗伯特·基欧汉（Robert O. Keohane）将 GATT/WTO 机制比喻为"俱乐部模式"（club model），他认为该模式的两大特点分别为排他性和透明度低，就排他性而言，WTO 发达国家成员通常倾向于在目标相对一致的小型核心圈里进行谈判，排除大多数发展中国家以及公众或者其他政策领域；就透明度而言，谈判人员倾向于不公开谈判的形式和内容，采取一揽子承诺方式，各成员国只能就谈判成果作出批准或不批准的决定而不能作任何删改。[2]"俱乐部模式"使得原本寄希望于通过 WTO 平台在多边贸易谈判中发挥作用的发展中国家依旧缺乏话语权。

（二）区域贸易协定的功能与优势

区域贸易协定可以有效补充多边贸易体系，是多边贸易体系的"积木"而不是"绊脚石"。首先，区域贸易协定能够触及多边贸易体制无法触及的领域，例如投资、国有企业数字贸易等更重要的政策问题，通过在区域贸易协定中率先吸纳这些新议题，经过实践检验规则的可行性后，再将相关议题纳入多边贸易体系中，能够有效地推动多边贸易谈判。其次，通过促进区域内的自由贸易来提高贸易效率，还可以为加入多边贸易体系的国家提供新的开

---

[1] 程大为：《WTO 体系的矛盾分析》，中国人民大学出版社 2009 年版，第 27~28 页。

[2] Robert Keohane, Joseph S. Nye, Between Centralization and Fragmentation: The Club Model of Multilateral Cooperation and Problems of Democratic Legitimacy, KSG Faculty Research Working Papers Series, RWP01-004, 2001, p. 12.

放和相互竞争的机会。根据部分均衡模型的分析结果，假设在完全竞争的情况下，当其他因素保持不变时，区域贸易协定能够切实提高成员之间的贸易水平。区域贸易协定可以增强成员之间的政治互信，使各方能够在共同利益的基础上维护地区安全，成为和平和政治稳定的重要基石。最后，区域贸易协定因其成员数量较少且往往具有较为一致的目标和诉求可以以较快速度达成一致，因此不论是政治家还是商业领袖都更青睐于这种高效的合作形式。

实践中，自多哈回合陷入停滞状态以来，区域贸易协定作为各国之间开展经贸合作、进行新议题谈判的重要平台，已经取得了诸多进展。首先，越来越多国家签订区域贸易协定且整体进程加快，在1948年至1994年近50年的时间里，全球范围内达成的区域贸易协定在120个左右，其中GATT时期到1994年底WTO生效前，通报至WTO的区域贸易协定有99个，而1995年乌拉圭回合结束后至今近30年的时间里全球范围内达成的有效区域贸易协定已接近500个，尤其是金融危机后，在2008年至2017年间全球区域贸易协定猛增210个，增速大幅上升。其次，从成员类型上看，区域贸易协定不再局限于早期的水平相当的发达成员，发展中成员签订区域贸易协定的热情高涨，发达成员之间、发展中成员之间以及发达成员与发展中成员之间均达成了诸多区域贸易协定，且从地域范围来看，跨区域的区域贸易协定也越来越多。最后，区域贸易协定中的条款在广度与深度上都超越了WTO，整体自由化和经济一体化程度都更高，规则的约束范围逐渐从边境上延伸至边境后领域。[1]例如TPP/CPTPP、USMCA等高标准、宽领域的新一代区域贸易协定，在推动传统市场准入领域的进一步开放和削减关税等边境壁垒之外，通过自主设置议题的方式吸纳了WTO尚未涉及的诸多领域，而且谈判周期短、见效快具有灵活性，效率更高。[2]因此不少世贸成员都抛开决策机制和驱动模式都更为复杂和困难且耗时极长的WTO多边贸易体系，转而寻求通过双边和区域贸易协定实现自身的利益诉求。[3]

---

〔1〕李艳秀："区域贸易协定规则特点、深度与价值链贸易关系研究"，载《经济学家》2018年第7期，第71~78页。

〔2〕张茉楠："全球新一轮经贸规则发展呈七大新趋势"，载https://www.chinatimes.net.cn/article/90633.html，最后访问日期：2021年8月2日。

〔3〕陈德铭等：《经济危机与规则重构》，商务印书馆2014年版，第117~118页。

第二节　边境后措施的概念界定与功能定位

本节主要分析研究了边境后措施是什么以及边境后措施如何影响了国际经贸规则重构两个问题。早期的经贸谈判更多地关注各国的边境措施，如关税和配额，致力于推动关税减让和开放市场准入。经过几十年的国际谈判和多边贸易体制的发展，传统的贸易障碍逐渐淡化，世界各国的平均关税水平普遍下降，对贸易的各种配额和数量限制等亦受到约束与规范，而各国实施的边境后措施，包括各种国内规制，例如环境标准、劳工标准、竞争政策等，虽然常披着保护社会公共利益的外衣，但实践中常被利用为新型贸易壁垒。因此，新一代贸易协定中越来越多吸纳了边境后议题，相较于关税等边境议题，由于边境后措施属于国内主权事项，因此其"主权让渡"的性质尤为突出。

一、边境后措施的内涵界定与法律性质

（一）边境后措施的概念厘定

1. "措施"与"壁垒"的区分

在对"边境后措施"进行概念厘定之前，应当先对"措施"与"壁垒"（measures v. barriers）这两个概念进行区分。因为虽然从字面意义上看措施与壁垒并不属于同一事物，但在国际贸易层面，贸易措施与贸易壁垒存在混用的情况。具体来看，"措施"通常指针对情况采取的处理办法。而"壁垒"源于旧时兵营四周的墙壁，泛指防御、戒备的工事，比如《六韬·王翼》提到"修沟渎，治壁垒，以备守御"，《史记·黥布列传》亦提到"深沟壁垒，分卒守徼乘塞"，在当前的惯用语境中，"壁垒"常指互相对立的事物或界限。在贸易语境下，"贸易壁垒"和"贸易措施"似乎更强调从不同角度看待同一事物。贸易措施往往是从制定国的角度出发，指一国对外制定的与贸易有关的措施。贸易壁垒[1]则是从该国的贸易伙伴国角度出发，是指一国政府对与贸易伙伴国的贸易施加的限制措施，而这些措施可能会阻碍贸易伙伴国对本国的出口产品或服务，从而形成壁垒，其目的在于保护本国的生产商。此

---

[1]《剑桥词典》对贸易壁垒的定义是："使国际贸易更加困难或昂贵的东西，如进口税或对进口货物数量的限制。"

前关于"非关税措施"(non-tariff measures)和"非关税壁垒"(non-tariff barriers)的使用中,有学者就提出二者并非同义词,应当对这两个概念加以明确的区分。非关税壁垒应当是非关税措施项下的子概念,因此并非所有的非关税措施都是非关税壁垒,其中包括一系列具有合理目的且合法的贸易管理措施以及对贸易造成阻碍的非关税壁垒。此外,就实施主体而言,除政府部门可以制定对贸易造成限制的措施之外,还存在政府部门委托或指定私人企业实施这类情况。因此,非关税措施应当是"由政府通过法律法规规定的,以非关税方式实施的,能够对商品和服务的国际流动具有一定限制作用的强制管理措施",而非关税壁垒则是"非关税措施中产生不合理的贸易扭曲效果的措施"。[1] 从上述分析和探讨中可以看出,在贸易语境下,"措施"一词具有较强的中立性,措施不一定导致贸易受到阻碍,而"壁垒"的倾向性更强,一项措施之所以构成"壁垒"必然是因其对贸易造成了阻碍。本书分析的重点是 USMCA 等新一代区域自由贸易协定如何规制边境后措施,因此所着重刻画的是边境后措施中具有保护主义性质的一面。

2. 边境后措施与其他措施的区分

厘定边境后措施的概念不可避免会涉及非关税措施、边境措施与国内规制等概念,这些概念与边境后措施存在千丝万缕的联系,通过对比分析这些概念可进一步确定边境后措施的内涵。

从字面意思看,非关税措施所对应的是关税措施。关税作为最普遍和最古老的贸易保护形式之一,是指一国政府对进口商品征收的税,其目的是将进口产品的价格至少提高到目前国内价格的水平,使当地生产的商品比进口的同类商品具有价格优势,增加政府的收入。而非关税措施往往更多地涉及规则和条例,通常有以下几种形式:配额,即对进口数量的限制;自愿出口限制,与配额类似,也是各国同意限制进口数量,早期美国在进口日本汽车时常会采取自愿出口限制;补贴,来自政府的国内补贴可以使当地公司获得竞争优势;禁运,即完全禁止从某个国家进口,例如美国对古巴的禁运措施。WTO 针对非关税措施制定的分类目录中则将非关税措施分为七大类,[2] 即政府对贸

---

[1] 邓纲:《非关税措施的理论、立法和实践》,厦门大学出版社 2007 年版,第4页。

[2] 联合国贸易和发展会议同样将非关税措施分为七类,但与 WTO 有所区别,分别为与进口有关的非关税税费、价格控制措施、财政金融措施、数量控制措施、自动许可措施、垄断措施和技术性措施。

易活动的参与及政府所允许的限制活动[1]、海关及其他行政准入程序[2]、技术性贸易壁垒[3]、卫生及植物检疫措施[4]、特殊限制[5]、进口收费[6]及其他[7]。由于非关税措施的实施主体不仅仅包括政府，还有与政府相关的机构乃至相关企业等，因此有学者以实施主体为分类标准将非关税措施分为六类，具体包括：①政府对贸易活动的参与，包括政府采购、政府补贴；②海关进境报关手续，包括商品归类、海关估价；③进口许可与进口检验，包括进口许可证、进口查验；④产品要求与有关规定，包括产品标准、包装、标签与标志，产品测试，产品规格说明书以及卫生与安全规定；⑤配额，包括绝对配额、关税配额和自动配额；⑥金融管理，包括外汇管理、多种汇率、预付进口保证金与信贷限制和返汇利润限制。以保护主义的动机为区分标准，非关税措施还可以分为三种：一是对贸易流通和贸易额产生直接且有形影响的措施，比如反倾销措施；二是虽然并非出于贸易政策上的目的，但其溢出效应对贸易产生了影响，比如国家社会保障体制的改革；三是对贸易流通产生间接影响的规章、条例和措施。[8]

根据GATT的起草者在启动自由贸易谈判之初的观点，阻碍贸易自由化的边境措施主要有以下几种：关税、配额、补贴、国有贸易和海关程序。[9]而在WTO成员所讨论的市场准入问题中，其中货物贸易的市场准入正是边境措施最核心的议题。因此，边境措施主要指一国或一个经济体（包括单独关税区和关税同盟）对商品进出该国或该经济体关境时由专门负责出入境管理的行政机构采取的限制措施。通常来说，边境措施都是由海关负责的，以面

---

[1] 包括政府资助、反补贴税、政府采购、国营贸易、政府垄断行为等。
[2] 包括反倾销税、海关估价、领事手续及文件、原产地规则、通关手续、进口许可、装运前检验等。
[3] 包括一般性的技术壁垒，技术法规与标准，检验及颁发证明的规定等。
[4] 一般性的检疫措施，化学品残留限制、特定产品对待、检验、认证及其他合格性评估活动等。
[5] 包括数量限制、禁运及其他产生类似影响的限制、外汇控制、不平等的原料采购、出口限制、国内价格管制措施、关税配额、出口关税、有关标识、商标及包装方面的要求等。
[6] 包括进口保证金、额外收费、港口税、统计税等，歧视性使用税、歧视性信贷限制、边境税调整等。
[7] 知识产权问题、安全措施、紧急事件措施、销售限制、市场内的商业活动或限制等。
[8] 冯宗宪、柯大钢：《开放经济下的国际贸易壁垒——变动效应·影响分析·政策研究》，经济科学出版社2001年版，第51~53页。
[9] 程大为：《WTO体系的矛盾分析》，中国人民大学出版社2009年版，第62页。

向货物贸易的海关监管制度为核心，其中最主要的是关税、配额、数量限制、海关监管等措施。一定意义上而言，边境措施可简单被称为关税壁垒。[1]

而国内规制通常指对国际经贸可能产生影响的一切国内措施，传统上属于一国经济主权范畴内的事务。有学者将国内规制分为三类，包括确保市场正常运营的经济管制措施、保障公众健康和安全的产业管制措施以及保障环境和公民权利的社会管制措施。[2]在多哈回合中，关于服务贸易规则的谈判就包括了国内规制相关问题。目前涉及国际服务贸易壁垒的政策措施可分为两类：一是直接为限制国外企业进入国内服务领域而颁布的政策与法规，如限制国外银行在国内的业务范围、经营品种等；二是为了国内其他政治、经济目标而颁布的政策与法规，这些政策与法规在实施过程中，间接地限制了国际服务贸易，如严格的出入境管理规定等。[3]为了避免成员国滥用国内规制对服务贸易造成不必要的限制，《服务贸易总协定》第6条第4款针对国内规制作出了如下规定："为确保有关资格要件、程序、技术标准及核照条件等措施，不致成为服务贸易不必要之障碍，服务贸易理事会应经由其设立之适当机构制订必要规范。该规范尤其应确保上述措施系：（a）基于客观及透明之标准，例如提供服务之资格及能力；（b）不得比确保服务质量所必要之要求更苛刻；（c）就核照程序本身而言，不得成为服务供给之限制。"[4]此外，WTO成员还在服务贸易理事会下成立了"国内规制工作组"，组织和引导相关纪律的谈判。GATS中关于国内规制的纪律，其本质是对边境后措施的规范，确保外国服务和服务提供者获得公平对待，从而确保服务市场的有效开放。[5]

在前文的传统非关税措施之外，随着科技创新、消费者需求提升以及环保、劳工等社会议题愈发受到重视，有学者提出了一种以标准为特征的"新型非关税措施"。传统的非关税措施主要是以配额、许可证、反倾销和反补贴

---

[1] 陈德铭等：《经济危机与规则重构》，商务印书馆2014年版，第159页。

[2] 陈志阳、安佰生："多双边贸易谈判中的国内规制问题"，载《国际贸易》2014年第10期，第15~18页。

[3] 李健：《非关税壁垒的演变及其贸易保护效应——基于国际金融危机视角》，东北财经大学出版社2011年版，第332页。

[4] Article 6.4, GATS.

[5] 中国常驻世贸组织代表团：《艰难时刻：世贸组织与中国2018-2019》，上海人民出版社2021年版，第251页。

等边境措施的形式呈现，通常是从商品的数量和价格上实行限制，但在传统的非关税措施之外还出现了一种以技术性壁垒为核心的，包括绿色壁垒和社会责任壁垒在内的所有限制国际商品自由流动的新型非关税措施，这些措施主要着眼于商品数量和价格等商业利益之外的东西，考虑的是人类健康、安全以及对环境的影响，体现的是社会利益和环境利益，且不仅仅以边境措施呈现，还会涉及国内的政策与法规，[1]包括植物与动物检验检疫标准、食品安全标准、环保证书及其他类似的出口产品质量标准。相较于传统的非关税措施，以标准等技术性贸易措施为代表的新型贸易保护措施往往披着合理合法的外衣，具有更强的隐蔽性，更能有效贯彻政府的贸易政策导向。[2]罗伯特·W. 斯泰格（Robert W. Staiger）则根据是否应用在边境上，将非关税措施分为出口措施（包括出口税、配额、禁令）和进口措施（包括进口配额、进口禁令）以及境内非关税措施。根据他的理解，边境非关税措施与境内非关税措施的区分之处在于这些措施是仅仅应用于外国产品即边境上，还是同时适用于国内产品和外国产品，[3]境内非关税措施的核心要义在于，无论有意与否，这类措施在事实上都对国内产品和外国产品进行了区别对待。在斯泰格的观点里，边境后措施是非关税措施的一部分，即两者属于包含关系，他采取的说法是"……非关税措施，例如边境后措施"。[4]玛丽·路易斯·劳（Marie-Luise Rau）和阿希姆·沃格特（Achim Vogt）在对非关税措施进行分类定义时指出，非关税措施经常被认为是对外国公司的产品有约束力的边境后措施。他们还指出非关税措施是指与一国立法直接相关的政策措施，是与法律文本相关的政府官方规则，从这层定义上看，非关税措施又与国内规制存在一定同质性。[5]还有国内学者指出当今非关税措施的主要形态是技术标

---

[1] 杨树明：《非关税贸易壁垒法律规制研究》，中国检察出版社2007年版，第207~208页。
[2] 商务部国际贸易经济合作研究院课题组、陆燕："非关税措施的新发展与我国的应对研究"，载《经济研究参考》2006年第43期，第8~48页。
[3] Robert W. Staiger and Alan O. Sykes, "International Trade, National Treatment, and Domestic Regulation", *The Journal of Legal Studies*, vol. 40, no. 1, 2011, pp. 149~203.
[4] Robert W. Staiger and Alan O. Sykes, "The Economic Structure of International Trade-in-Services Agreements", *Journal of Political Economy*, vol. 129, no. 4, 2021, pp. 1287~1317. 原文为"... with the substitution of new protective non-tariff (e. g., behind-the-border) measures".
[5] Francois J. and Hoekman B., eds., *Behind-the-Border Policies: Assessing and Addressing Non-Tariff Measures*, Cambridge: Cambridge University Press, 2019, pp. 11~47.

准类措施，而技术标准类措施相较于传统的非关税措施更偏向于一种"边境后"的措施，具有国内立法和决策范围的色彩。[1]狭义上看，非关税措施与"市场准入""实体经济"相关，设置目的就在于限制贸易，而边境后措施强调的是各国国内规制造成的壁垒，其设置目的往往并非直接限制贸易，但实际上达到了限制贸易的效果。川崎健一将边境后措施定位为源自国内法律法规和实践的非关税措施，有别于非关税措施的边境壁垒。[2]曼弗雷德·埃尔希格（Manfred Lesig）与塞巴斯蒂安·克洛茨（Sebastian Klotz）将边境后措施等同于非关税措施，但强调边境后措施更多涉及标准（standard）与法规（regulation），采用的表述是"争论的一个重要领域涉及边境后措施的新规则，即所谓的非关税措施，其中许多涉及标准和法规"。[3]同样，根据《迪尔多夫国际经济学词汇表》（Deardorffs' Glossary of International Economics）的解释，边境后措施是指在国家内部而不是在边境运作的各种非关税壁垒，但仍然会限制贸易，例如TBT、SPS和标签要求。[4]埃里希·弗拉内斯（Erich Vranes）指出，当前的大型区域贸易协定不仅仅处理传统的贸易事务如关税和配额，还涉及许多边境后的措施，在此他将边境后措施直接定义为可能会对贸易产生影响的国内规制。[5]有国内学者也认为边境后措施就是由于国内政策的差异而造成的对贸易的障碍。[6]潘忠岐则认为边境后措施包括内容宽泛，一些传统的社会政策因为涉及对国际经贸活动有较大影响，也被纳入调整和约束的范围，对边境后措施进行有效规制，就要求制定新的国际经贸规则，对各方的带有隐形歧视性质的国内法规政策进行约束，形成统一的规则，构建公平的市场竞争环境。[7]

---

[1] 刘光溪：《互补性竞争论：区域集团与多边贸易体制》，经济日报出版社1996年版，第297页。

[2] Kenichi Kawasaki, "The relative significance of EPAs in Asia-Pacific", *Journal of Asian Economics*, vol. 39, 2015, pp. 19~30.

[3] Francois J. and Hoekman B., eds., *supra* note 231, p. 247.

[4] Deardorffs' Glossary of International Economics, at http://www-personal.umich.edu/~alandear/glossary/b.html.

[5] Vranes E., *Mega-Regional Trade Agreements: CETA, TTIP, and TiSA: New Orientations for EU External Economic Relations*, New York: Oxford University Press, 2017, p. 47.

[6] 周伟民："TBT对传统贸易壁垒理论和政策的挑战"，载《国际商务研究》2005年第1期，第26~29页。

[7] 潘忠岐等：《中国与国际规则的制定》，上海人民出版社2019年版，第169~170页。

综合上述国内外学者关于边境后措施与非关税措施以及国内规制的区别和联系的观点，可以得出如下结论，即非关税措施的内涵和外延要广于边境后措施，边境后措施是指一国实施的对已经进入本国市场的外国公司产生影响的非关税措施，且许多内容与各国国内规制关联密切，涵盖了服务贸易、电子商务、知识产权、竞争政策、环境保护、劳工标准、透明度等诸多横向与纵向议题。简单来说，边境后措施是指对跨境贸易产生影响的一国国内的法律法规与政策。因此，在本书的语境下，边境后措施与国内规制的内涵一致，二者乃是从不同角度衡量的同一事物。而 USMCA 等新一代区域自由贸易协定中关于边境后措施的规则，本质上是一种"WTO-X"模式，[1]旨在通过对国内制度政策的规范化、国际化，削弱边境后壁垒，实现全面的贸易自由发展。

（二）边境后措施的性质分析

1. 隐蔽的贸易保护主义

20 世纪 90 年代，信息技术的快速发展加快了经济全球化和一体化的进程，促进了世界贸易自由化的发展，但也加剧了各国经济发展的不平衡，尤其是新兴经济体的崛起使得美国陷入一场与贸易有关的意识形态危机之中。美国担心这些新兴经济体从过去贸易规则的接受者成为制定者，担心无法维持在国际经贸规则体系中的主导地位，为了抑制这一现象，美国开始利用环境、劳工等边境后问题作为贸易保护主义的新手段。不同于传统贸易保护主义针对进口产品设定关税、限定配额的做法，新时期贸易保护主义的方式更加多样化，民主、人权、自由等意识形态理念逐渐成为美国等发达国家进行贸易保护的工具和借口。新贸易保护主义理论倾向于将制造业岗位流失、劳工标准、环境标准等社会议题与贸易自由化政策联系起来，试图将这些问题归咎于多边贸易体系，[2]并以保护消费者安全和健康、维护劳动者的基本权利以及保护环境为由通过制定劳工标准、环境标准、技术标准等边境后措施实施限制。

相较于传统贸易保护主义，新贸易保护主义具有名义上的合理性和形式

---

[1] 张茉楠："全球经贸规则体系正加速步入'2.0 时代'"，载《宏观经济管理》2020 第 4 期，第 9 页。

[2] 刘敬东："国际贸易法治的危机及克服路径"，载《法学杂志》2020 年第 1 期，第 18~29 页。

上的合法性。但即便这些边境后措施具有"合法"的外衣，表面目的是保护社会公共利益，蕴含着"以人为本"的理念，但其本质仍然是歧视性的贸易保护手段，可能导致对国际贸易的限制或歧视。发达国家尤其热衷于以保护消费者安全和健康为由，通过制定环境、技术高标准削弱发展中国家优势产业的国际竞争力；以维护劳动者的基本权利为由，通过建立新的社会责任国际标准认证，将环境、劳工议题纳入贸易协定，削弱发展中国家产品在国际市场上的竞争力。

由上述可知，边境后措施实际上是一种更具隐蔽性的新型贸易保护手段。美国信息技术和创新基金会2021年1月公布的《美国国会和拜登政府推动2021年美国科技政策的24条解决之道》研究报告就指出如今的保护主义主要体现为边境后经济扭曲。全球贸易预警机构2018年和2019年的报告显示，根据该机构对贸易保护主义活动的长期跟踪监测，全球实施的贸易保护主义措施总数较之前3年增长幅度很大，其中不直接激怒贸易伙伴的"隐蔽保护主义"（Murky Protectionism）措施获得越来越多国家的青睐。卢西恩·切尔纳特（Lucian Cernat）和玛琳·马德森（Marlene Madsen）则顺势提出了关于隐蔽保护主义的"俄罗斯套娃"理论，[1]他们认为，理解保护主义的过程就像打开一个俄罗斯套娃，开始的时候人们通常将保护主义限定在关税、配额、进口禁令、出口税等边境措施方面，但如果深入观察，打开套娃之中的套娃，就会发现一些保护主义的边境后措施，这些措施可能会严重阻碍贸易流动，欧盟委员会的报告就显示欧洲战略贸易伙伴实施的边境后措施可能会对欧盟约1万亿欧元的出口产生负面影响。

2. 更易受利益集团影响

在以大众政治为表现形式的现代政治中，政党并非人数最多、最广泛的形式，反而是各种非政府组织以及利益集团构成了大众政治的主要实体。

罗伯特·艾伦·达尔（Robert Alan Dahl）的《美国的民主》一书中对利益集团进行了定义："从广泛的含义上说，任何一群为了争取或维护某种共同的利益或目标而一起行动的人，就是一个利益集团。"[2]在关于利益集团概念

---

[1] Lucian Cernat and Marlene Madsen, *supra* note 12.

[2] 转引自梁碧波：《美国对华贸易政策决定的均衡机理》，中国社会科学出版社2006年版，第86页。

范畴宽窄不同的界定中，戴维·杜鲁门（David Truman）定义的利益集团受到更为广泛的认可，即利益集团是指"在成员持有共同态度的基础上，对社会上的其他集团提出某种要求的组织"[1]。曼瑟尔·奥尔森（Mancur Lloyd Olson）关于"利益集团理论"的研究指出，利益集团出于自身利益会采取集体行动影响国家的政策，在政策制定中发挥推波助澜的作用。罗杰·希尔斯曼等人关于对外贸易决策的"多元主义政治模式"的研究也提出，范围广泛的各层和各领域人士都能够参与到政府决策的过程中，而其中发挥重要作用的除了政府官员还包括利益集团。[2]同样，阿瑟·本特利（Arthur Bentley）在其著作《政府过程》中提供了一种经验主义的研究，将多元利益集团视作政治的"原材料"，而政府行为就是利益集团作用的结果。[3]以游说活动的目标为界定标准，利益集团参与多元政治的形式可以分为被动防御与主动进攻两种类型，所谓被动防御是指利益集团为了阻止本国政府制定不利于自身的政策或对抗其他利益集团而进行的游说活动，而主动进攻则是指利益集团为了实现对自身有利的"寻租"[4]而进行游说活动。

在贸易领域，自由贸易和民主政府同样也会面临聚结式利益集团的影响。具体来说，由于不同的贸易政策会造成不同的收入分配效果，因此贸易政策的制定过程必然会受到多元利益集团的干扰和影响。利益集团往往会从部门利益角度考虑问题，通过影响贸易政策的制定来传播其观点和立场。例如，当利益集团主要受益于出口贸易时，它们会要求政府制定贸易自由化政策，而当利益集团受益于进口贸易时，它们就会要求政府实施贸易保护政策。[5]因此，客观地说，任何一项对外贸易法律和政策的制定与实施，都是国内利益集团的需求与政府供给之间的平衡，通常一国的对外贸易政策总是从本国主导利益集团的利益出发，反映了该国内部多元利益集团的矛盾以及它们实

---

[1] David T., *The Governmental Process*, New York: New York Press, 1971, p.121.

[2] ［美］罗杰·希尔斯曼、劳拉·高克伦、帕特里夏·A. 韦茨曼：《防务与外交决策中的政治——概念模式与官僚政治》，商务印书馆2000年版，第116~123页。

[3] 谭融："美国的利益集团政治理论综述"，载《天津大学学报（社会科学版）》2001年第1期，第8页。

[4] 寻租（rent seeking）是一个经济概念，是指当一个实体在没有从事生产的情况下，为垄断社会资源或维持垄断地位，通过政策立法等手段改变市场交易的规则，从而得到垄断利润。寻租最经典的例子是，一家公司通过游说政府得到相应补贴或关税保护。

[5] 王世春：《论公平贸易》，商务印书馆2006年版，第37~38页。

力对比的变化，[1]比如美国政府在对外贸易政策的制定中经常成为利益集团寻租的工具，从而作出贸易保护的决定。奥尔森就指出，小型利益集团有较强的行动能力，是包括边境后措施在内的保护主义政策的坚定支持者，而大量有共同利益的人却因搭便车等问题的存在无法形成对自己有利的局面。[2]边境后措施会损害消费者的利益，但能够维护与进口产品竞争的国内生产者的利益。消费者相对于生产者而言是大量分散存在的，而生产企业本身就只是社会的一部分，每个领域还有多个类型不同的行业利益集团，它们资金雄厚，与政府关系紧密，是政府财政收入的重要来源。而仅因为价格上升稍有损失的消费者虽然人数众多，但缺乏组织且单个力量弱，也就不太情愿去与保护主义势力为敌。这一点能够较好地解释边境后措施等保护主义做法大行其道的原因。

美国长期以来所秉持的福利至上原则决定了美国是一个以经济利益为主导的国家，许多美国人甚至认为，这个国家的主要功能便是帮助个人创造财富和保障财产。[3]甚至在不少历史学家看来，经济力量都是居于美国社会历史演进的统治地位，他们倾向于从"成本—收益"和利益集团博弈的视角去解构美国历史的发展过程和逻辑。比如美国著名的历史学家查尔斯·比尔德就试图从经济角度阐释美国的政治历史，在他的视野下，美国历史是一部由集团利益推动的经济史，所有政治事件的核心都是经济问题。比尔德提出，只有从阶级和利益集团的角度去解读，"那些意味深长的历史事件才具有生命力"。[4]西方的新政治经济学理论认为，美国公共政策的决策过程实质上是利益集团相互博弈的过程，决策的结果则反映了多元利益集团的均衡。[5]虽然对外贸易政策属于国家保护性职能范畴，国家的垄断性较大，利益集团的渗

---

[1] 任烈：《贸易保护理论与政策》，立信会计出版社1997年版，第4页。

[2] 受益于自由贸易的主体一般都是分散的、具体获益不高的消费者，而受损害的一般是集中的、损失利益较多的生产者。而根据集体行动的逻辑，组织较好的小团体往往能战胜组织分散的大团体。因此，政策制定者往往在工会、生产者团体的压力下不顾自由贸易的社会福利改善而实现贸易保护政策。参见张蕴岭主编：《世界区域化的发展与模式》，世界知识出版社2004年版，第36页。

[3] [美]詹姆斯·M.伯恩斯、杰克·W.佩尔塔森、托马斯·E.克罗宁：《民治政府》，陆震纶等译，中国社会科学出版社1996年版，第247页。

[4] 张宇燕：《美国经济论集》，浙江大学出版社2008年版，第134~135页。

[5] Gene M. Grossman and Elhanan Helpman, "Protection for Sale", *The American Economic Review*, vol. 84, no. 4, 1999, pp. 833~850.

第二章　规制边境后措施的动因与实践

透存在困难,但美国的政治体系具有强烈的"强社会、弱国家"属性,强调美国的所有权力均来自社会且从属于社会,[1]即便美国政府可以忽略利益集团的施压,但它无法强迫美国社会中数量庞大的多元利益集团完全服从国家的目标,因此,不可否认美国政府在制定对外贸易政策的过程中仍然受到了利益集团的影响。[2]此外,在快车道授权这一体制情况下,国会掌握了贸易谈判的参与权和监督权,总统则掌握着谈判的自主裁量权,但这种平衡并不稳定,国会与总统之间的关系常处于紧张状态。由于国会议员相比于总统更易接触,利益集团更容易去影响国会议员的观点,贸易政策领域成了利益集团竞相追逐的重要舞台。国会议员出于自身利益考量通常会选择与利益集团联结,在贸易谈判中更多关注的是利益集团的损益。

就劳工利益集团来说,美国的工会组织无疑是其中最强大的力量之一。该组织参与者基数大、管理科学,且由于就业问题是当今所有国家都会重点关注的问题,因此美国工会组织在社会生活中具有较强的影响力。针对与工人利益密切相关的政策,工会会对政府及相关机构进行游说来获得左右政策制定的影响力。根据"匹配原则"(matching principle)这一人类心理学概念,由于人们很难精确预测未来的收益,所以即便未来收益大于当前利益,很多人也不会为了未来收益而放弃当前的利益。在自由贸易中,受到负面影响而遭遇金钱损失的工人,即便存在未来获得更好工作的可能,他们通常也不会考虑如此长远,[3]因此工会的观点多比较保守,倾向于采取保护主义立场。比如工会认为,中国对美国的出口影响了美国工人的就业,主张抵制中国产品的进口。

近年来,人们对生态环境可持续发展的关注以及贸易环境壁垒的出现,使得环保组织在美国社会生活中的影响力得到了增强,其中具有代表性的是塞拉俱乐部(Sierra Club)和全国野生动物保护联合会(National Wildlife Federation),它们不仅会员已逾百万,活动预算资金更是逾千万甚至过亿,实力

---

[1] [美]汉密尔顿、杰伊、麦迪逊:《联邦党人文集》,程逢如、在汉、舒逊译,商务印书馆1980年版,第206页。

[2] 余万里:《美国贸易决策机制与中美关系》,时事出版社2013年版,第191~193页。

[3] [美]约翰·O.麦金尼斯、马克·L.莫维塞西恩:《世界贸易宪法》,张保生、满运龙译,中国人民大学出版社2004年版,第20页。

十分雄厚。[1]对外贸易自由与否对环保组织的利益没有直接的影响，但是一些环保组织认为对外贸易的发展会破坏美国的生态环境，也增加其他国家的环境污染，因此常是贸易保护主义的支持者。因此，尽管二战以来美国呈现自由贸易的一般趋势，但美国国会和政府仍然时常寻求贸易保护，以响应各行业或劳工集团的特殊诉求。

与利益集团理论紧密联系的是詹姆斯·布坎南（James M. Buchanan）提出的"公共选择理论"，该理论指出，政治市场与经济市场交易结构具有相似性，由供求双方组成，需求者是选民与纳税人，供给者是政治家和政府官员，政治家与政府官员负责向社会提供政策法规等公共物品，选民与纳税人获得公共物品并支付一定税收。选民和政治家通过对成本和收益进行计算分析，一旦判断某项决策为自己带来的收益大于所支出的成本，那么他们就会选择支持该项决策，如果成本大于收益，那么他们就会持反对态度。因此，除通过使用边境后措施来纠正市场失灵或增强本国企业的市场竞争力来增加社会福利外，政府官员可能还有其他动机，例如，他们希望得到特殊利益集团的支持以获得选举胜利。罗伯特·帕特南（Robert D. Putnam）的"双层博弈"理论也指出国际谈判中，除了政治家和外交官会以国家利益的名义与他国进行谈判，还存在利益集团为了维护自身利益而向政府施压，并以选举利益作为筹码与政治家联结起来这一现象。[2]因此，一国制定边境后措施作为贸易保护主义手段通常是该国利益集团和公共选择的产物。

综上，为了打破政府官员和利益集团的结合，除制定选拔和约束政府官员的程序与规则，迫使他们即便是出于自身利益考虑也会选择制定使社会福利最大化的政策外，各国之间还应加强国际合作，通过强化对边境后措施的规制以限制利益集团不合时宜地插手。

二、边境后措施与国家经济主权让渡

以国内规制为主要内容的边境后措施，涉及一国的经济体制、规制与政策，实质是隶属于一国经济主权范畴内的事务，因此规制边境后措施具有

---

〔1〕 胥丽：《美国对华贸易政策政治经济学研究》，上海人民出版社 2017 年版，第 93~95 页。

〔2〕 Putnam, R., "Diplomacy and domestic politics: The logic of two-level games", *International Organization*, vol. 42, no. 3, 1988, pp. 427~460.

"去主权化"的特点，涉及经济主权的让渡问题。

（一）国家经济主权的基本内涵

主权（sovereignty）是国际关系学中的一个重要概念，最早由法国资产阶级政治思想家让·博丹（Jean Bodin）在《共和六论》中提出，博丹认为国家与其他社会政治组织的最大区别在于国家拥有至高无上的主权。[1]根据博丹的论证，主权与国家这个基本主体紧密相关，是国家最本质的特征，其本意是最高权力（supreme power）、最高权威（supreme authority）或最高意志（supreme will）。不过囿于所处时代的限制，博丹的主权理论强调的还是君主对其统治范围内的人和事具有绝对的权力。近代意义的主权概念是随着威斯特伐利亚体系建立而形成的，《威斯特伐利亚和约》赋予了国家主权对内对外的双重属性，规定独立的诸侯邦国对内享有至高无上的国内统治权，对外享有完全独立的自主权。现代"主权学说"或"主权论"（sovereignty discourse）认为，民族国家才是世界的主要行为者，是权力中心以及利益的主要目标。[2]

具体来说，主权指每个国家在公认的国际法基本原则制约下都平等享有的管理其国内一切人和物的排他性的最高权威以及在其对外交往中都拥有的独立权、平等权和自卫权。如果将国家作为主权的行为者，那么有必要区分对内主权（internal sovereignty）和对外主权（external sovereignty）。主权对内表现为一国所固有的最高权力，在国家权力之上不存在任何更高一级的制约或节制权力，[3]集中表现为该国对本国领土的所有权以及对该领土上的一切人和物实施管辖的权力；对外表现为一种国家自然拥有的平等权利，具体表现为在国际关系中平等享有的独立的行为能力或行动自由，国家无论大小因此而能够处于平等地位和享有相同身份并得以在国际社会中正常地生存和发展。因此，主权是权力和权利的统一，它既是权力又是权利。当主权用于治理国家时，就表现为权力；当主权用于国际交往时，又表现为权利。主权最突出的特点就是主权实体之间的平等性和不承认任何外部权威的独立性。

---

[1] 俞可平："论全球化与国家主权"，载《马克思主义与现实》2004年第1期，第4~21页。
[2] [澳]约瑟夫·A. 凯米莱里、吉米·福尔克：《主权的终结？——日趋"缩小"和"碎片化"的世界政治》，李东燕译，浙江人民出版社2001年版，第2页。
[3] 孙建中：《国家主权——理想与现实》，世界知识出版社2001年版，第20页。

事实上，"主权的政治性与经济性是无法分割的",[1]"经济主权是当今发展中国家维护国家主权的中心内容。没有经济主权，政治主权只能是一个毫无内容的形式。经济主权所体现的是一国的经济利益，它与国家的安全利益同等重要，因为国家权利的核心是生存权和发展权，生存权即安全利益，发展权就是经济利益"。[2]二战后《关于自然资源的永久主权宣言》《各国经济权利和义务宪章》以及《建立新的国际经济秩序宣言》等文件确立了国家经济主权原则，规定：①每个国家对本国境内的自然资源和一切经济活动拥有充分的主权；②每个国家对本国境内的外国投资以及跨国公司的活动拥有管理权和监督权；③每个国家有实行国有化的权利。

因此，所谓国家经济主权就是指每个国家对本国经济事务的自主权，即各国对本国内部以及外部涉及本国的一切经济事务，享有完全的、充分的、独立自主的决定权，排斥任何外来干涉。[3]国家经济主权在处理国际经贸关系中发挥重要作用，国际经贸关系中的国家主权可以分为对内和对外两个方面。对内，国家有经济资源的自主管辖权和经济活动的自由决策权；对外，国家有权独立自主决定、制定和执行其对外政策，处理其主权范围内的经贸事务而不受外来干涉，有权维护本国利益，可以自主地与他国交往，缔结条约，承担义务，选择盟友。

（二）国家经济主权让渡的合理性

美国学者威廉·奥尔森（William Olson）曾感慨："主权国家体系把人们分成一个个作茧自缚的政治实体，而经济的繁荣却需要人们尽量交流商品和投资，这一直是主权国家体系的一个根本性难题。"[4]奥尔森所揭示的正是经济全球化时代下国家让渡经济主权的问题。针对这一问题，罗德里克犀利地指出任何国家都无法同时拥有"超级全球化"、民主制度以及国家主权，充其量能在三者中取二，如果想要"超级全球化"和民主制度，就要放弃国家主权。与罗德里克观点类似的还有英国学者罗伯特·吉尔平（Robert Gilpin），

---

[1] 张乃根：《国际法原理》，中国政法大学出版社2002年版，第52页。
[2] 孙建中：《国家主权——理想与现实》，世界知识出版社2001年版，第178页。
[3] 徐泉：《国家经济主权论》，人民出版社2006年版，第15页。
[4] [美]威廉·奥尔森、戴维·麦克莱伦、弗雷德·桑德曼编：《国际关系的理论与实践》，王沿等译，中国社会科学出版社1987年版，第13页。

他指出:"无论是支持全球化的人还是批评全球化的人都认为,各国的日益一体化导致了民族国家在经济、政治和文化上独立程度的降低或者国家主权的丧失。"[1]经济全球化的进程中必然需要让渡经济主权,这并非对经济主权的否定,而是经济主权的实现方式发生了改变。[2]吉尔平指出:"即使在高度一体化的全球经济中,国家仍然在运用自身权力,推行将经济力量纳入对其自身的国家利益与国民利益有利的轨道中去的政策。"[3]

(三) 边境后措施与经济主权让渡

对边境后措施进行规制就意味着一国的国内政策需要与其他国家的国内政策进行协调,从而在一定程度上降低了一国独立制定本国政策的绝对排他性,即该国需要在各方达成的相关经贸协定的基础上让渡部分经济主权。然而,考虑到各国国情、社会管理体制、发展水平、文化传统等往往存在较大差异,且上述差异具有其存在的必要性和合理性,故应当赋予各国规制自主权以维护这些独特性与差异性。[4]南非驻世界贸易组织前大使法扎尔·伊斯梅尔(Faizel Ismail)就指出,多边贸易体制的发展维度应当包含四个元素:公平贸易、能力建设、平衡的规则以及良善的治理。[5]他强调每个国家,尤其是发展中国家需要有一定的政策发展空间,从自身的判断出发以确定最适合本国的贸易政策和产业政策,设定适合的经济发展阶段性目标。[6]在罗德里克看来,由于不同国家在本国国情、社会偏好与治理能力方面存在深刻分歧,单一的全球治理体系无法同时容纳这些分歧与多样性,因此国家经济主权也不应当被弱化。最可行的出路就在于回归内嵌自由主义的原则和精神,节

---

[1] [美]罗伯特·吉尔平:《全球资本主义的挑战——21世纪的世界经济》,杨宇光、杨炯译,上海人民出版社2001年版,第311页。

[2] 胡枚玲:"国际经贸协定中的规制合作机制研究",上海财经大学2020年博士学位论文,第69页。

[3] [美]戴维·赫尔德、安东尼·麦克格鲁编:《治理全球化:权力、权威与全球治理》,曹荣湘等译,社会科学文献出版社2004年版,第342页。

[4] M. Koskenniemi, "International Law in Europe: Between Tradition and Renewal", *European Journal of International Law*, vol. 16, 2005, pp. 122~123.

[5] Faizel Ismail, "Mainstreaming Development in the World Trade Organization", *Journal of World Trade*, vol. 39, no. 1, 2005, p. 12.

[6] [南非]法扎尔·伊斯梅尔:《改革世界贸易组织:多哈回合中的发展中成员》,贺平、凌云志、邓峥晖译,上海人民出版社2011年版,第15页。

制超级全球化。[1]不论是以WTO为代表的多边贸易体制还是区域贸易协定都应当尊重各国基于正当公共政策目标而行使的国家贸易政策规制权,不过分限制各国国内民主、共同体偏好和政策空间。安德鲁·布朗(Andrew G. Brown)和罗伯特·斯特恩(Robert M. Stern)同样认为,主权国家的国家市场、政策和目标都应当被赋予一定程度的合法性,各国有权自主决定本国的社会标准和经济目标,自主调整本国法律和实践,以实现与其贸易伙伴之间的协调。[2]然而,当前新一轮的国际经贸规则重构的主导权依然由美欧等发达经济体牢牢掌握,多数发展中国家仍然面临不得不根据发达经济体意愿大幅调整本国政策的情形,导致发展中国家的政策空间不断受到压缩。因此,如何在国际经贸规则重构过程中保障发展中国家留有足够的空间制定本国经贸政策将成为一道难题。

三、边境后措施推动高标准国际经贸规则生成

技术驱动的分工细化以及全球价值链的飞速发展对各国市场规则的一致性和标准的兼容性提出了更高的要求,促使经贸规则开始从边境措施向涉及国内政策的边境后措施扩展,包括监管一致性、知识产权、竞争政策、电子商务、技术标准等议题,规则融合的趋势愈加明显,新一代国际经贸规则由此诞生。[3]

国际经贸规则的形成最初源于对货物贸易的约束和调节,随着全球化的深入发展与科学技术的不断进步,服务贸易在国际贸易的地位日益突出,乌拉圭回合首次将服务贸易以及与贸易有关的投资规则引入了多边贸易体制。在当前新一轮的规则重构中,服务贸易也成为相较货物贸易更受重视的领域。服务贸易自由化可能比货物贸易更为复杂,货物贸易面临的障碍如关税和配额通常发生在边境之上,而服务贸易所面临的贸易壁垒往往发生在边境后(进口国境内)。从交易方式的角度来看,国际服务贸易不同于国际货物贸易

---

[1] Dani Rodrik, *The Globalization Paradox: Why Gobal Markets, States, and Democracy Can't Coexist*, New York: Oxford University Press, 2011, pp. 200~205.

[2] Andrew G. Brown and Robert M. Stern, "Global Market Integration and National Sovereignty", *World Economy*, vol. 29, no. 3, 2006, p. 263.

[3] 石静霞:"'一带一路'倡议与国际法——基于国际公共产品供给视角的分析",载《中国社会科学》2021年第1期,第156~179、207~208页。

的重要之处就是无形性,不存在有形货物的跨境转移,限制国际服务贸易的措施主要是各国的国内法规和政策。[1]从服务贸易的角度来看,国内规制对国际服务贸易产生了重要影响,除与各国的经济主权息息相关外,技术标准、合规评定程序等国内规制也已成为发达国家针对发展中国家实施的一种重要的服务贸易壁垒。[2]较之直接的市场准入限制,这种产生于边境后的贸易壁垒对服务业的影响更为间接而隐蔽,其对国际服务贸易规则的侵蚀和违反更不易被察觉,成了诱发各方服务贸易摩擦的深层原因。[3]因此,为了推动服务贸易自由化,需要对各国的边境后措施进行有效规制与协调,从而削减或消除相关的服务贸易壁垒,这也正是《服务贸易总协定》第6条产生的基础。

如果说自由贸易协定在处理传统的市场准入议题时仅是提高相关标准,但在处理边境后措施问题上,新一轮的区域经济合作浪潮则在创设新规则方面迈出了一大步。[4]由于各国边境后措施的差异与国际经贸规则重构具有显著的关联,因此,新一轮国际经贸规则调整的范围从传统的边境措施延伸至边境后措施,力求扫除各种障碍,实质性提高全球市场的相互开放程度。而加强对边境后措施的规制,实际上就是通过制定新的国际经贸规则,并将其延伸至各国的国内经济政策和经济管理之中,消除潜在的贸易投资壁垒,为企业在国外市场创造公平的竞争环境。

第三节 多边及区域层面边境后措施的规制实践

本节主要研究分析了 GATT/WTO 以及新一代区域贸易协定中规制边境后措施的具体实践。如杰克逊所说,GATT 时期虽然重点关注的是降低关税,但实际上也已经关注到了"边境之后"的政府行为,例如 GATT 中的国民待遇条款、一般例外条款等。WTO 时期则是以"与贸易有关"的表述吸纳了知识产权等边境后议题,然而随着多哈回合的停滞,WTO 自身的体制弊端不断显

---

[1] 李健:《非关税壁垒的演变及其贸易保护效应——基于国际金融危机视角》,东北财经大学出版社2011年版,第331页。

[2] 朱晓勤主编:《发展中国家与WTO法律制度研究》,北京大学出版社2006年版,第345~360页。

[3] 王粤:《服务贸易——自由化与竞争力》,中国人民大学出版社2002年版,第41~42页。

[4] 陈德铭等:《经济危机与规则重构》,商务印书馆2014年版,第163~164页。

现，无法有效处理传统上属于各国主权范围的边境后措施所形成的贸易新壁垒。[1]为了补位 WTO 的缺憾，CPTPP、RCEP 以及 USMCA 等新一代区域贸易协定不同程度地吸纳国有企业、环境、劳工、数字贸易、监管一致性等边境后的非经济议题，目的在于形成区域内的统一规则，从而消除隐形的贸易壁垒。

一、GATT/WTO 对边境后措施的规制

由于战后初期各国经济一体化的程度不高，国家之间在经济政策、企业结构等方面的差异并未引起各国重视，相应的 GATT 和 WTO 早期主要解决的是贸易的"边界"或者说"外部"壁垒。但是随着贸易与投资的相互依赖和一体化程度越来越高，各国的这些源于国内规制的差异对于贸易和产品以及服务的国际竞争力的影响越来越大，多边层面的贸易规则也出现转向边境后的趋势。[2]

（一）国民待遇与非违约之诉

在规制边境后措施方面，GATT 最重要的规定就是第 3 条"国民待遇条款"，禁止在国内税收或国内法规方面对进口商品和本国商品实施差别待遇。由于该规定具有非常广泛的内涵，影响到了几乎所有国家的经济法规。[3]《技术性贸易壁垒协定》第 2 条第 1 款、《服务贸易总协定》第 17 条以及《与贸易有关的知识产权协定》第 3 条也均有国民待遇义务的体现。虽然国民待遇限制歧视性实施边境后措施，但这一限制存在无效情形，因为只有当存在类似的国内产品时，国民待遇才能发挥作用。倘若不存在类似的国内产品，那么无论边境后措施的动机如何以及是否为国家贸易条件带来优势，该国政府都没有违反国民待遇义务。考虑到缔约方会以不违反协议的方式破坏谈判过程中作出的承诺，为了维护多边谈判中的利益平衡，GATT 第 23 条和 GATS 第 23 条第 3 款允许政府通过"非违约之诉"来解决争端，只要政府能够证明

---

[1] David Vogel, "National Styles of Regulation: Environmental Policy in Great Britain and the United States", *Journal of Public Policy*, vol. 6, no. 4, 1986, pp. 448~450.

[2] [美] 罗伯特·吉尔平：《全球资本主义的挑战——21 世纪的世界经济》，杨宇光、杨炯译，上海人民出版社 2001 年版，第 102~103 页。

[3] [美] 约翰·H. 杰克逊：《国家主权与 WTO 变化中的国际法基础》，赵龙跃、左海聪、盛建明译，社会科学文献出版社 2009 年版，第 155 页。

预期利益未达成是另一政府的行为或其他现状造成的。但和国民待遇存在的问题一样，非违约之诉请求权不能用来限制非歧视性管制，也就是说，歧视是非违约之诉请求权存在的先决条件。因此，虽然各国政府有权自行决定是否实施某一既定政策，但实施要受到一定规则如国民待遇原则和非违约之诉的限制。

（二）GATT"一般例外"条款

虽然经济全球化要求世界经济运行规则的规范化、趋同化，各国的经贸法规也确实在经济全球化的作用下不断向国际标准靠拢，一致性趋势愈发明显，但由于各国有自身的特色且市场经济体制与模式不完全相同，各国仍有意识保留了各自具有特色的经贸政策与措施，而 GATT 管辖的贸易协议不是一揽子接受，协议中存在"灰区措施"，对缔约方内部的经贸政策缺乏约束力。[1]实际上，GATT 原本的目的就是为各成员保留足够的政策空间，便于其根据各自的发展需要制定符合本国利益需求的国内法规。[2]

GATT 第 20 条"一般例外"条款就为边境后措施预留了足够的空间，使其被打上了合法的烙印。GATT 第 20 条并非一条确立义务的积极性规则，而是 GATT 规定的义务的一系列"一般例外"，允许 WTO 成员方为实现特定目的采取与 WTO 基本原则不相符的措施，第 20 条给予了成员国在国内监管方面的灵活性，使成员国能够在其政策目标与自由贸易之间取得平衡，例如维护公共道德、保护人类和动物健康、保护自然资源等。[3]虽然 GATT 第 20 条旨在发挥"安全阀"或"保险机制"的作用，但实践中缔约方援引第 20 条的

---

[1] 薛荣久主编：《世界贸易组织（WTO）概论》（修订版），清华大学出版社 2019 年版，第 10~11 页。

[2] [美] 丹尼·罗德里克：《全球化的悖论》，廖丽华译，中国人民大学出版社 2011 年版，第 60 页。

[3] GATT 第 20 条规定：如果下列措施的实施在条件相同的各国间不构成武断的或不合理的差别待遇，或构成对国际贸易的隐蔽限制，缔约方可以采用或加强以下措施：①为维护公共道德所必要的措施；②为保障人民、动植物的生命或健康所必要的措施；③有关输出或输入黄金或白银的措施；④为了保证某些与本协定的规定并无抵触的法令或条例的贯彻执行所必要的措施，包括加强海关法令或条例，加强根据协定第 2 条第 4 款和第 17 条而实施的垄断，保护专利权、商标及版权，以及防止欺诈行为所必要的措施；⑤有关罪犯产品的措施；⑥为保护本国具有艺术、历史或考古价值的文物而采取的措施；⑦与保护可用竭的自然资源有关，并与限制国内生产或消费一同实施的措施；⑧为履行国际商品协议的义务而采取的措施；⑨为保证国内加工工业对相关原料的基本需要而采取的限制出口措施；⑩因普遍或局部供应不足，为获得或分配产品采取的必要的措施。

目的可能是寻求为违反GATT其他条款的国内措施"免责"。[1]

GATT缔约方（主要是发达国家）对第20条，特别是第2款、第4款、第7款的援用，迫使各缔约方在GATT第20条规则之外，制定新的"规则"和"标准"，来规范或调整这些"新贸易保护主义"措施。在乌拉圭回合最后文件中，出现了很多与GATT第20条相关或相似的协议或条款，这些协议或条款是随着多边贸易体制管辖范围的扩大，以处理货物贸易领域的GATT第20条为基础形成的一系列法律成果。其中，《建立世界贸易组织的马拉喀什协定》将"可持续发展""保护环境"作为与"贸易自由化"平行的宗旨和目标确定下来；GATS第14条是GATT第20条在服务贸易领域的"衍生物"；而SPS、TBT和TRIPs是将GATT第20条第2款和第4款所含内容更加具体化、"标准化"的法律创新与发展。[2]

一般例外条款为国家表面以"合理"的目的和理由设置国内规制实际却意在限制外国产品或服务进入本国市场，以增强本国产品或服务的竞争力提供了解释空间，例如第20条的（1）和（2）所提到的为维护公共道德所必要的措施以及为保障人民、动植物的生命或健康所必要的措施在当前的实践中极易被国家作为设置贸易壁垒的理由。

（三）采用"与贸易相关"方式

在GATT第八轮谈判也就是乌拉圭回合谈判中，协定的议题延伸到了服务贸易、知识产权领域，这些新议题主要涉及的贸易壁垒已经不再仅是关税、配额、非歧视原则等，而是与贸易相关的投资、知识产权、环境、劳工等。随后建立的WTO，虽然它在工作的结构和程序方面与GATT非常相似，但管辖的范围已远远超过了GATT的边境措施涉及的领域，多边贸易体制开始涉及传统上属于成员国家内部主权范畴的决策与立法管制领域，即边境后措施。相较而言，传统的关税谈判仍限定在原有的规则体系之中，而对边境后措施的规制需要对现有规则适用不断延伸、修改以及创新。[3] WTO以"与贸易相关"的方式吸纳了相关边境后的规则，比如1995年达成的TRIPs，就对成员

---

[1] 曾令良、陈卫东："论WTO一般例外条款（GATT第20条）与我国应有的对策"，载《法学论坛》2001年第4期，第32~49页。

[2] 陈卫东：《WTO例外条款解读》，对外经济贸易大学出版社2002年版，第198~199页。

[3] 潘忠岐等：《中国与国际规则的制定》，上海人民出版社2019年版，第169页。

知识产权国内立法设定了更高的实体标准，并且要求成员就协定保护的权利设定充分的执行机制。从法律角度看，TRIPs 将 GATT/WTO 体制扩展到了新领域，在规制边境措施之外，还规定了各成员国内管制标准的门槛以及执行相关标准的具体方法。

二、CPTPP 对边境后措施的规制

（一）CPTPP 对国有企业的规制

CPTPP 并不试图禁止国有企业进入市场，它承认政府建立国有企业以推进具体的公共政策目标的权利，CPTPP 所追求的是创造一个非歧视的环境，确保国有企业不会过度阻碍贸易自由化。因此，为了创造公平的竞争环境，CPTPP 吸纳了国有企业和指定垄断章节，制定了促进公平竞争和防止政府扭曲市场的规则。协定的核心在于竞争中立原则，具体内容是非歧视待遇、商业考虑、非商业援助以及透明度。非歧视待遇要求各方应确保国有企业在购买商品或服务时，不歧视另一方企业或非缔约方企业销售的商品或服务。同样，当国有企业销售商品或服务时，一方应确保国有企业不歧视另一方的公司。不过，该规则仅适用于国有企业从事商业活动的情况。在购买或销售垄断商品或服务时，类似的规则也适用于指定垄断企业。商业考虑条款要求各方应确保国有企业以及指定的垄断企业按照商业考虑行事，但排除了提供公共服务这一情况。该规则同样仅适用于国有企业从事商业活动，不包括以成本回收或非营利为基础开展的活动。非商业援助规则要求任何一方不得通过使用凭借该公司的政府所有权或控制权向其国有企业提供的非商业性援助（如债务减免或贷款担保），从而对另一方的利益造成不利影响或损害。透明度规则要求各方披露国有企业相关信息，分为主动披露和应请求的披露，内容包括国有企业名单、非商业资助以及贷款、股权投资等信息。此外，相较于 WTO《补贴与反补贴措施协定》中笼统规定成员国有义务公开补贴政策，而未对补贴项目的具体类型作出详尽规定，CPTPP 则直接以立法形式确定了属于补贴的项目类型，压缩了因定义模糊而产生的抗辩空间。

（二）CPTPP 对社会议题的规制

CPTPP 的定位是 21 世纪综合性自由贸易协定，寻求的是一种可持续的经济发展，故设定了高水平的环境保护条款。CPTPP 环境条款的核心在于应对全球面临的环境挑战，要求缔约方承诺在贸易自由化的背景下，通过维护高

标准的环境保护和有效执行环境法来维持强有力的环境治理,而不能降低环境标准以促进贸易或吸引投资。CPTPP 环境章节规定缔约方应当打击野生动物非法贸易,包括实施《濒危野生动植物种国际贸易公约》;打击非法、未报告、无监管捕鱼活动;推动可持续的渔业管理,包括禁止提供不利于渔业资源的补贴;保护濒危物种;保护生物多样性;共同努力应对气候变化和对抗外来物种入侵等。针对多边环境协定,CPTPP 认识到国际环境协定在应对全球环境问题方面的价值,要求缔约方确认其承诺执行已批准的多边环境协定,履行各缔约国在《蒙特利尔破坏臭氧层物质管制议定书》和《防止船舶污染国际公约》下的义务,采取措施控制臭氧层物质遭受的破坏和保护海洋环境免受船舶污染。为推动环境章节规定的顺利实施,CPTPP 建议全部利益相关方均应参与磋商,协定为初步磋商、高级代表磋商和部长磋商三个层级的磋商提供了引导,倘若磋商未能解决问题,CPTPP 还允许缔约方诉诸更广泛的争端解决机制。

CPTPP 劳工章节的目的在于提高和改善 CPTPP 成员国的劳工标准和工作条件规定,禁止缔约国为吸引贸易和投资弱化本国的劳工法保护。要求缔约方尊承诺采纳并维持国际劳工组织 1998 年承认的基本劳工权利,即结社自由和集体谈判权、消除强迫劳动和童工、消除就业歧视等。缔约方还应当改善劳工条件,制定有关最低工资、工作时间和职业安全与健康的可接受工作条件的国内法律。为促进各方之间劳工争议的解决,CPTPP 建立了劳工对话机制,各缔约方可以通过该机制尝试解决彼此之间在该章下出现的任何劳工问题。缔约方也可以要求与另一方进行劳动协商,以处理该章下的任何劳动争议事项。如果协商方未能解决问题,请求方可以在提交协商请求后 60 天内要求根据协议的争端解决程序成立专家组。

(三) CPTPP 对新型贸易业态的规制

过去二三十年间,互联网的飞速发展对人类的日常生活产生了巨大影响,现代通信工具的普及使消费者可以在线获得游戏、音乐和电影等数字产品,实物商品也可在线订购,而数字经济的发展改变了贸易方式,因此当代贸易协定必须反映这一现实。CPTPP 中就专设了电子商务章节,旨在推动与商业相关的数据转移和数字贸易,具体措施包括但不限于禁止采取数据本地化措施;允许为商业目的,以电子方式跨境转移信息;禁止对电子传输征收关税;

禁止要求其他缔约国提供软件源代码，以此作为进口、销售或使用该软件的条件；保护个人信息以及在电子通信中的重要安全问题上进行合作。

服务贸易与数字贸易的发展促使全球贸易发生了结构性变化，WTO 框架下关税的壁垒作用逐渐削弱，以国内规制为主要内容的边境后措施成为新型贸易壁垒，为了避免因各国监管分化（Regulatory Divergence）导致贸易自由化受限，贸易协定中开始加入国际监管合作条款。CPTPP 专设了"监管一致性"（regulatory coherence），鼓励各国采用良好监管实践，例如使用监管影响评估来帮助感兴趣的利益相关者了解监管的性质、正在解决的问题和替代方案；确保新的监管措施易于理解并在适当时公开；定期审查现有的监管措施，以确定它们是否仍然是实现预期目标的最有效手段；以及关于未来监管措施的公告。CPTPP 还将建立中央协调机构以促进政府内部的协调，防止监管机构制定相互冲突或重复的法规。

三、RCEP 对边境后措施的规制

RCEP 与 CPTPP 均拥有传统贸易议题中的货物、服务、投资相关的税率挑战、技术性贸易壁垒的变化等方面，但在深度一体化议题方面，国有企业、劳工、环境、监管一致性和透明度等问题只有 CPTPP 有详细涉及，RCEP 中并未包含。CPTPP 与 RCEP 的主要区别在于：一是涵盖领域不同，RCEP 侧重传统的货物贸易关税，CPTPP 包括服务贸易、数据流动等迅速发展的领域，标准更高；二是组织模式不同，RCEP 灵活度较高，CPTPP 准入门槛较高。

为了更好地服务数字经济时代发展需求，RCEP 设置了专门的电子商务章节，致力于促进缔约方之间乃至全球范围内的电子商务，营造可信任的电子商务营商环境，要求缔约方之间共同合作，积极参与地区和多边论坛，分享信息与实践经验。该章对贸易便利化的举措，如无纸化贸易和电子认证、电子签名，到为电子商务创造有利环境的各项措施，如个人信息保护、国内监管框架、透明度、网络安全等，以及当前争议的热点——计算设施的位置、跨境数据传输，均作出了详细的规定。考虑到缔约方数字技术以及经济发展水平的差异，RCEP 还在脚注中特别注明柬埔寨、老挝、越南以及文莱等国在协定生效之日起三年或五年内可不被要求适用部分条款，充分体现了 RCEP 以发展为核心的理念。

四、USMCA 对边境后措施的规制

USMCA 在 TPP/CPTPP 的基础上对边境后措施进一步规制,[1]在国有企业、环境、劳工、数字贸易以及良好监管实践等章节设置了诸多更高水平的高标准规则。本节仅从整体层面对 USMCA 规制边境后措施的规则进行概述,具体条款的分析见后续章节。

(一) USMCA 对国有企业的规制

USMCA 从股权、投票权、任命权、决策权等多个层面对国有企业进行较为宽松的界定,扩大了受协定规制的国有企业的范围。协定将商业考虑定义为相应行业的私营企业在决策中通常考虑的其他因素;扩充了非歧视待遇原则的适用对象与适用情形;扩大了对非商业援助的限制范围,约束缔约方国有企业的国内活动及其国外商业行为;设置了更为苛刻的透明度要求,规定了缔约方主动披露与应请求披露两种情形。

(二) USMCA 对社会议题的规制

USMCA 将环境条款纳入协议的核心文本,要求缔约方有效执行其环境法;保护沿海和海洋环境;禁止对那些有利于参与非法、未报告和无管制捕鱼的船只或经营者的补贴;改进渔业管理,防止非法捕捞、过度捕捞等。USMCA 是贸易协定中第一次规定缔约方应当解决和减少海洋垃圾,禁止商业捕鲸以及在商业捕鱼作业中使用毒药和炸药。针对空气质量问题,各方承诺加强三边合作,并在某些数据和信息方面提高透明度。缔约方承诺针对贩运野生动物、木材和鱼类等环境犯罪设定最低处罚,并提高海关和边境检查货物的效率。USMCA 还包含有关多边环境协定的规定,要求缔约方必须采取并实施措施以履行某些环境协定规定的义务,包括《濒危野生动植物种国际贸易公约》。

在劳工章节中,USMCA 要求缔约方在法律和实践中采用并维护国际劳工组织认可的核心劳工标准,包括结社自由和罢工权,禁止进口强迫劳动生产的商品,包括强迫童工,还要求缔约方确保移民工人受到劳动法的保护。

---

[1] USMCA 是 NAFTA 的 2.0 版本,是自由贸易协定的 3.0 版本(前有 TPP/CPTPP),是贸易协定的 4.0 版本(中间有 WTO)。参见韩立余:"构建国际经贸新规则的总思路",载《经贸法律评论》2019 年第 4 期,第 1~13 页。

USMCA 劳工章节也是贸易协定中第一次要求各方解决针对行使劳工权利的工人的暴力行为。协定通过阐明"影响贸易的方式"和"持续或经常性"的含义,[1]使义务更易于执行。USMCA 还另设了关于墨西哥工人代表和集体谈判的附件,要求墨西哥彻底改革其劳动司法制度,包括墨西哥必须采取的具体立法行动以改革其劳动司法制度;承认集体谈判的权利并保证工人对集体谈判协议进行无记名投票;为工会民主创造条件,包括对选举工会领导层进行无记名投票。

针对缔约方关于环境和劳工的争端,USMCA 环境和劳工章节还均吸纳了先磋商,磋商不成后可诉诸主协定争端解决机制的规定,即第 31 章的一般争端解决程序适用于 USMCA 劳动和环境章节规定的所有事项,从而加强了环境、劳动等社会议题与自由贸易的联系,加强了环境标准与劳工标准的可执行力。[2]

(三) USMCA 对新型贸易业态的规制

USMCA 并未使用 CPTPP 中的"电子商务"表述,而改称"数字贸易"章节,从字面意思上来看规则涵盖的范围更广。除禁止对以电子传输方式传递的数字产品征收关税和其他歧视性措施外,协定要求缔约方承诺确保数据可以跨境传输。在促进保护个人信息的不同方法之间的兼容性之外,USMCA 承认 APEC 的跨境隐私规则系统是一种有效机制,可以在保护个人信息的同时促进跨境信息传输。USMCA 通过允许使用电子身份验证和电子签名来提高数字交易的效率,同时保护消费者和企业的机密信息。在数据本地化和源代码披露方面,USMCA 依然秉持美国的一贯立场,禁止缔约方限制数据存储和处理位置,政府也不得强制披露计算机源代码和算法。协定还通过限制互联网交互式服务提供商的民事责任,提高依赖于用户之间互动的互联网平台的可行性。

为了促进缔约方之间的监管合作,USMCA 良好监管实践章节要求缔约方

---

〔1〕 主要见 USMCA 第 25 章劳工章节的多处脚注,例如脚注第 4 条规定,"如果涉及以下方面的失败,则"以某种方式影响双方之间的贸易或投资":(1) 生产商品或提供在缔约方之间交易的服务或在缔约方领土内进行投资但未遵行此义务的个人或行业;(2) 生产商品或提供服务的个人或行业在一方领土内与另一方的商品或服务竞争"。

〔2〕 李西霞:"《美墨加协定》劳工标准的发展动向及潜在影响",载《法学》2020 年第 1 期,第 183~192 页。

承诺发布拟议法规的年度计划,并就法规文本草案进行公众咨询,并对新法规的科学或技术基础进行循证分析和解释,例如建立监管影响评估机制和回溯性审查机制,还应当接收公众对法规改进的建议。针对内部监管协调问题,USMCA 要求缔约方设置中央监管协调机构。该章还包括广泛的透明度要求,缔约方应当公布关键信息,包括法规草案(通知和评论)、年度监管议程以及监管机构职能和法律权限的描述等。

第三章

USMCA 强化对国有企业的规制功能

国有企业通常在交通、能源、电信、卫生等公共服务的战略部门占有重要份额,通过这些部门发挥的正外部性对国家的发展起到关键作用。由于国有企业参与跨国经济活动的广度与深度不断增加,其"国有身份"引起了贸易伙伴国对国有企业参与国际竞争的一些质疑,有人认为由于国有企业不着眼于短期的利润,容易从事经济上的非理性行为和反竞争的商业行为,从而扰乱国际市场的公平竞争秩序。发达国家尤其担心新兴经济体的国有企业会因享有额外政府补贴和担保而获得国际市场上不公平的竞争优势,从而造成市场扭曲。[1]因此,对国有企业的规制一直是国际贸易体系的重要特点,政策制定者企图平衡两个相互竞争的利益,一方面需要通过国有企业直接干预市场来纠正某些市场失灵,另一方面他们也意识到这些国有企业也可能成为市场不稳定的因素。自 2000 年初期以来,关于国有企业的国际争议层出不穷,典型案例就是向 WTO 提起的关于美国反倾销和反补贴税调查和征收的案件。因此,美欧为首的发达国家出于保护国内产业利益、维护自身国际竞争优势地位的考量,认为有必要规范国有企业的活动,在贸易和投资方面希望对国有企业的对外贸易和投资采取更为严格的限制措施,从域内、区域、多边等多个层面推行更为严格的国有企业规则。[2]

本章主要是关于 USMCA 规制国有企业的具体剖析,包括国有企业的定义、商业考虑、非歧视待遇、非商业援助和透明度要求五项核心条款,并与

---

[1] Capobianco, A. and H. Christiansen, Competitive Neutrality and State-owned Enterprises: Challenges and Policy Options, OECD Corporate Governance Working Paper Series, No. 1, 2011, pp. 4~10.

[2] 不同层面国际经济法中的国有企业规则:多边层面有 WTO 相关规则、争端解决实践以及各方提案;区域层面主要有 USMCA、CPTPP、CAI 等协定;域内规则以美国的相关实践以及欧盟出台的新规为主要内容。

GATT/WTO、TPP/CPTPP、RCEP 以及美国达成的其他自由贸易协定进行了对比分析。

第一节　国有企业规则与竞争中立原则

本节主要是针对国有企业与竞争中立之间的联系进行研究分析，目的在于厘清两者之间的关系与区别。发达国家认为，开放的市场和私人的投资是经济增长之关键，多数情况下，国有企业通常享有私营企业竞争对手所不具备的特权和豁免权，这些特权使国有企业具有更优的竞争优势，这些优势并非基于更好的绩效、更高的效率、更好的技术或更卓越的管理体制，而仅来自政府给予，比如一些国有企业可以从其政府处获得直接补贴或从其他公共形式的财政援助中受益，还可以直接享受政府信贷或通过国有金融机构以低于市场的利率获得信贷，国有企业甚至还可以从信息不对称中受益，仅仅因为它们可以访问私营企业无法获得或只能在有限范围内获得的政府信息或数据。因此，针对市场上国有企业与私营企业的竞争不对称性，澳大利亚率先针对国有企业提出了"竞争中立"（Competitive Neutrality）原则，消除国有企业因政府所有而享有的优势，在国有企业和私营企业之间建立公平竞争的市场环境。

一、竞争中立原则的概念与具体内涵

按照学界的通常说法，"竞争中立"概念最早是由澳大利亚在对本国的国有企业改革中确立的。1993 年，旨在审查竞争政策的《希尔默报告》（the Hilmer Report）指出，虽然针对国有企业的商业活动制定竞争法规则十分重要，但并不能完全解决关于国有企业在成本和定价方面的优势问题，例如当国有企业免征某些税款或获得补贴的情况下仍然会出现市场扭曲。因此，为了消除国有企业参与商业活动所产生的资源分配扭曲，建立统一的国家层面的竞争政策，1995 年，澳大利亚联邦政府与地方政府签署了《竞争原则协议》等三项政府间的协议，协议的主要内容就是要求各地方政府必须严格实施竞争中立政策，政府不得利用其权力给予国有企业税收、信贷和规制等方面的优惠，[1]明确将竞争中立界定为"国有企业在参与市场竞争时不能仅仅

---

[1] 陈德铭等：《经济危机与规则重构》，商务印书馆 2014 年版，第 209 页。

因为其政府所有制的背景而比私营企业享有更多优势"[1]。竞争中立下的关键原则主要有：税收中立，即国有企业不会因其竞争对手无法获得的免税政策等而获得优势；借贷中立，即要求国有企业承担与其竞争对手类似的借贷成本；监管中立，要求国有企业不会因在与竞争对手不同的监管环境中运营而获得优势；商业回报率，即国有企业必须获得足以证明长期保留业务资产并支付商业股息的回报；全成本定价，要求国有企业在更广泛的职能范围内开展商业活动，设定价格反映其商业活动的全部成本归属。澳大利亚政府还规定，竞争中立政策主要适用于各级国有企业的商业活动，且仅在收益大于成本的情况下不适用于非商业、非营利的活动。《竞争原则协议》的目的就是消除国有企业经营活动中所产生的资源分配扭曲，包括扭曲国有企业生产和消费的决策甚至私营企业竞争对手的决策，从而解决国有企业在与私营企业竞争中享有的不正当竞争优势，构建公平竞争的市场环境，增强所有市场参与者竞争力。

澳大利亚政府对竞争中立原则的确立属于特定法域内的国内法问题，但是由于竞争关系具有跨区域性，导致竞争中立又兼具了国际法属性。[2]因此，为了确保各成员国国有企业与私营企业处于公平竞争状态，经济合作与发展组织（OECD）在澳大利亚版的竞争中立基础上对竞争中立政策做了进一步研究，其中《OECD国有企业治理指南》第一章总体建议指出："国有企业的法律和监管框架应确保国有企业和私营企业在市场上公平竞争，避免市场扭曲。"OECD将"竞争中立"界定为"经济市场中没有任何一个实体享有不正当的竞争优势或劣势"。[3]按照OECD的定义，竞争中立原则指市场上商业经营者的公平竞争，目前从规范的内容来看更多指向了政府和国有企业，所以实际是经济发展模式和企业治理结构之争。

OECD竞争中立原则的要求主要有两项：一是国有企业获得独立性，即竞争中立的前提；二是政府不能为国有企业输送特别的非商业渠道可得的竞争

---

[1] 应品广："竞争中立：多元形式与中国应对"，载《国际商务研究》2015年第6期，第62~69页。

[2] 李俊峰："竞争中性的国际规制演进与中国因应策略——以美欧互诉'民用大飞机补贴案'为参照"，载《上海财经大学学报（哲学社会科学版）》2021年第1期，第138~152页。

[3] 张久琴："竞争政策与竞争中立规则的演变及中国对策"，载《国际贸易》2019年第10期，第27~34页。

优势,即竞争中立的核心。

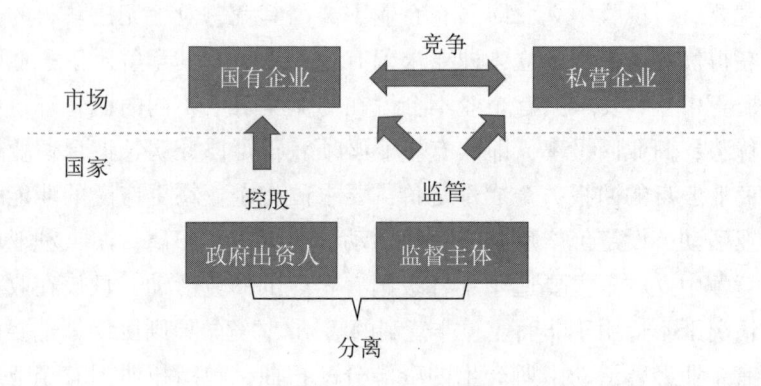

```
        竞争
市场  国有企业 ⇄ 私营企业
        ↑    ↗
       控股  监管
国家  政府出资人  监督主体
           分离
```

而 OECD 竞争中立"八大基石"则分别体现了前述两项要求。所谓"八大基石"是指 OECD 针对竞争中立确定的八大核心事项,包括:①简化国有企业的运营方式,将政府商业活动合理化,包括国有企业的公司化程度以及在企业经营形式上要求商业活动与非商业活动进行结构性分离;②核算国有企业履行特殊职能的直接成本,对国有企业的成本结构坚持高标准的透明度和披露要求,使补贴透明化,防止履行公共服务责任的国有企业通过交叉补贴获得定价优势;③给予商业化回报,以商业回报率考察国有企业,要求在商业和竞争环境中经营的国有企业要获得与同类可比私营企业类似的商业回报率;④厘清公共服务义务,要求国企通过法律授权承担公共服务义务,公开并定期披露成本,且国有企业在履行公共政策职能时,应当获得充分、透明且可计算的补偿;⑤税收中立,国有企业和私营企业享有平等或相对等的税收待遇,承担相似的税收负担;⑥监管中立,国有企业应当在与私营企业尽可能相同的监管环境中经营,避免获得法律或监管豁免,尤其是竞争法豁免;⑦债务及补贴中立,要求国有企业应遵守金融市场的规则,以与私营企业同等条件获得融资,国家还应当明确国有企业担保和提供补贴的形式,并披露相应信息;⑧政府采购中立,国有企业平等参与政府采购项目的竞争,不得获取不正当的竞争优势,并且要求最大限度地提升竞争性招标的透明度。[1]其中第①②③项则构成了竞争中立的前提,用于确定国有企业具有独立市场

---

[1] 经济合作与发展组织:《竞争中立:维持国有企业与私有企业公平竞争的环境》,谢晖译,经济科学出版社 2015 年版,第 1~17 页。

主体地位；第④⑤⑥⑦⑧项是竞争中立的核心，用于确保政府不给企业输送非商业渠道可得的竞争优势。根据 OECD "八大基石"，竞争中立不仅要求规制政府对国有企业实施的特定支持措施，还要求调整和完善整体的制度环境。

美国虽然没有明确提出竞争中立概念，但也认可了 OECD 版本的竞争中立，确立了通过竞争中立为国有企业和私营企业营造公平竞争市场环境的立场，并尝试通过 TPP、USMCA 等新一代区域自由贸易协定推动竞争中立向国际规则演进。然而，一方面新兴国家和发展中国家未曾充分参与竞争中立的概念确立及标准制定过程；另一方面各国由于体制和发展状况不同，对竞争中立的理解也存在较大差异。因此，在经贸规则重构的过程中，要注意与时俱进地调整和升级竞争中立的概念和标准，使其得到各国的认可，便于各国在制定边境后措施时有确切的参考目标，减少贸易壁垒，促进贸易自由化。

二、国有企业规则与竞争中立的关系

实践中，法学和经济学领域通常认为 CPTPP、USMCA 等区域贸易协定中的国有企业专门章节就是竞争中立原则的具体体现和实现，甚至有学者直接称这些章节是"竞争中立章节"，但这些国有企业国际规则是否真的是竞争中立的体现呢？不可否认国有企业国际规则与竞争中立原则确实有明显的耦合性，比如二者关注对象都是国有企业治理以及政府和国有企业的关系，都要求防止国有企业从政府处获得非商业渠道可得的竞争优势，目的都是保护其他企业或产业遭受竞争劣势，而非保护市场状态本身（与传统竞争法相区别）等。但当竞争中立从国内规则、国际组织的指导性规则变成有强制性、约束力的国际条约规则时，它们的语义并不必然存在统一和共识。因此，不能断然假定转化后的国有企业国际规则与作为国内治理规范的竞争中立原则是一致的。

学界目前也有观点认为，国有企业国际规则与竞争中立原则的关系可以从三个层次衡量，分别是原义、扩展与背离。就原义而言，即国有企业国际规则是竞争中立原则的直接体现，主要为禁止政府向国有企业输送竞争优势和保持国有企业独立性。USMCA 中属于原义范围的规则主要有：①非商业援助，依照 USMCA 第 22.6 条的规定，如果从事非商业援助行为并给其他缔约方造成不利影响，则会构成对 USMCA 的违反；②行政与司法机构的公正义务，USMCA 第 22.5 条规定，司法机构和监督机构必须对不同所有制企业以公正待遇；③竞争中立要求，体现了禁止政府对国有企业输送竞争优势要求；④商业考虑义务，USMCA 第 22.4 条要求国有企业在日常活动中做到其购买、销售、投资等经营行为是出于"商业考虑"而做出的，避开了"独立性"，而是要求"商业性"。两者区别在于，商业性赋予了政府一种积极担保义务，即让政府随时去监督国有企业是否足够"商业性"，这其实预设了政府与国有企业的一种天然联系。

而扩展意味着为了让竞争中立原则适应国际规则的需要，而进行的必要发展和改进，通常条款已经脱离了原义，是竞争中立原则最初所不具备的额外内容，主要表现为界定规则和信息获取规则。其中界定规则解决的是何者属于国有企业的问题。比如 USMCA 设立了独立判断"谁是国有企业"的标准，创设了"主体主义"认定路径，还设立了诸多豁免条款。USMCA 第 22.1 条对"援助"定义提供了关于"竞争优势"的界定标准，对"商业考虑"的定义则提供了关于"价格、质量、可获性、适销性、运输及其他购买或销售的条款和条件"的定义。[1]信息获取规则解决的问题则是如何确认国家是否援助了国有企业以及如何得知国有企业是足够"独立"（商业化）。比如 USMCA 第 22.10 条规定，缔约方政府需公开的与国有企业相关的信息分为主动披露和应要求披露两类：主动公开的信息，主要包括在官方网站上公布国有企业清单以及公开影响国有企业活动的相关法律法规信息等；应要求披露的信息，主要包括国家在国企中持股和表决权比例、关于特别股权、特别投票权或其他权利之描述、董事会职务或成员之官衔，最近三年期间之年度收入及总资产、年度财务报表及第三方审计报告等。

至于背离，是指国有企业国际规则既不是竞争中立原则的内在要求，也不是帮助该原则实现的前提或条件得以具备而实施的辅助性规则，已经无法体现竞争中立的要求，甚至与竞争中立相矛盾，实质上为了实现其他诉求或目标而设立的规则。这类规则被掺杂在"原义"和"扩展"两类规则当中，被巧妙地"隐藏"了起来，以至于让人们察觉不到它们在制度上的独立性，

---

[1] 原文为 "commercial considerations means price, quality, availability, marketability, transportation, and other terms and conditions of purchase or sale, or other factors that would normally be taken into account in the commercial decisions of a privately owned enterprise in the relevant business or industry"。

而常常不加辨析地误以为它们是竞争中立原则的应有之义。背离形式的国有企业国际规则主要有归因规则、推定规则、举证责任倒置规则等。归因规则主要解决的问题是何种情形下国有企业就等于国家,比如 USMCA 第 22.6 条"非商业援助"条款中,国有企业不需要被证明与国有企业有控制关系,就直接被认定为准政府实体,其行为直接归因为政府,并且东道国要承受相应的国际上的法律后果。"非歧视"义务中国有企业被看作政府的扩展,是歧视性政策的实施者。归因规则并非竞争中立得以实现的必要要求,它有独立的原理,与竞争中"独立性"要求相冲突。推定规则解决的问题是何种情形下可以推定国有企业获得了竞争优势或者不够商业考虑。推定规则同样并非竞争中立得以实现的必然要求,它通过非私人性来逆推国有企业非商业性,需要其他原理支撑。

竞争中立的本义在于矫正资源配置扭曲、提高市场运行效率,从而营造公平的竞争环境,其规制对象并不与国有企业等同。[1]在澳大利亚推行的"竞争中立"内含了"所有制中立"的原则,[2]然而,美国所设计和倡导的 USMCA 等区域贸易规则所包含的国有企业规则实际上已经背离了"竞争中立"的实质,它将政府与市场对立起来,认为"凡国有企业皆会享有并利用因所有制而获得的不当竞争优势",[3]从而否定了政府干预和国有企业的价值,实际目的还是在于约束他国政府行为、限制其国有企业发展。如果说竞争中立规则是一种市场治理手段,美国所推行的国有企业国际规则更像是一种制度竞争手段,是美国运用"竞争中立"政策建立下一代贸易规则提出的实质性要求。[4]

---

[1] 李玉梅、张梦莎:"国有企业国际规则比较与中国应对",载《国际贸易》2021 年第 8 期,第 13~19 页。

[2] "所有制中立"是多边贸易体系长期遵循的传统。它指的是,多边贸易规则暗含一种取向,避免对包括国有企业在内的不同所有制企业设置特别规范。WTO 框架下没有规则明确要求成员方必须实行任何特定的经济体制。以 GATT 1994 为例,除第 17 章"国有贸易企业"外,反倾销反补贴等规则都没有对特定企业类型设置特别条款,而是基于对倾销与补贴行为的识别提出规制。欧盟的竞争法等一系列法规同样不对企业是国有还是私有区别对待,比如欧盟宪章性条约《欧盟运行条约》第 345 条也规定:"协议不影响各成员国关于财产所有权制度的规定。"

[3] 史际春、罗伟恒:"论'竞争中立'",载《经贸法律评论》2019 年第 3 期,第 101~119 页。

[4] 蔡鹏鸿:"TPP 横向议题与下一代贸易规则及其对中国的影响",载《世界经济研究》2013 年第 7 期,第 41~45 页。

三、国有企业规则在贸易协定中的发展

WTO中的国有企业义务主要包括非歧视原则、商业考虑以及透明度要求,主要是指GATT第17条以及GATS第8条规定的关于国营企业及指定垄断经营行为中的非歧视要求,但限制的主要是获得政府授予的独占权或特权的企业,也未有效遏制国有企业对国内贸易与国际贸易实施差别待遇,相关规定较为笼统,缺少实施方面的细则。而《补贴与反补贴措施协定》虽然也对政府补贴等非商业援助作出了相关规定,但该协定针对的是政府或任何公共机构提供专项性补贴、财政资助以及收入或价格支持,并非仅针对国有企业。2006年前后,美国对华提出"铜版纸案",该案中国有企业本身是否属于《补贴与反补贴措施协定》中的"公共机构"就成了争议焦点。因此,多边路径下WTO并未成功就国有企业参与区域及多边贸易竞争建立制度体系,无法有效规制国有企业在跨境贸易中的行为。2011年,OECD发布了《竞争中立与国有企业:挑战与政策选择》的指南,其中就"国有企业竞争中立"的概念及范畴构建了较为全面和系统的规则体系。不过由于该指南的内容大多是软法性质的示范性规则,并不具备约束力,所构建的是发达国家之间规制国企竞争的协调机制,且目的在于推动各国就国有企业竞争行为进行立法,涉及的主要是国内法,并不适合在国际条约中采纳。

因此,美欧等国开始借助区域贸易协定推广国有企业竞争规则的国际立法,相关规则最早出现在NAFTA中,主要是在竞争章节中加入了针对国有企业的条款,规定了非歧视、商业考虑以及透明度等义务。随后在美国、欧盟、澳大利亚、韩国达成的区域贸易协定中不断发展完善。1990年之前,包含国有企业竞争政策的区域贸易协定不到总量的60%,而现在这一比例已经大幅提升至90%。[1]这些区域贸易协定从多方面对国有企业竞争政策作出了规定,包括对指定的垄断企业和国有企业进行规范调整、加强竞争政策合作及限制国家援助和补贴,使得贸易协定中的国有企业规则从单个零散的规则逐渐形成了体系化的制度建构。

不过,TPP之前的自由贸易协定一般不直接规范国有企业,通常是某些

---

[1] 《自由贸易协定:亚洲的选择》,对外经济贸易大学出版社2020年版,第81页。

贸易协定将国有企业定义为"公共机构"从而施加一定限制，主要是处理涉及国有企业的反竞争活动，但这些章节通常是框架性的，缺乏涵盖所有可能的国有企业活动和与国有企业相关的政府措施的具体条款。TPP首次将国有企业条款从竞争政策章节中分离，从定义、范围、主要纪律等几大维度，进一步完善与规范了国有企业条款，使之成为一个独立的、自成体系的条款，[1]可以看作是竞争中立规则国际化的过程中首次在区域贸易协定中进行的较为全面的尝试。

CPTPP全面承继了TPP国有企业章节的内容，USMCA则是在TPP/CPTPP的框架基础上进行了修改、完善与发展，二者都针对国有企业的国际经贸规则进行了较为系统完整的规范，[2]代表了美国对国有企业相关国际经贸规则最深刻的关切，也反映了未来国际经贸规则重构中国有企业相关规则的可能走向。目前USMCA中国有企业章节的主要内容包括：①国有企业的定义，USMCA从股权、投票权、任命权、决策权等多个层面对国有企业进行较为宽松的界定，以便扩大受约束国有企业的范围；②商业考虑（Commercial Considerations），USMCA将其定义为相应行业的私营企业在决策中通常考虑的其他因素；③非歧视待遇（Non-discriminatory Treatment），USMCA坚持美国扩充非歧视待遇原则的适用对象与适用情形的立场；④非商业援助（Non-commercial Assistance），USMCA扩大对非商业援助的限制范围，不仅对缔约方国有企业的国内活动进行限制，还进一步约束了其国外商业行为；⑤透明度要求，USMCA设置了更为苛刻的信息披露要求，为发展中国家国有企业国际化带来更大阻力。[3]

第二节　USMCA对国有企业的宽泛界定

本节主要是以国有企业的"三要素"认定模式为基础分析USMCA中对国

---

[1] 蔡鹏鸿："TPP横向议题与下一代贸易规则及其对中国的影响"，载《世界经济研究》2013年第7期，第41~45页。

[2] 李思奇、金铭："美式国有企业规则分析及启示——以NAFTA、TPP、USMCA为例"，载《国际贸易》2019年第8期，第88~96页。

[3] 王志芳、王霞："美国贸易协定政策评析——基于对USMCA、美韩FTA等贸易协定政策的分析"，载《当代韩国》2021年第3期，第84~99页。

有企业的宽泛定义及其最终目的。"国有企业"一词并没有统一的定义，它与私营企业之间主要有三个特征差异：一是两者的主要目标不同，私营企业追求利益最大化，而国有企业往往被视为纠正市场失灵的方式之一；二是与私营企业相比，国有企业由于国家所有或者国家的财政参与、政府通过规则或实践对企业的运作进行控制，以及政府指定垄断等原因而存在固有的竞争优势；三是由于决策机制和问责制的差异，国有企业的高层管理人员相较私营企业缺乏激励。上述三类差异性特征恰好解答了实践中国有企业抑制竞争中立这一问题，但这并不能赋予国有企业较为完整和准确的定义。就国有企业的界定而言，主要有政府控制说（control）、政府职能说（function）和政府授权说（authority）三种理论，美国倾向于以"控制"要素为界定的核心，采取较为宽松的定义，从而更全面地囊括各种类型的国有企业，扩大国有企业条款的规制对象。

一、国有企业的"三要素"认定模式

目前对国有企业的界定主要采取"三要素"认定模式，其中三要素分别为控制、职能和授权。"控制"意味着所有、控制或影响等，"职能"意味着组织职能、目的宗旨或活动性质等，"授权"意味着拥有、行使或被授予政府权力等。既往国际法中通常以"职能"和"授权"为主、"控制"为辅定义国有企业，例如 GATT 1994 第 17 条关于"国营贸易企业"（state trading enterprise）的定义，将其描述为政府正式或实际上授予专有权或特权的企业，包括销售局（marketing boards）和进口垄断企业（import monopolies）。但随后《关于解释 1994 年关税与贸易总协定第 17 条的谅解》中的定义比原 17 条更为狭窄，增加了两个要求：①被授予包括法定或宪法权力在内的专有权、特殊权利或特权；②在行使这些权利时，它们通过购买或销售影响进出口的水平或方向。GATS 第 8 条的范围则更窄，仅适用于垄断供应商和独家服务提供商。《补贴与反补贴措施协定》第 1 条规定补贴是一国政府或任何公共机构在成员国领土内的财政资助，此处存在的一个关键问题是，国有企业是否能被认定为"公共机构"。在美国对中国部分产品的反倾销与反补贴案件中，美国主张"政府控制说"，中国主张"政府职能说"，而 WTO 上诉机构分析后认为《补贴与反补贴措施协定》所指的公共机构必须是"拥有、行使或被授予政府权威的实体",[1]而正如两个政府不可能完全一样,公共机构的精确轮廓以及特征必然会因国家和案例而异,因此,国有企业也可能属于"公共机构"。OECD在2005年发布的《经合组织公司治理指引》中将"国有企业"定义为"占有全部、多数所有权或重要的少数所有权由国家掌握重要控制权的企业",[2]在OECD的观点中,确立的国有企业的标准主要有三类：①政府持股控制；②与私营企业存在竞争关系；③是商业性组织。

在美国近年达成的自由贸易协定中,可以发现在定义国有企业时结合所有权和控制权要素的多种选择,例如,2005年《美国-澳大利亚自由贸易协定》广泛提及这两个要素,将国有企业简要定义为"由缔约方任何级别的政府拥有或通过所有权权益控制的企业"[3]。更详细的定义反映在《美国-新加坡自由贸易协定》中,协定第12.8条将"政府企业"（government enterprise）定义为：①对美国而言是指政府拥有或通过所有权权益控制的企业；②对新加坡而言是指政府具有有效影响力（effective influence）的企业。"有效影响力"一词被认为存在于国家拥有超过50%投票权或对董事会成员具有决定权以及可以对企业发出有效指示,在可反驳的退订中,有效影响力的评估也可取决于政府和国有企业在企业中的股份之和。但随后美国政府认为从所有权角度界定国有企业不能准确反映其职责与功能,其2012年双边投资协定范本就显示当时美国主要以是否"授予政府职权"界定国有企业,此处的"授予政府职权"包括以立法授予、政府命令、指令或其他措施将政府职权转交给国有企业或其他企业或者个人,或者授权国有企业或者其他企业或者个人行使政府职权。同样,欧盟也是以"公共主体"界定国有企业,根据企业是否承担政府职能、执行政府决策判断其是否属于国有企业。

但在USMCA、TPP/CPTPP、EUJEPA（即欧盟-日本经济伙伴关系协定,EU-Japan Economic Partnership Agreement,EUJPA）等新一代区域贸易协定中,"控制"要素从辅助地位一跃成为核心,并且深度、广度均不断扩大化,

---

[1] *US - Anti-dumping and Countervailing Duties (China)*, Report of the Appellate Body, WT/DS379/AB/R, 11 March 2011, para. 317.

[2] 经济合作与发展组织：《OECD国有企业公司治理指引》,李兆熙译,中国财政经济出版社2005年版,第10页。

[3] Article 14.12, United States-Australia Free Trade Agreement. 原文为："state enterprise means an enterprise owned, or controlled through ownership interests, by any level of government of a Party."

这些协定基本采用了"政府所有或控制"来界定国有企业，坚持国有企业的核心含义在于"所有权控制"，再通过数量标准如控制比例或质量标准如实际影响决策或经营权来细化国有企业的概念。[1] 这些国有企业新规则的核心目的在于确保国有企业不会因国家所有或控制而享有竞争优势，即要求"竞争中立"。

二、USMCA 中国有企业的认定要素

就协定的具体内容来看，TPP 第 17.1 条要求某一实体满足下列任一条件即构成 TPP 下的国有企业：①直接拥有 50% 以上股份资本；②通过所有者权益控制 50% 以上投票权的行使，或拥有任命董事会或其他同等管理机构过半数成员的权力。TPP 的规定反映了美国在国有企业界定方面的一贯立场，即国有企业是政府所有或通过所有权权益控制的企业，即使政府拥有任命董事会或任何其他同等管理机构多数成员的权力也可能与所有权益无关。上述标准使得缔约方无法通过降低股权占比但获取实际控制权的方式来规避国有企业规则。

USMCA 则进一步补充，扩大了受规制国有企业的范围。USMCA 规定国有企业是指主要从事商业活动的企业，并且满足下述四种条件之一：①直接或间接[2]拥有 50% 以上的股份资本；②直接或间接通过所有者权益控制 50% 以上投票权的行使；③通过任何其他所有权权益，拥有控制企业的权利，包括间接或少数的股权；④拥有任命大多数董事会或其他同等管理机构成员的权利。USMCA 在控制权方面增加了"间接的"与"少数所有权"两种情形。因此当政府、国营企业和国有企业通过可变利益实体（variable interest entities）、转投资等方式对一家非国有企业进行投资时，该企业易被认定为国有企业。尽管该条要求了"控制企业的权利"，但控制权的界定亦未明确，从而导致扩大了国有企业的范围。

EUJPA 中关于国有企业的定义则在 TPP 与 USMCA 的基础上走得更远，

---

[1] 胡改蓉："竞争中立对我国国有企业的影响及法制应对"，载《法律科学（西北政法大学学报）》2014 年第 6 期，第 165~172 页。

[2] "间接"是指一方通过该方的一个或多个国营企业持有一企业的所有权权益的情形。在所有权链条中的每一个环节，国营企业（无论是单独或与其他国营企业相结合）必须拥有或通过所有权权益控制另一企业。

该协定第 13.1 条规定，国有企业指主要商业活动的企业且缔约方在该企业中：①直接拥有 50%以上股份资本；②通过直接或间接所有者权益控制 50%以上投票权的行使；③拥有任命董事会或其他同等管理机构过半数成员的权力；④有权依法指导企业的行为或根据其法律法规以其他方式行使同等程度的控制权。其中第 4 点为 EUJPA 新增。中欧全面投资协定（CAI）中也加入了类似的规定，该协定第 2.3 条规定，除通常意义上的国有独资企业和国有控股企业，政府通过持有少数股权控制其决策，或政府虽然不持有股权，但可依法通过指示控制其决策的私营企业也被囊括其中。EUJPA 和 CAI 的这类规定实际上已经将"国有企业"的含义延伸至"涵盖实体"（coverd entities），从而进一步扩大了国有企业的认定范围。[1]

上述变化表明，新一代区域贸易协定对国有企业的界定已经超越了"所有权益"这一国有企业的最基本含义，正朝着一种"广义控制说"的方向趋同收敛，并呈现双层网状架构。其中，第一层"控制"以"所有权"为核心，包括"直接或间接""股权""投票权"以及"任命权"的多种组合搭配；第二层"控制"超越了"所有权"，审查的中心与"所有权"逐渐脱钩，转向了更广的"控制"或"决定性影响"，成为重要的新特征，被推定为"事实上的国有企业"的可能性大幅增加。

第三节　USMCA 国有企业核心条款分析

除了对国有企业的宽泛定义，为了有效规制国有企业的商业行为，USMCA 的国有企业章节还针对商业考虑、非歧视待遇、非商业援助以及透明度等作出了详细的规定，本节即是对这些核心条款的具体分析。

一、商业考虑与国有企业

竞争中立的核心原则是各国有义务确保国有企业按照商业考虑行事。商业考虑条款作为国有企业竞争的行为准则，在 GATT 1994 中是违反非歧视义务的抗辩理由之一，其中第 17 条要求指定垄断企业在产品的生产和销售中仅

---

[1] 沈伟、胡耀辉："美式小多边主义与美国重塑全球经贸体系"，载《国际论坛》2022 年第 1 期，第 3~24 页。

作商业考虑。在 2002 年美国与加拿大就加拿大小麦局的小麦出口以及加拿大对进口到加拿大的谷物的待遇等事宜发生纠纷并诉诸 WTO 争端解决机构一案中，美国认为加拿大政府成立了加拿大小麦局并给予其专有权和特权违反了 GATT 1994 第 17 条第 1 款（a）（b）的规定，上诉机构在此案中将商业考虑解释为"企业决策对受益者而言是经济合理的"，[1]该要求涉及逐案分析，包括企业和相关市场的各个方面。上诉机构在此案中裁定 GATT 1994 第 17（1）（b）项商业考虑并非独立于（a）项的非歧视义务，而是与（a）项之间存在必然的关联性，（b）项通过实际定义和解释了（a）项中的要求。因此，从逻辑上讲，如果不首先确定非歧视的关键要素，就无法评估具有歧视性质的特定做法是否符合商业考虑，成员方对商业考虑规则的违反应当以违反非歧视待遇为前提。上诉机构的这一解释实际上为国有企业的价格歧视保留了足够的空间。

NAFTA 中关于商业考虑的义务仅限于指定的垄断企业，该协定第 1502 条和第 1505 条中相关表述为："符合商业考虑是指与私营企业在相关业务或行业中的正常商业惯例相一致……各方应通过监管控制、行政监督或采取其他措施，确保其指定的任何私营垄断企业和其维持或指定的任何政府垄断企业：（b）除遵守其指定的与（c）或（d）项不相抵触的任何条款外，在相关市场购买或销售垄断商品或服务时仅出于商业考虑行事，包括价格、质量、可用性、适销性、运输和其他购买或销售条款和条件。"[2]类似的商业考虑义务也在 NAFTA 之后的自由贸易协定中有所体现，但大多仅限于指定垄断企业，唯一明确包含与政府企业相关的商业考虑义务的是《美国-新加坡自由贸易协定》。直到 TPP 整合了 NAFTA 中关于商业考虑的表述，规定商业考虑是指相关商业领域或行业的私人企业在商业决策中通常所考虑的因素，包括价格、质量、可获得性、适销性、运输等购销条款与条件，或其他因素，CPTPP 与 USMCA 直接承继了这一规定。CAI 中则不再区分企业性质，而是强调商业考虑应当以利润为基础并受市场力量的约束。

二、非歧视待遇与国有企业

GATT 1994 第 17 条规定国有贸易企业应当以符合非歧视待遇一般原则的

---

〔1〕 Ines Willemyns, *supra* note 46, pp. 657~680.
〔2〕 Article 1502 and 1503, NAFTA.

方式对待影响私人贸易商进出口的政府措施，但该条规定显然是有缺陷的，因为它仅对歧视性行为进行了规制，实践中较为笼统且无用。因此，以美国为首的规则主导国扩充了GATT国有企业非歧视待遇原则的适用对象与适用情形。NAFTA第1503条规定，缔约各方应确保其维持或建立的任何国有企业在向另一方投资者在其境内的投资出售其商品或服务时给予非歧视性待遇。《美国-澳大利亚自由贸易协定》第14.4条明确要求缔约双方应当确保国有企业在销售其产品和服务时受到非歧视待遇，但不包括购买产品和服务。《美国-智利自由贸易协定》要求缔约方确保其建立或维持任何国有企业将其商品或服务出售给涵盖的投资。《美国-新加坡自由贸易协定》第12.3条则对双方的非歧视义务设置了不同范畴，一方面，美国国有企业有义务在向涵盖对投资销售商品或服务时给予非歧视待遇；另一方面，新加坡国有企业必须在采购和销售的过程中对涵盖的投资、美国商品和美国服务供应商提供非歧视待遇。

TPP在上述规定的基础上再次确定了国有企业章节中非歧视待遇的适用范畴，该协定第17.4条规定，"各缔约方在确保其国有企业在购买和销售商品或服务时，给予另一方企业的商品或服务以及在缔约方境内投资的企业的商品或服务的待遇，不低于给予本国、其他缔约方以及任何非缔约方的同类产品和同类服务的待遇"[1]。此条规定意味着TPP要求缔约方确保各自的国有企业在商业行为中对其他缔约方企业的非歧视待遇应当涵盖货物、服务以及投资等三大领域，适用的情形包括产品和服务的购买与销售。与TPP相同，USMCA也规定一方的国有企业在购买或销售商品或服务时出于商业考虑，且国有企业对另一方企业提供的商品或服务给予的待遇不低于其给予同类企业的待遇，还应当以非歧视方式对待涵盖的投资。

三、非商业援助与国有企业

虽然《补贴与反补贴措施协定》已经就非商业援助形成了一套有效的制度体系，但20世纪70年代达成的这一协定在美国眼中显然已经与时代脱节，亟待改革，美式区域贸易协定为此进行了大量补充立法。由于WTO框架下传统的"补贴"概念仅限于财政援助，无法涵盖政府对国有企业援助的所有情形，于是美国在贸易协定引入了"非商业援助"概念，涵盖了财政补贴、债

---

〔1〕 Article 17.4, TPP.

务减免、更优惠的贷款条件等内容，对补贴的概念进行了全面升级，TPP框架下就包含了专门提供国有企业的援助、主要由国有企业使用的援助、提供国有企业数额巨大的援助，以及通过自由裁量权偏袒国有企业的援助四种形式。此外，TPP第17.6条明确规定在三种情形下任何缔约方不得直接或间接向其任何国有企业提供非商业援助而对另一方造成不利影响：一是国有企业生产和销售商品；二是国有企业从一方境内向另一方境内提供跨境服务；三是通过在另一方或缔约第三方境内投资的企业向另一方境内提供服务。而此条规定评价的核心标准是只要非商业援助对于其他缔约方和缔约方企业带来不利的影响，那么这种援助就落入了TPP规制的范围，从而简化了对违规补贴的认定程序。USMCA同样采取了与TPP相同的简化认定程序，该协定第22.6条规定缔约方以及缔约方的国有企业与国营企业均不得以直接或间接方式向其境内的国有企业提供非商业援助，从而对其他缔约方的利益造成不利影响。USMCA第22.6条还规定了禁止向主要从事生产或销售除电力以外的货物的国有企业提供以下形式的非商业援助：贷款、贷款担保、债权转股权等。

  非商业援助规则实际上与WTO反补贴规则具有相同的法律要素，包括非商业支持、不利影响或损害以及因果关系，即缔约方不得因实施补贴而对其他缔约方造成不利影响或损害国内产业。不过WTO反补贴规则的适用范围仅限于货物贸易，而USMCA非商业援助规则的适用范围已经扩大到了服务贸易领域，而且在对不利影响和损害的评估方面还涉及属于涵盖投资的企业。[1]非商业援助规则的救济方式与WTO反补贴规则也不同，WTO协定中规定的是双轨制救济手段，可以发起反补贴调查也可诉诸WTO争端解决机制，而非商业援助规则目前只有通过争端解决的方式，暂无发起相关行政调查程序的约定。

  此外，USMCA第22.1条规定，非商业援助是指限于向特定企业给予的援助，其中"特定企业"是指一个企业或行业或一组企业或行业，而"限于特定企业"是指缔约方或缔约方的任何国家企业或国有企业或其组合。在USMCA中，非商业援助的给予主体从缔约方扩张到了缔约方的国营企业或国

---

[1] 李玉梅、张梦莎："国有企业国际规则比较与中国应对"，载《国际贸易》2021年第8期，第13~19页。

有企业。一方面国有企业定义扩大，另一方面非商业援助给予主体和形式进一步扩张，使得美式模板规避了公共机构概念的讨论，直接将 WTO 协定中的补贴规则适用于国有企业乃至可能的私营企业，同时扩张了 WTO 补贴规则的外延。

四、透明度要求与国有企业

多边层面关于国有企业的透明度要求较为狭隘。《关于解释 1994 年关税与贸易总协定第 17 条的谅解》中包含了对"所有被授予专有权或特殊权利或特权的政府和非政府企业"成员的通知义务。GATS 第 9 条包含关于协商和透明度的义务，涉及服务供应商可能限制竞争并因此限制服务贸易的商业行为。以及《补贴与反补贴措施协定》第 25 条关于对补贴情况的通报，包括各成员应将在其境内实施或维持的协定第 1 条第 1 款所界定的任何补贴做出通知。且通知内容应足够明确，以便其他成员能够就其对贸易的影响作出评价和了解所通知的补贴计划的实施情况。但实践中关于补贴情况的通报的执行情况不佳，欧盟在提交的 WTO 现代化改革的提案中就指出这一问题，认为多边路径下各国补贴政策信息的透明度欠缺。

OECD 曾建议各国政府在公司层面以及国家层面提高国有企业的透明度，促进对国有企业的评估。在财务披露方面，OECD 要求国有企业按照国际公认的会计准则记账，并根据相关国际审计准则对其财务报表进行独立的外部审计，还建议国有企业制定全面的内部审计程序，由董事会或同等职能的审计委员会监督。但 OECD 的建议主要集中在单个国有企业应当承担的信息披露义务，对国家的信息披露义务规定并不全面。因此，为了确保国有企业的信息能够得到全面且及时的披露，美国在区域贸易协定中不断强调缔约国之间应当公开国有企业以及非商业援助的相关信息，包括主动披露和应请求披露两类。

美国主张国有企业与私营企业保持相同的透明度标准，以便对国有企业的活动进行有效监督。《美国-新加坡自由贸易协定》第 12.5 条强调了国有企业透明度的重要性，指出缔约方应当根据另一方的要求公布和提供国有企业的相关信息。但是该条款并未具体说明需要提供哪些信息，仅以"公共信息"（public information）一词笼统概括。而 TPP、CPTPP 和 USMCA 等新一代区域贸易协定关于透明度的规定就包含了更广泛的义务，提供了更详细的义务。USMCA 规定，缔约方应向其他缔约方提供或在官方网站上公布其国有企业名单（且此后每年必须更新一次该名单）、指定垄断或扩大现有垄断范围。就应请求披露方面，应另一方的书面请求，一方应立即以书面形式提供有关国有企业或政府垄断企业的累计持股比例和所持表决权的比例、特别持股或特别表决权或其他权利，担任董事会成员的任何政府官员的职务头衔，最近三年的年收入和总资产；根据缔约方法律享受的任何豁免和豁免；以及任何可公开获得的有关实体的额外信息，包括年度财务报告和第三方审计。在与非商业援助有关的信息披露义务方面，USMCA 规定了需要披露的主要内容，包括根据政策或计划提供的非商业性援助的形式；提供非商业性援助或股本的政府机构、国有企业或国有企业的名称，以及已获得或有资格获得非商业性援助的国有企业的名称；提供非商业援助或股权注入的政策或计划的法律依据和政策目标；就货物而言，非商业援助的每单位金额，如果无法提供每单位金额，则为非商业援助的总金额或年度预算金额；就服务而言，非商业援助的总额或年度预算金额；关于以贷款或贷款担保形式提供非商业援助的政策或计划，贷款金额或担保贷款金额、利率和收费；关于以提供货物或服务的形式提供非商业援助的政策或计划；关于提供股本的政策或计划、投资金额、收到股份的数量和说明，以及与基础投资决策有关的对企业财务状况和前景的评估；政策或计划的持续时间或附加的任何其他时间限制；允许评估非商业援助对缔约方之间贸易或投资的影响的统计数据。与 CPTPP 和 USMCA 相比，CAI 关于透明度的要求就相对宽松，其并未要求缔约方主动提供国有企业和指定垄断的清单并定期更新，也没有对国有企业接受和提供补贴进行详细的规定。此外，USMCA 还要求信息的披露应当迅速、全面、足够具体，且以书面形式做出。对于机密性信息，该协定仅对请求方提出了未经对方事先同意不得披露的要求，却没有给予提供方拒绝披露的权利。

TPP/CPTPP 和 USMCA 在对国有企业设定上述一般性义务的同时，还保留了部分豁免与例外条款。首先是小型国有企业例外，主要是指商业活动年营业额在 2 亿 SDR[1]以下的中小型国有企业，因为这类企业对国际贸易与投资产生重大影响的可能性较小。其次，各成员均通过附件清单的方式将各自不同形式的国有企业进行了保留，例如主权财富基金、独立的养老基金及其

---

[1] 特别提款权（Special Drawing Right，SDR）是国际货币基金组织根据会员国认缴的份额分配的，可用于偿还国际货币基金组织债务、弥补会员国政府之间国际收支逆差的一种账面资产。

拥有或控制的企业等特定类别的国有企业。而且对所有缔约方而言，国有企业章节中非歧视待遇、商业考虑、非商业援助等主要义务并不适用于任何地方中央企业，也就极大地限制了协定的适用范围，因为实践中许多国家包括美国拥有能够对国际贸易产生重大影响的地方国有企业。此外，国有企业的非商业活动、政府采购活动、政府行使职权以及为解救破产或破产中等金融机构而从事的活动等也可以豁免相关义务。

第四章

USMCA 强化对社会议题的规制功能

随着可持续发展理念的不断增强以及人类社会对人权的重视，自由贸易协定中逐渐吸纳了社会议题，其中以环境和劳工议题为甚。本章以贸易协定中社会议题合法化为切入点，从贸易与保护环境和劳工之间的关系、可持续发展以及贸易与人权三条路径出发尝试研究上述现象背后的原因。随后，本章对 USMCA 中环境章节和劳工章节的具体设置进行研究，尝试分析 USMCA 是如何加强这些社会议题与贸易的联系。不同于 NAFTA 通过附属协议的形式对环境和劳工议题进行规定，USMCA 专设环境与劳工的单独章节，内容总计长达 49 页，该协定采取直接嵌入条款的模式对相关议题进行规定，强调与 ILO 核心劳工标准建立联系，协调与多边环境协定的关系。最应引起重视的是 USMCA 要求在处理环境和劳工争端时适用磋商与第 31 章主协定争端解决机制相结合的模式，进一步加强了环境和劳工议题与自由贸易的联系。从 USMCA 这一"更为现代化"的北美区域贸易协定可以看出，美国在对待环境、劳工等社会议题的态度上显得更为激进，企图将这些社会议题彻底贸易化。

第一节 贸易协定中社会议题的合法化

随着世界经济全球化和一体化的发展，国家间的贸易关系不再局限于"物"的层次，而是扩大到"人"的范畴，[1]出现了社会议题与贸易挂钩的情况，即自由贸易协定中社会议题的"合法化"（legalization），此处的"合

---

[1] 沈根荣、张维："国际劳工标准问题及其最新发展"，载《国际商务研究》2004 年第 3 期，第 35~40 页。

法化"是指国际社会就某一事项的解决方案可能包含的一系列特定要素,包括具体义务、具体标准和授权等,它们共同构成来运用此类贸易协定的环境、劳工条款评判一缔约国的贸易行为,是否符合该协定要求的依据。[1]

一、社会议题与贸易挂钩的具体实践

（一）多边层面的社会议题与贸易挂钩

多边贸易体制下各成员方不仅经济发展水平参差不齐,各自的环境保护和劳工保护水平亦存在较大差异,但发达国家迫于本国利益集团的压力以及国内政治利益的较量,开始将劳工和环境等社会议题从国内单边贸易立法引入多边贸易规则中。乌拉圭回合中,以美国为首的发达国家在回合初始和后期都多次试图将环境保护与劳工权利标准等与新议题一起纳入多边贸易谈判中,但是由于发展中国家的极力反对,发达国家最终未能如愿。不过乌拉圭回合仍在《服务贸易总协定》以及技术壁垒相关的协定中简单提及了环境议题,将环境与贸易的关系问题推向了大众视野。此外,联合国于1992年6月在巴西里约热内卢召开了联合国环境与发展会议,会议上通过了《关于环境与发展的里约热内卢宣言》《21世纪议程》和《关于森林问题的原则声明》三个文件,这些文件为各国保护环境、促进可持续发展提供了指导原则和行动准则。

1994年《关税及贸易总协定》第20条"一般例外"规定不得阻止缔约国采用或实施"为保障人民、动植物的生命或健康所必需的措施",但"对情况相同的各国,实施的措施不得构成武断的或不合理的差别待遇,或构成对国际贸易的变相限制"。不过GATT"一般例外"条款中"武断的""不合理的"以及"变相限制"等用词过于模糊和抽象,在实践中较难界定,导致举证难度增加。但不可否认的是GATT"一般例外"条款是发达国家在多边贸易体制中吸纳社会议题的一次成功的努力,以此为契机,社会议题在多边贸易体制中愈发受到关注。随后1995年的《建立世界贸易组织的马拉喀什协议》在序言部分就倡导成员坚持可持续发展的目标,充分利用世界范围内的所有

---

[1] Rafael Leal-Acras, "Climate Change Mitigaition from the Bottom Up: Using Preferential Trade Agreements to Promote Climate Change Mitigation", *Carbon and Climate Law Review*, vol. 7, no. 1, 2013, pp. 34~42.

资源并寻求与自身发展水平和需求相适应的方式来保护环境，WTO还通过环境印迹和标识倡议、非法砍伐森林、捕鱼、环境产品倡议等推进自由贸易与环境政策之间的协调，于2014年7月开启了《环境产品协定》的多边谈判，该谈判以亚太经合组织达成的54项环境产品清单为基础，进一步扩大成员和产品范围，减免或取消环境产品关税，最终达成的协定将按照最惠国待遇原则适用于全体WTO成员。

至于劳工议题，1996年，在新加坡召开的首届WTO部长级会议上发达国家关于将国际劳工标准与贸易挂钩的提议被发展中国家拒绝，该会议通过的《新加坡部长理事会宣言》将国际劳工组织设立的核心劳工标准列入其中，表示承诺遵守核心劳工标准并承认国际劳工组织是建立和处理这些劳工标准的权威机构，确认WTO支持ILO的工作，但该宣言亦强调拒绝将劳工标准用于保护主义的目的。但发达国家并未放弃，1999年，WTO部长级会议在西雅图举行时，美国劳联产联在场外组织了规模巨大的游行示威，美国借此提议在新一轮谈判中对劳工标准进行讨论，欧盟对此予以支持，但由于发展中国家的强烈反对，西雅图会议最终没能启动千年回合的谈判，WTO决定暂缓在多边贸易谈判中吸纳劳工议题。

(二) 区域层面的社会议题与贸易挂钩

由于WTO自身属性的限制，劳工、环境等社会议题在多边贸易体制下谈判进展艰难，但以美欧为首的发达国家始终未曾放弃在贸易协定谈判中探讨这些社会议题，持续推动《环境产品协定》的谈判以及劳工问题的磋商。在WTO多边贸易体制受阻后，发达国家开始调整战略，在区域自由贸易协定中加强自由贸易与社会议题的联系，企图通过区域规则上升为多边国际规则的逻辑进路实现多边贸易体制下贸易与社会议题的挂钩。

因此，当前区域自由贸易协定是社会议题与贸易挂钩的主要平台。社会议题被频繁纳入区域自由贸易协定的主要原因在于，相对于单纯的环境协定或劳工协定，贸易协定对缔约国更具有吸引力。多数国家认为环境保护或劳工保护的措施会抑制本国经济增长，都更愿意加入包含环境条款或劳工条款但又可获得经济利益的贸易协定，也就更利于环境保护或劳工保护目标的实现。美国近年来达成的双边与区域自由贸易协定中几乎无一例外都对环境、劳动等社会议题有所涉及，NAFTA主协定之外达成了附属环境合作协定和劳工合作协定,TPP 协定正式写入了环境和劳工章节,USMCA 也吸纳了环境保护和劳工权益保护的章节,美墨加三国就促进相互间的环境合作和劳工合作达成一致。通过对上述协定进行文本分析,可以发现随着贸易全球化发展,自由贸易协定对于社会议题的规定愈发细致,标准亦不断提高。

二、社会议题合法化趋势增强的动因

(一) 社会议题与贸易的关系紧密

国际社会在环境保护与自由贸易两者的关系方面一直存在争议,目前主要有污染避难所理论(pollution heaven hypothesis)与环境库兹涅茨曲线[1](environment kuznets curve)两种观点,这两种观点的主要支持者分别为环境主义者与贸易主义者。环境主义者根据污染避难所理论认为,在环境标准较低的国家开办工厂能降低生产成本,使产品具有比较优势,导致企业由环境标准较高的发达国家和地区转至环境立法较为宽松的欠发达国家,也就是说,环保标准较低的国家可以从贸易自由化中受益。因此,各国出于本国经济利益的考量,很有可能会争相降低环境标准以获得经济利益,出现"削高就低"的情形,从而形成一个变相降低环保标准的恶性竞争。而贸易主义者以环境库兹涅茨曲线为理论依据,认为环境恶化与经济增长之间是一种倒 U 形曲线关系,贸易自由化能够提高各国经济发展水平,进而提高各国改善环境的能力,因此欠发达国家即便在工业化初期环境质量下降,但当它们通过贸易自由化提高了经济能力能够承担环保成本时,环境质量便会趋于改善,何况"没有证据表明伴随经济的增长环境质量持续恶化"[2]。

---

[1] 20世纪60年代,经济学家库兹涅茨在对经济发展与收入分配不平等的关系研究中发现,经济发展初期,分配不平等程度增加,随后伴随着经济发展到较高水平,不平等程度会减少,二者呈现出倒 U 形曲线关系。将该曲线应用于经济发展与环境质量关系的分析,即得所谓环境库兹涅茨曲线。参见郑玉琳:《多边贸易体制下的贸易与环境》,中国社会科学出版社 2008 年版,第 23 页。

[2] Tiefenbrun Susan, "Free Trade and Protectionism: The Semiotics of Seattle", *Journal of International and Comparative Law*, vol. 17, no. 2, 2000, pp. 257~282.

经济发展中的环境库兹涅茨曲线

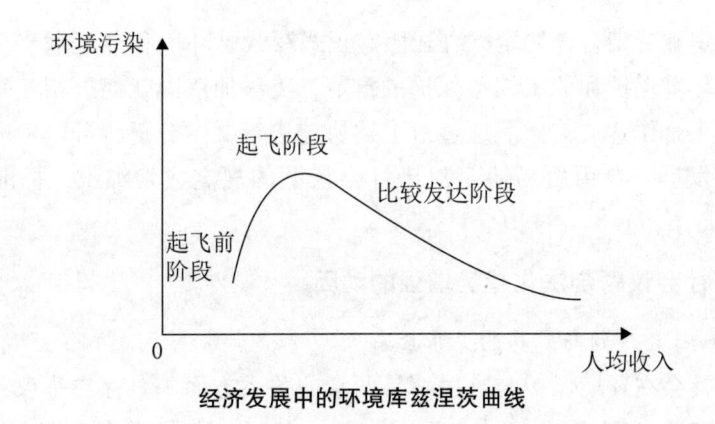

虽然二者各执一词,但不可否认自由贸易有助于资源的优化配置,可以促进环保技术和环境友好型商品的跨国流动;环境的改善有助于资源、能源的可持续利用,可以促进经济和贸易的可持续发展。[1]

劳工权益保护与贸易之间则存在着天然的联系,根据亚当·斯密在《国富论》中提出的劳动的国际分工和自由贸易理论,劳动分工可以提高劳动生产率,国际分工作为社会分工超越国家界限的产物,表现为生产的国际化和专业化,是国际贸易和世界市场的基础。生产离不开劳工,没有劳工的劳动就没有产品,而没有产品也就不会出现自由贸易。因此,劳工保护和贸易之间的关联可以说是自始存在。与环境保护存在的问题相似,各国为了在激烈的国际竞争中获得优势,出现了削减社会福利和工资的政策,甚至还出现了强迫延长工作时间、雇用童工等剥削性措施,全体通过克扣劳工权益来降低产品成本、提高产品竞争力。针对国际贸易对劳工权益的严重侵蚀,贸易协定中开始逐步加入劳工保护条款,保障劳工在贸易自由化的过程中能够拥有"体面的劳动"。

正是由于环境和劳动等社会议题与自由贸易之间存在着上述紧密联系,贸易协定已无法忽视这些社会议题而单独存在,因此将社会议题与贸易挂钩不可避免地会成为自由贸易协定谈判中的重点议题。

(二) 贸易与人权的二重价值冲突

贸易发展的初期,各国为攫取更多利益往往会忽视对环境和劳工权益的

---

[1] 李雪平:《西方国家的新贸易保护主义与中国的应对措施研究》,人民出版社2019年版,第175页。

保护，而随着贸易和经济的发展，人们的物质生活获得了极大满足，开始重视个人的权利，强调生理与心理需求的满足。这种社会整体意识的更新使得"以人为本"成为现代国际法的发展趋向，[1]构成了贸易与社会议题挂钩的根基。

人权概念提出的早期就蕴含劳动阶级为自身生存和自由奋斗之意，而环境作为一种公共物品，当环境出现各种问题时，人类的基本生存就会受到威胁，因此人们愈发认识到环境与人权的紧密联系，健康环境权就是一种集体人权。而关于贸易与人权的关系，存在"二元论"与"一元论"两种观点，"二元论"立足于国际贸易法和人权法的"二元"关系探讨两者的关联，彼得斯曼则创设性地提出了"一元论"即"WTO权利宪法论"，他将贸易自由视作一项基本的个人权利，贸易权与人权之间的关系是在同质的权利谱系中展开的。[2]然而，无论是"二元论"还是"一元论"本质上都认同贸易与人权在一定程度上存在因果关系，一方面，自由贸易促进经济的发展，而伴随经济增长个人的需求会提高，人权得到重视；另一方面，正如前述，各国为了在自由贸易中获得更高竞争力获得更多经济利益，可能会实施损害人权的措施，比如降低本国的环境标准、对劳工进行剥削等。即便是自由贸易也并非绝对自由，它仍应受到合理的限制，因此为了保护人权，贸易体制应当对相关议题进行处理，寻求贸易与人权之间的黄金结合点，在此过程中平衡各方利益，以促进人权和贸易的共同发展。[3]在人权法与WTO体制相结合方面，彼得斯曼认为WTO对于自由、非歧视、法治、国际争端的强制裁决等原则的确立是与人权法的基本功能一致的，它们之间存在着某种互利的契合，对人权的重视要求建立一套类似于WTO规则的普遍规则体系，通过这套规则体系不仅能够保护公民的经济与法律自由，还能确保非歧视原则的普遍适用以及在国内与国际层面通过司法方式解决争端。[4]

---

[1] 曾令良："现代国际法的人本化发展趋势"，载《中国社会科学》2007年第1期，第89~103、207页。

[2] 陈喜峰："以基本权利为核心的贸易与人权一元论——评彼德斯曼对贸易与人权关系的理论建构"，载《现代法学》2009年第2期，第127~137页。

[3] 林婉玲："贸易与人权挂钩问题初探"，载《世界贸易组织动态与研究（上海对外贸易学院学报）》2007年第9期，第10~16、42页。

[4] E. U. Petersman, "Human Rights and International Economic Law in the 21st Century: The Need to Clarify Their Internationships", *Journal of International Economic Law*, vol. 4, 2001, p. 3.

(三) 可持续发展理念深入人心

可持续发展理念源于一名生物学家莱切尔·卡逊（Rachel Carson）出于对生态鸟类的关怀而出版的一本著作《寂静的春天》（Silent Spring），该作品引发了美国以至于全世界的环境保护事业。1972年，联合国在瑞典斯德哥尔摩召开了第一次人类环境会议，通过了《人类环境宣言》，该宣言就包含了经济发展与环境保护相协调的持续发展思想。1980年，《世界自然资源保护大纲》将"可持续发展"纳入其中，世界环境与发展委员会将可持续发展定义为满足当代人需要的同时不危及后代人满足其需要能力的发展，此时的"可持续发展"理念尚属于环境法上的概念。

随着社会发展，人们逐渐意识到经济发展与环境无法割裂开来，倘若片面追求经济的发展，人类将会面临无法估量的灾难。于是，人们开始赋予这一概念以人权、社会、经济发展等内容，一种试图将经济发展与环境、社会等因素相联系的可持续思想开始出现。1991年，世界自然保护同盟等机构在《保护地球：持续生存战略》一书中把可持续发展进一步定义为"在支持生态系统的负担能力范围内，提高人类生活的质量"，是必须在经济、人类、环境和技术等许多方面取得全球进展的一个过程。[1]1992年，在里约热内卢举行的联合国环境与发展大会进一步提出可持续发展战略，强调实现经济与环境二者的同步可持续发展。2015年，联合国大会第七十届会议上通过的《2030年可持续发展议程》针对劳工保护要求会员国，"促进持久、包容和可持续经济增长，促进充分的生产性就业和人人获得体面工作"，"立即采取有效措施，根除强制劳动、现代奴隶制和贩卖人口，禁止和消除最恶劣形式的童工；保护劳工权利，推动为所有工人，包括移民工人，特别是女性移民和没有稳定工作的人创造安全和有保障的工作环境"。[2]

20世纪90年代以来，可持续发展理念的不断扩围和深化使得发达国家开始在贸易谈判中吸纳了环境与劳工议题，贸易协定中社会议题合法化的趋势不断增强。美国指出，可持续发展是一种主张，一方面是长远来看，经济增

---

〔1〕 世界自然保护同盟、联合国环境规划署、世界野生生物基金会合编：《保护地球：持续生存战略》，刘淑琴、王之佳、夏堃堡译，中国环境科学出版社1991年版，第10页。

〔2〕 *Transforming our world: the 2030 Agenda for Sustainable Development*, UN/A/RES/70/1, 1 September 2015, p. 21.

第四章　USMCA强化对社会议题的规制功能

长与环境保护不矛盾；另一方面应当制定一些同时被发达国家和发展中国家所接受的政策，在促进发达国家经济增长的同时，保障发展中国家的经济发展不损害生态系统。[1]1992年，在巴西里约热内卢召开的联合国环境与发展大会通过了《21世纪议程》，针对贸易与可持续发展的相互协调提出了相关目标与主张。1971年，联合国在第一次人类环境会议前要求GATT秘书处提交一份书面报告，秘书处最终准备了一份题为《工业污染控制和国际贸易》的报告，这是GATT关注生态环境问题的开始。虽然GATT于1971年就成立了"环境措施与国际贸易小组"（Group on Environmental Meausres and International Trade，EMIT），但在成立后20年EMIT都未开展活动，因为EMIT在成立时就规定，只有在GATT缔约方提交申请时EMIT才开始工作。随着环境保护问题越来越受到重视，加之1992年联合国环境与发展大会的开展，EMIT于1991年11月起正式工作，主攻三个议题方向，包括与GATT原则和条款相对的多边环境协定中的贸易条款、对贸易可能产生影响的国家环保法规的透明度问题以及旨在保护环境的新包装、标签要求对贸易的影响。在《建立世界贸易组织的马拉喀什协定》的序言部分，各缔约国明确承认必须将贸易与可持续发展相结合并切实采取环境保护行动。序言规定，"本协定各成员，承认其贸易和经济关系的发展，应旨在提高生活水平，保证充分就业和大幅度稳步提高实际收入和有效需求，扩大货物与服务的生产和贸易，为可持续发展之目的最合理地利用世界资源，保护和维护环境，并以符合不同经济发展水平下各自需要的方式，加强采取相应的措施"。APEC的一份报告指出，截至2016年末，在向WTO报备的212个自由贸易协定中，有180个包含环保条款，占比近85%，其中36个自由贸易协定还设置了专门的环保章节。1995年，WTO成立了贸易与环境委员会，该委员会在货物贸易、服务贸易以及知识产权等多个领域发挥作用，明确环境措施与贸易措施之间的关系，确认贸易措施是否符合可持续发展的要求，并在此基础上提出修改建议等。

　　随着可持续发展理念不断深入人心，环境、劳动等社会议题作为可持续发展理念的核心内容得到各国的重视，经济的可持续发展离不开对环境和劳工权益的保护，良好的生态环境与合理的劳工运作机制是经济发展和社会进

---

〔1〕 朱永安："环境视角下的国际贸易：对绿色壁垒的一项系统研究"，复旦大学2003年博士学位论文，第50页。

步的重要保障,可持续发展理念逐渐被纳入多边贸易体制以及区域自贸协定中。贸易与可持续发展具有一定的互补性,一方面,可持续发展框架之下的自由贸易应当高效配置资源,因此,保护环境与劳工权益是寻求自由贸易最大收益的先决条件;另一方面,贸易带来的经济增长与收入增加可以为可持续发展提供所需的资金支持。[1]因此,倘若平衡贸易与可持续发展的政策得到落实,贸易能够促进真正可持续意义上的经济发展。

三、社会议题与贸易挂钩带来的挑战

虽然环境、劳工等社会议题作为可持续发展理念的内在要求符合发展中国家广义上的合法需求,但这些议题与发展中国家的自身发展以及贸易需求之间目前还只是间接的关联,并不代表发展中国家最迫切的发展关注。[2]贾格迪什·巴格沃蒂和罗伯特·休德克(Robert Hudec)称把劳工和环境保护标准纳入贸易协定是一种"与价值观有关"的要求,尽管美欧等发达国家宣称相关要求仅仅是出于人权角度,为了维护世界范围内的工人权利,但依然无法掩饰它们利用这些要求来实现削弱外国市场竞争力的目的。[3]而且,环境保护、劳工标准等社会议题与贸易挂钩涉及对一国国内治理的干预和深度参与,虽然这种挂钩在一定程度上可以发挥积极作用,例如推动各国政府在不同议题上妥协并达成一致意见,但它仍属于一种治理上的扩张,其正当性必将面临挑战。[4]要求贸易协定吸纳社会议题实际上是对贸易自由的一种妥协,也是发达国家一种自我保护和管制他人的选择性贸易制裁问题。[5]

而且,由于经济发展水平、社会精神需求、法治水平等方面存在较大差异,各国的环境保护法律法规呈现出多层次性,尤其是发展中国家的环境保护水平通常落后于发达国家。发达国家从20世纪70年代就开始关注环境保

---

〔1〕 郑玉琳:《多边贸易体制下的贸易与环境》,中国社会科学出版社2008年版,第46页。

〔2〕 Ann Zammat and Ajit Singh, "Labour Standards and the 'Race to the Bottom': Rethinking Globalization and Workers' Rights from the Developmental and Solidaristic Perspective", *Oxford Review of Economic Policy*, vol. 20 no. 1, 2004, p. 93.

〔3〕 [美]贾格迪什·巴格沃蒂:《贸易体制中的白蚁:优惠贸易协定如何蛀蚀自由贸易》,黄胜强译,中国海关出版社2015年版,第86~87页。

〔4〕 [英]安德鲁·赫里尔:《全球秩序的崩塌与重建》,林曦译,中国人民大学出版社2017年版,第312~313页。

〔5〕 [美]贾格迪什·巴格瓦蒂:《现代自由贸易》,雷薇译,中信出版社2003年版,第51~52页。

护问题，它们的环境保护法律法规已趋健全，环境保护技术也十分先进，而发展中国家无论是环保法制还是环保技术均处于初期阶段，远不及发达国家的水平。加上一些发达国家打着保护环境的名号行贸易保护主义，导致发展中国家在环保市场上的竞争能力较弱。[1]与环境标准相似，国家之间劳工标准的差别亦源于它们经济发展阶段和经济环境的差异，各国劳工标准的维度及需求程度和能力均不相同，一国的劳工标准往往取决于其经济发展水平，还受包括民族传统、宗教信仰、自然条件和法律制度等因素的影响。美国利用贸易协定强推劳工高标准的重要目的在于防止所谓的"劳动力倾销"(Labor Dumping)，通过强迫他国执行与美国相同的劳工标准以提高外国竞争对手的生产成本，从而维持和增强美国产品与服务在市场上的竞争力。目前主要的形式是在贸易协定中规定所有缔约国家必须接受国际劳工组织的核心劳工标准，这些标准虽然在绝大多数国家都经常被引用和提及，但并未作为统一的法定标准得到批准或采用，甚至连美国自身都未对国际劳工组织所有的核心标准进行批准，最终导致的结果就是不对称地提高了各国在原有发展水平上的劳工标准。[2]

第二节 USMCA对社会议题的规制分析

本节主要是关于USMCA社会议题合法化趋势增强的整体性分析。作为美式自由贸易协定的最新模板，不同于NAFTA通过附属协议的形式对环境和劳工议题进行规定，USMCA专设环境与劳工的单独章节，采取直接嵌入条款的模式对相关议题进行规定，更为重要的是USMCA要求在处理环境和劳工争端时适用磋商与第31章主协定争端解决机制相结合的模式，通过增强协定执行力进一步加强此类社会议题与自由贸易的联系。

一、USMCA对社会议题的结构性调整

(一)"嵌入"独立章节

实践中自由贸易协定中社会议题与贸易的互嵌往往通过两种模式达成，

---

[1] 冯宗宪、柯大钢：《开放经济下的国际贸易壁垒——变动效应·影响分析·政策研究》，经济科学出版社2001年版，第98页。

[2] [美]贾格迪什·巴格瓦蒂：《现代自由贸易》，雷薇译，中信出版社2003年版，第91~92页。

一是通过附属协议加入劳工标准，二是通过在主协定中嵌入条款以吸纳社会议题。美国、加拿大、墨西哥于 1993 年达成了《北美劳工合作协定》和《北美环境合作协定》，这两个协定作为《北美自由贸易协定》的附属协定，与 NAFTA 一起实现了社会议题与贸易的互嵌。2007 年 6 月，在贸易促进授权（Trade Promotion Authority，TPA）到期后，美国共和党和民主党经过激烈争论，最终达成了《两党贸易政策协定》即《五月十日协定》（May 10th Agreement），该协定要求美国签署和批准的自由贸易协定应当包含具体的劳工与环境条款，否则国会很有可能会否决政府对外签订的贸易协定。在美国国内政策影响下，TPP、USMCA 等更为现代化的自由贸易协定就摒弃了附属协议模式，转而采用嵌入条款模式，在主协定中设置专章对贸易中可能涉及的社会议题予以详细规定，甚至在区域贸易协定的其他事项下，包括投资措施、金融服务、政府采购等条款也对这些问题有所提及。

通常来说，采取附属协议模式可以避免社会议题与贸易制裁措施发生关联，因为在此种模式下社会议题的争端解决机制是独立于主协定争端解决机制的，一旦发生与贸易相关的侵害利益的违法行为且是可处罚的，可以通过附属协定中规定的罚款等措施进行权利补救，而非采取与贸易额相关的罚款或中止贸易利益等贸易制裁措施。[1]附属协议模式在一定程度上可以避免发达国家利用社会议题作为新型贸易保护手段。而近年来迫于国内利益集团（如工会、环保组织）的压力，加之国际社会上关于环境保护与劳工保护的共识愈发强烈，美国逐渐倾向于在贸易协定中对社会议题采用直接嵌入条款模式。在该模式下，社会议题的争端解决适用主协定的争端解决机制，通过在贸易制裁措施与社会议题之间建立起关联可有效增加社会议题相关条款的执行力，但同时，也会在某种程度上促成新的贸易保护措施。

（二）序言部分内容加强

首先，就总体上来看，NAFTA 仅在序言中笼统规定允许缔约方保留保护公共福利的权利，而 USMCA 序言部分涉及环境和劳工保护的表述多达 5 处，[2]例如 USMCA 在序言的第 9 款中将环境保护与健康、安全、保护生物或非生物

---

[1] 李西霞："加拿大自由贸易协定劳工标准及其启示"，载《河北法学》2018 年第 4 期，第 114~126 页。

[2] Preamble, USMCA.

可耗竭自然资源等具体列出作为合法的公共福利目标，确定了缔约方就上述事项在立法和管理优先事项方面保留灵活性。在序言的第 11 款中，USMCA 强调缔约各方应当保护缔约方领土内的人类、动植物生命健康，在促进科学决策的同时促进缔约方之间的贸易，而 NAFTA 并无此方面的具体规定，TPP 也仅仅提到了缔约方拥有采用、维持或修改本国医疗卫生系统的权利，只涉及人类健康。不同于 NAFTA 只是在序言中简单提及了缔约方应当促进可持续发展，USMCA 序言的第 13 款规定，为了提高环境保护的水平，缔约各方应当加强其环境执法，并通过环境领域的合作，促进贸易和环境政策的互惠互利，从而进一步推动可持续发展。在劳工保护问题上，USMCA 序言的第 14 款要求各缔约方促进劳动权利的保护和落实，改善劳动条件，加强在劳动问题上的合作；序言的第 18 款要求缔约方努力促进妇女和男子的机会均等，并为妇女充分参与国内、区域和国际贸易与投资创造条件。而 NAFTA 仅仅要求缔约方保护、增进和落实劳动者的基本权利，TPP 序言则对保护妇女权益未有提及。

二、USMCA 强化社会议题的争端解决

（一）优先安排多层次磋商程序

在处理环境、劳动等社会议题方面，USMCA 的环境章节与劳动章节都规定了以磋商为主要形式的劳动争端解决程序。第 24.32 条还规定了缔约方若未能在规定的时间内通过协商解决争端，请求方可要求设立一个专家组，向该专家组寻求建议或技术援助来解决具体问题。第 23.17 条的劳动磋商程序要求"缔约方应尽一切努力，通过合作和对话进行磋商，就劳动争端达成双方满意的解决办法，任何一方在未进行充分磋商前，不得就争端事项启动第 31 章的一般争端解决机制"[1]。与 TPP 规定类似，USMCA 环境章节的磋商更为具体，被划分为一般环境磋商（Environment Consultations）、环境委员会高级代表磋商（Senior Representative Consultations）以及部长级磋商（Ministerial Consultations）三个等级，USMCA 规定就该章节引发的任何争议应当首先诉诸上述磋商渠道予以解决，只有在三个等级的多层次磋商均无法解决争议事项时，争端方才可以启动 USMCA 第 31 章一般争端解决机制，且由于此前已经

---

[1] Article 23.17, USMCA.

历经三个等级的充分磋商，因此争端方无需遵守第 31.4 条的规定进行再一次磋商。[1]

（二）适用主协定争端解决机制

社会议题与自由贸易关系的焦点之一就是争端是否可以与贸易争端一同适用主协定的争端解决机制，以及是否可以采取贸易制裁方法来解决社会议题。[2]美国主导的自由贸易协定中的社会议题争端解决机制有两种模式，一是适用单独的争端解决机制，二是与贸易争端适用同一主协定争端解决机制。第一种模式的典型代表就是 NAFTA，在 NAFTA 框架下，针对不同类型的争端设置了不同的争端解决机制，即由不同的争端解决机构适用各自特定的争端解决程序，除 NAFTA 第 20 章的一般性争端解决机制外，NAALC 与 NAAEC 均设立了单独的劳动争端解决机制与环境争端解决机制。然而自 2002 年贸易法案以来，国会的贸易谈判目标已经表明，美国贸易代表必须努力确保贸易协定的争端解决机制涵盖劳工和环境条款。随后达成的《美国—秘鲁自由贸易协定》以及 TPP 则均在解决劳动争端方面适用了第二种模式，规定劳动争议和贸易争议适用同一争端解决机制，[3]但两者也同样要求将磋商程序作为启动主协定争端解决机制的前置程序，即缔约国在就劳工或环境纠纷诉诸主协定争端解决机制时必须满足已经诉诸磋商程序但争端未能得到有效解决这一前情。这样的程序安排能更好地确保政治磋商手段的运用，在一定程度上保障了自由贸易协定的有效实施。[4]

USMCA 同样选择了第二种模式，规定协定项下的劳动、环境义务与协定下其他大多数条款一同受制于协定的一般争端解决机制，即第 31 章的一般争端解决程序适用于 USMCA 劳动和环境章节规定的所有事项。与 TPP 规定类似，USMCA 环境章节的磋商更为具体，被划分为一般环境磋商、环境委员会高级代表磋商以及部长级磋商三个等级。在环境磋商阶段，"一方可就第 24

---

[1] Article 24.29, Article 24.30, Article 24.31, Article 24.32, USMCA.

[2] 李西霞：“加拿大自由贸易协定劳工标准及其启示”，载《河北法学》2018 年第 4 期，第 114~126 页。

[3] 李西霞："论《跨太平洋伙伴关系协定》谈判中美国劳工标准目标及对我国的启示意义"，载《中国劳动》2015 第 20 期，第 44~49 页。

[4] 李西霞："试论 TPP 劳工标准、其影响及中国的应对策略"，载《法学杂志》2017 年第 1 期，第 84~92 页。

章引起的任何事项要求与任何其他缔约方进行磋商，认为自己在该事项中具有重大利益的第三方也可参与磋商，各方将尽最大努力达成谅解，形成彼此都可接受的解决方案"[1]"如果环境磋商未能解决争议，一方可要求双方的环境委员会高级代表开会讨论此事，高级代表将在收到通知后立即开会并寻求解决方法，认为与此事有重大利益的任何其他缔约方的环境委员会代表也可以参加磋商"[2]。如果双方高级代表依然未能解决争议，一方可将此事提交给磋商方的相关部长，由部长寻求解决争议。部长磋商无果的情况下，请求方可以要求设立专家组，该小组可能会寻求建议或技术援助来解决具体问题。如果双方在专家组裁决后无法解决争议，投诉方可以按照授权其他违规行为的相同方式对违规方采取相称的贸易措施。尽管环境纠纷与其他 USMCA 违规行为采用相同的纠纷解决机制，但根据 USMCA 第 24.4 条，此类纠纷只有在降低政府标准以创造贸易或投资优势的情况下才能提起，违规行为必须以影响贸易的方式进行。因此，环境义务以某种方式与贸易联系在一起。同样，在处理劳动争端方面，USMCA 的劳动章节也规定了以磋商为主要形式的劳动争端解决程序，要求缔约方应尽一切努力，通过合作和对话进行磋商，就劳动争端达成双方满意的解决办法，任何一方在未进行充分磋商前，不得就争端事项启动第 31 章的一般争端解决机制。为了消除执行劳动或环境义务的实质性障碍，USMCA 试图构建一个可反驳的假设，即缔约方未能执行某些劳动或环境法律是"以影响 USMCA 各方之间的贸易或投资的方式"。在第 31 章中，USMCA 规定争端当事方有权要求专家组听取争议并就各方如何解决争议提出不具约束力的建议。而且，为了防止当事方阻止专家组的组成，USMCA 率先规定了专家组必须由 3 至 5 名成员组成，还针对不同的情况制定了特定的规则。

　　USMCA 关于环境纠纷、劳工纠纷适用主协定争端解决机制的相关规定加强了环境、劳动等社会议题与自由贸易的联系，从而强化了环境标准与劳工标准的可执行力，[3]反映出美国在自由贸易协定中对环境标准和劳工标准具

---

〔1〕 Article 24.29, USMCA.

〔2〕 Article 24.30, USMCA.

〔3〕 李西霞：""《美墨加协定》劳工标准的发展动向及潜在影响"，载《法学》2020 年第 1 期，第 183~192 页。

体化的强调以及实施力度的增强。

三、USMCA 确保社会议题国内法实施

（一）有效实施国内劳工法

USMCA 第 23 章劳工章节规定，充分尊重各缔约方的宪法并承认每一方都有权制定自己的国内劳动标准以及通过或修改其劳动法律法规。第 23.5 条规定，缔约方应当通过适当的政府行动促进对劳动法的遵守，例如任命和培训检查员或监督合规性以及调查可疑的违规行为。

为了促进墨西哥国内的劳工立法，USMCA 在附件 23-A 中还要求墨西哥承诺制定新的劳工法，例如 2019 年 5 月改革中的劳工法，[1]包括以下内容：消除一切形式的强迫或强制劳动；保护工人组织、组建和加入他们选择的工会的权利；禁止雇主干预工会活动、歧视或胁迫工人；规定工人对工会选举和协议进行个人、自由和无记名投票；建立和维护独立和公正的机构，以登记工会选举并解决与集体谈判协议有关的争议；建立独立的劳工法庭。当时的美国贸易代表罗伯特·莱特希泽将墨西哥的国内劳工法改革描述为劳工支持者的胜利，声称新法律"正是美国和墨西哥的劳工领袖几十年来一直在寻求的"。不过，虽然墨西哥已经实施了国内劳工法改革，但其实施和执行其法律的能力和承诺仍然受到质疑。因此，USMCA 中有效实施国内劳工法的规定在一定程度上对墨西哥执行改革之后的国内劳工法律起到了监督作用。

（二）有效实施国内环境法

USMCA 第 24 章的规定旨在补充各缔约方有义务执行各自国内的环境法律法规。为了减少成员国履行该条款时产生的争议，USMCA 对成员的国内环境法进行了定义，对其范围进行了澄清。[2]环境法（environmental law）是指缔约方的法规（statute）或条例（regulation），包括为履行缔约方在多边环境协定下义务的任何国内措施，其主要目的是通过各种方式保护环境或防止对人

---

[1] 经过几年的国内辩论和 2017 年的宪法改革，2019 年 5 月 1 日，墨西哥总统洛佩斯·奥夫拉多尔签署了一项劳工改革法案，旨在通过确保工人可以通过无记名方式投票给工会代表来增强墨西哥工人的权利，墨西哥工人可加入自己选择的工会，法案还要求建立一个独立的劳工法庭来解决工会工人和雇主之间的纠纷，以及设立调解和劳动登记中心，负责在劳资冲突中开展调解服务和集体谈判协议的登记。

[2] 边永民："《美墨加协定》构建的贸易与环境保护规则"，载《经贸法律评论》2019 年第 4 期，第 27~44 页。

类生命或健康的危险。由于美国、加拿大和墨西哥都是联邦制国家，USMCA 规定上述"法规"或"条例"对于加拿大而言，是指"加拿大议会法案或根据加拿大议会法案制定的法规，可通过中央政府的行动强制执行"；对于墨西哥而言，是指"根据国会法案颁布的国会法案或法规，可通过联邦政府的行动强制执行"；对于美国而言，是指"根据国会法案颁布的国会法案或法规，可通过中央政府的行动强制执行"。[1] 上述规定也意味着 USMCA 排除了地方性的环境法规，仅限议会制定的由中央政府或联邦政府强制执行的法律。不过 USMCA 第 24.3 条亦承认，每一方都拥有主权来制定符合"国内环境保护水平"的法律法规以及"在其认为合适的情况下进行修改的权利"，USMCA 呼吁各方努力确保其国内法律规定的"高水平的环境保护"。USMCA 还附有一项但书，鼓励通过合作活动解决争端，以解决当事方未能"通过影响贸易或投资的持续或反复的作为或不作为"[2] 来执行其环境法的情况。

第三节　USMCA 环境章节其他核心条款

本节主要是关于 USMCA 环境章节的部分核心条款的阐释。USMCA 在 NAFTA 的基础上进行了重大修改和补充，并融合了 TPP/CPTPP 的相关创新，新增了一系列新兴环保议题，还针对墨西哥设置了海关核查机制以打击非法货物贸易。

一、协调与多边环境协定的关系

目前已有 250 多个多边环境协定（Multilateral Environmental Agreement）处理各种环境问题，其中约有 20 项与贸易相关的措施，例如一些包含禁止某些物种或产品贸易的措施，或允许各国在某些情况下限制贸易的措施。比如 1973 年《濒危野生动植物种国家贸易公约》对濒危野生动植物物种的国际贸易规定的严格禁止和控制措施，1989 年《关于限制和禁止在南太平洋区域使用拖网以保护海洋生物资源的公约》规定各缔约国可以采取措施禁止进口任何使用长拖网捕获的鱼或鱼产品。虽然这些多边环境协定的出发点是环保考

---

[1] Article 24.1, USMCA.
[2] Article 24.4, USMCA.

量，但与以自由贸易为宗旨的贸易协定侧重点不同，其在事实上对国际贸易产生了限制，主要表现在这些多边环境协定限制了与协定调整或控制对象有关的产品的国际贸易。

在2001年多哈部长级会议上，成员们同意就世贸组织规则与多边环境协定之间的关系在贸易和环境委员会的特别会议上进行谈判，特别是那些包含"具体贸易义务"（specific trade obligations）的多边环境协定，成员们同意将谈判的范围限于世贸组织规则对签署了多边环境协定的世贸组织成员的适用性。在谈判的同时，各成员国还分享了各自在多边环境协定下贸易措施的谈判和国内执行方面的国家经验。谈判中出现的一个重点问题在于多边协定下的措施是否符合世贸组织规则。例如，多边协议可以授权其缔约方之间的特定产品贸易，但禁止与尚未签署该协议的国家进行相同产品的贸易。这可能与WTO的最惠国待遇原则不符。但WTO确实允许成员国在某些情况下减损其义务，例如，在满足某些条件的情况下，采取旨在保护自然资源的措施。不过，迄今为止，尚未有成员方向WTO提交涉及多边环境协定项下措施的正式争端。除研究多边环境协定中的具体贸易义务与世贸组织规则之间的关系外，由于多边环境协定秘书处与世贸组织之间的密切合作对于确保贸易和环境制度协调发展至关重要，因此谈判还涉及两方之间定期交流信息的程序。2002年约翰内斯堡可持续发展问题世界首脑会议（World Summit on Sustainable Development）的《执行计划》就呼吁努力"加强环境署与其他联合国机构和专门机构、布雷顿森林机构和世贸组织在其任务范围内的合作"。目前，世贸组织和多边环境协定秘书处之间已经建立了各种形式的合作和信息交流，其中包括世贸组织贸易和环境委员会与多边环境协定秘书处举行的情况介绍会；交换文件；世贸组织与环境署和多边环境协定合作，向发展中国家提供贸易和环境方面的技术援助；以及世贸组织秘书处在缔约方多边环境协定会议期间组织附带活动。谈判还涉及了给予多边环境协定秘书处观察员地位的标准问题，一些多边环境协定秘书处和国际组织已经被授予贸易和环境委员会观察员资格，其中一些秘书处和国际组织还被邀请作为特设观察员参加委员会特别谈判的会议。

区域自由贸易协定亦强调对多边环境协定的适用。部分区域协定将多边环境协定直接以"一揽子"方法提出，而有些协定则是列出适用多边环境协定的条款，甚至将臭氧层保护、海洋环境保护、生物多样性、外来物种入侵、渔业等公约单列为独立条款。自由贸易协定与多边环境协定关联既可以使自由贸易协定的争端解决机制适用于环境问题，又可以使未签署多边环境协定的国家也必须承担多边环境协定中的义务。[1]

NAFTA 就列举了三个多边环境协定和两个双边环境协定，即《濒危野生动植物种国际贸易公约》《关于消耗臭氧层物质的蒙特利尔议定书》《控制危险废物越境转移及其处置巴塞尔公约》等多边环境协定和《加拿大政府和美利坚合众国政府关于危险废物越境转移的协定》与《美利坚合众国和墨西哥合众国关于合作保护和改善边境地区环境的协定》两个双边环境协定。NAFTA 规定成员国可以通过书面一致同意的方式修改附件 104.1，将 NAFTA 已列举的环境协定的修正案以及其他现存或将来可能达成的多边环境协定列入受保护名单。上述规定在一定程度上缓解了 NAFTA 与多边环境协议的法律冲突，确保了 NAFTA 不会对各国根据多边环境协议采取的措施产生负面影响，从而保障了多边环境协定的有效性。但 NAFTA 下多边环境协定的优先适用地位依然受到了一定限制。首先，被 NAFTA 纳入保护名单的多边环境协定数量较少。其次，NAFTA 第 104 条规定，倘若 NAFTA 与协定所列举的多边环境协定中与贸易有关的条款不一致，在不一致的范围内则优先适用多边环境协定，即多边环境协定只有在与 NAFTA 条款不一致的范围内才能得到优先适用。最后，NAFTA 实际上所认可的是以对贸易影响最小的方式遵守多边环境协定，规定倘若成员国有其他具有同等效果且合理的方式来履行这些义务，成员国应当选择其中最不违反 NAFTA 其他条款的替代方式。NAAEC 也提到，如果存在更加有效降低 NAFTA 与国际环境协定之间冲突的措施，各缔约国应采取最小冲突的方式。在这类条款的影响下，成员方可能为了符合 NAFTA 的要求而选择不遵守或者削弱多边环境协定的条款。[2]

USMCA 在处理与多边环境协定的关系方面则更为具体和考虑周全，其环境章节在 NAFTA 的基础上，一方面继续强调要履行认可的多边环境协定，

---

[1] 周亚敏："美国强化自由贸易协定中的环境条款及其影响"，载《现代国际关系》2015 年第 4 期，第 1~7、61 页。

[2] 李寿平："北美自由贸易协定对环境与贸易问题的协调及其启示"，载《时代法学》2005 年第 5 期，第 99~104 页。

USMCA 所列举的多边环境协定多于 NAFTA，[1] 目前协定中列举了《濒危野生动植物种国际贸易公约》《关于消耗臭氧层物质的蒙特利尔议定书》《关于1973 年国际防止船舶造成污染公约的 1978 年议定书》《关于特别是作为水禽栖息地的国际重要湿地公约》《南极海洋生物资源养护公约》《国际捕鲸管理公约》和《建立美洲热带金枪鱼委员会公约》七项多边环境协定下的义务，并且 USMCA 特别注明允许今后增加更多的多边环境协定。

另一方面 USMCA 还增设"双方承诺就共同关心的环境问题，特别是有关多边环境协定的与贸易有关的问题，酌情进行协商与合作，包括交流关于一缔约方为缔约方的多边环境协定执行情况的信息；正在进行的新多边环境协定谈判；以及各缔约方关于成为其他多边环境协定缔约方的各自观点"[2]。但如果一缔约方在执行多边环境协定或新的多边环境协定谈判时不符合另一方的贸易、投资或经济利益，可能会导致一缔约方对另一方施加压力。针对此种问题，USMCA 的表述明显强于 CPTPP，CPTPP 只规定了缔约方之间有保持对话沟通的必要性，而 USMCA 进一步要求各方进行此类合作与信息共享。

二、吸纳一系列新兴的环保议题

USMCA 增加了一些新兴环保议题，包括大气污染、海洋微塑料垃圾以及自愿环境管理等。USMCA 规定各缔约方具有采取行动防止和减少海洋垃圾的义务，包括来自陆地和海洋污染的塑料垃圾和微塑料，并促进废物管理基础设施。USMCA 中的海洋垃圾条款很可能成为未来贸易协定的范本，尤其是海洋垃圾这一问题已经被美国视为政府和国会的优先事项，国会于 2018 年通过了《拯救我们的海洋法案》(Save Our Seas Act)，该法案直接旨在改进和解决海洋废弃垃圾相关问题。

虽然 USMCA 解决了污染和保护问题，但它并没有解决气候危机的碳排放条款。新上任的美国贸易代表戴琦 (Katherine Tai) 就指出虽然 USMCA 被视为当前最全面的贸易协定，其环境章节解决了污染和保护问题，但并没有提及气

---

[1] 周亚敏："全球价值链中的绿色治理——南北国家的地位调整与关系重塑"，载《外交评论（外交学院学报）》2019 年第 1 期，第 49~80 页。

[2] Article 24.8.3, USMCA.

候变化,缺乏碳排放条款来解决我们这个时代最大的挑战——气候危机。[1]
USMCA 第 24 章不包括与气候变化或可再生能源有关的条款,仅在环境产品和服务的非约束性部分以及可持续森林管理部分的"碳储存"中提及了清洁技术。虽然将七项多边环境协定纳入 USMCA 将带来积极的变化,但 USMCA 并未提及《联合国气候变化框架公约》和《巴黎协定》等涉及约束性气候标准和承诺的条约。USMCA 的这一做法与 2019 年欧盟—南方共同市场贸易协定形成鲜明对比,该协定就包括与"国内和国际碳市场"和"节能、低排放技术和可再生能源"相关的条款。

三、针对墨西哥的海关核查机制

USMCA 环境章节中设置了一个美墨海关核查机制(U. S. -Mexico customs verification mechanism),目的是督促双方履行促进可持续性发展和保护环境的义务以及采取措施打击非法获取或交易野生动植物、鱼类以及林业产品的义务。质疑货物合法性的一方可以向另一方提交书面请求,以便请求方确定进口商是否提供了充分和准确的信息,从而判断货物的合法性。接收方必须在收到请求后的 20 天内回复,如果决定共享信息则必须在收到请求后的 90 天内传送信息,如果无意分享信息则必须提供拒绝的理由。在审查接收方提供的信息后,请求方还可以再次提交信息请求或者要求接收方采取额外的验证步骤,请求方在获得接收方允许的情况下甚至可以进行实地考察。不难看出,美墨海关核查机制旨在打击墨西哥的非法货物贸易,确保墨西哥能够有效履行相关多边环境公约下的义务。

第四节　USMCA 劳工章节其他核心条款

本节主要剖析了 USMCA 劳工章节的部分核心条款。与环境章节相同,

---

〔1〕 拜登政府也一直将环境保护和气候议程作为推动其贸易议程的重要战略,近期美国贸易代表在国会表达了其通过贸易政策来积极解决环境保护问题的决心。美国贸易代表戴琦(Katherine Tai)上任仅两个多月,就已经制定了美国历史上最富雄心的环境友好贸易政策。戴琦批评传统贸易政策在环境保护方面存在缺陷,矛头直指世界贸易组织(WTO)和区域贸易协定。戴琦指出,世贸组织一直缺乏推动环境管理的规则。更糟糕的是,成员方采取的环境保护措施在世贸组织内频频受到挑战。戴琦声称,世贸组织在环境问题上"没有解决方案",其本身也是"问题的一部分"。今后在戴琦指导下谈判的贸易协定会纠正这一遗漏,贸易协定也可以作为杠杆,对各国实现《巴黎协定》承诺施加压力。

USMCA 的劳工章节依然是在 NAFTA 的基础上进行了重大修改和补充，并融合了 TPP/CPTPP 的相关创新，进一步提高了核心劳工标准在贸易协定中的地位，并首次在美国自由贸易协定中禁止进口强迫劳动生产的商品。为了有效解决劳工争端，USMCA 还在附件中针对墨西哥设立了快速反应机制。

一、建立与核心劳工标准的联系

（一）劳工标准与贸易的关系

在迈克尔·波特（Michael E. Porter）提出的"国家竞争优势钻石理论"中，国家竞争优势是由四个点组成的四边形结构，这四个点分别为要素条件、需求条件、相关及支撑产业和公司战略、结构及对抗，而其中要素条件之一就是自然资源和劳动力。[1]根据波特的理论，一个国家成败的关键在于其在国际竞争中获得优势的能力，其中包括一国的行业和公司在国际市场上以较低的价格提供产品和占有市场的能力。因此，在全球化进程中，各国竞相压低成本以提高自身竞争力，例如发展中国家通常会降低劳工标准、降低生产成本来吸引外国投资者。美国等发达国家称发展中国家的此种行为是"劳动力倾销"（Labor Force Dumping），国内工会组织将工资增长缓慢以及失业等归因于这种"倾销"行为。为了削弱发展中国家因低价劳动力成本所获得的竞争优势，发达国家往往以捍卫人权等为借口要求发展中国家提高其国内劳工标准，认为应当将社会条款纳入公平、公正的世界贸易体系，消除非人道主义行为。[2]因此，劳工标准从为解决劳资关系的人权保护领域走向了贸易层面。

（二）国际劳工标准的内容

广义的国际劳工标准（International Labor Standards）通常是指由 ILO 制定的，并且已经在国际社会形成普遍共识的一系列公约、标准和建议书。由于 ILO 确立的国际劳工标准是面向全球范围内发展水平迥异的多数国家制定的标准，具有适用门槛较低、包容性更强、灵活性更高等特点。根据权利保护的优先性与重要程度的差异可以将国际劳工标准分为一般劳工标准与核心劳工

---

〔1〕Charls M. Vlados, "Porter's Diamond approaches and the Competitiveness Web", *International Journal of Business Administration*, vol. 10, no. 5, 2019, pp. 33~52.

〔2〕李健：《非关税壁垒的演变及其贸易保护效应——基于国际金融危机视角》，东北财经大学出版社 2011 年版，第 237~238 页。

标准（Core Labor Standards）。一般劳工标准通常也被称为"可接受的工作条件"，包括最低工资、工作场所的安全和健康标准等比较具体的内容。核心劳工标准即"基本劳工权利"（Fundmental Labor Rights），是一个既能包括劳工的最基本权利又能为各国所普遍接受的基础标准。[1]1998 年，ILO 通过的《关于工作中的基本原则与权利宣言》及其后续措施确立了包含 8 个基本公约的国际核心劳工标准，承认四项劳动者基本权利：①结社自由及有效承认集体谈判权；②消除一切形式的强迫劳动；③有效废除童工；④消除就业与职业歧视。ILO 通过制定劳工公约和建议书保护劳工权益、改善劳工状况，在贸易自由化过程中保持经济增长与社会进步之间的平衡，保障社会公正维护世界和平。

（三）USMCA 中的劳工标准

美国率先将劳工与贸易建立起联系，早在 18 世纪和 19 世纪，美国就明令禁止进口强迫劳动生产的产品。接着美国逐步通过自由贸易协定企图建立保护劳工权益的框架，1953 年，美国建议关贸总协定采取更普遍的手段来处理包括囚犯劳动在内的不公平工作条件问题。1973 年至 1979 年东京回合谈判中，美国又倡议建立多边劳工协议，但由于发展中国家的反对而没能通过。[2]自 1984 年以来，美国关于贸易优惠计划的法律要求发展中国家采取措施确保尊重国际公认的工人权利。美国在签订的自由贸易协定中的劳工章节引用了各国作为国际劳工组织成员的义务以及 1998 年国际劳工组织关于工作中的基本原则和权利宣言及其后续行动的承诺。2007 年 5 月，国会与行政部门签署了一项协议，将高劳工标准纳入美国贸易协定。奥巴马政府将贸易视为加强劳动保护和消除贫困的工具，重申了美国对工人保护和劳工权利的承诺，要求政府继续努力监督和执行美国贸易协定中包含的劳工条款，以确保世界各地的工人及其家人从贸易中受益。

在劳工标准范围方面，NAALC 列明了 11 项劳工原则："（1）结社自由和保护组织权；（2）集体谈判权；（3）罢工权；（4）禁止强迫劳动；（5）对童

---

[1] 沈根荣、张维："国际劳工标准问题及其最新发展"，载《国际商务研究》2004 年第 3 期，第 35~40 页。

[2] 李健：《非关税壁垒的演变及其贸易保护效应——基于国际金融危机视角》，东北财经大学出版社 2011 年版，第 236~237 页。

工和青年工人的劳动保护；(6) 最低就业标准；(7) 消除就业歧视；(8) 男女同工同酬；(9) 预防职业伤害和职业病；(10) 对遭受职业伤害和职业病患者给予补偿；(11) 保护移民工人"[1]。NAALC 要求缔约国实施与上述劳工原则相关的国内法，但并未为缔约国设置统一的最低劳工标准，且这些劳工原则没有援引 ILO 的核心劳工标准。NAALC 允许缔约各国可以"按照自己的方式、法律、法规、程序和实践来保护其各自劳动者的权益"，即许可不同缔约国可以适用不同的劳工标准。《两党贸易政策协定》要求自由贸易协定缔约国在国内法律和实践中采纳和维持 1998 年宣言中承认的基本劳工原则。"这就意味着自贸协定的任一成员因违背 1998 年宣言而使其贸易伙伴受到影响，即可发生争议。"[2] 因此，不同于 NAFTA，USMCA 的劳动章节强调与 ILO 的 1998 年宣言建立直接联系，要求"缔约方在国内法律和实践中采纳并维持宣言中的核心劳工标准，对劳工保护工作中的基本原则和权利的法律及政策作出承诺，否则缔约方将构成违反协定义务，其他缔约国可以请求当事方履行该义务"[3]，USMCA 的这一变革无疑增强了劳工权利的可执行性，扩大了 ILO 核心劳工标准的实施范围。

此外，与 NAALC 相比，USMCA 使用的语言更为深远（far-reaching）。[4] USMCA 第 23.3 条规定，"各缔约方应在其法规和条例以及相关惯例中采纳并保持《国际劳工组织关于工作中的基本原则与权利宣言》及其后续措施规定的权利"[5]。USMCA 劳工章节的脚注 1 还增加了"更大的确定性"条款，即为了更大的确定性，一方关于"最低工资方面可接受的工作条件"的劳动法包括该缔约方劳动法要求向工人或代表工人提供与工资有关的福利，值得注意的是，以前的任何贸易协定都有这样一个明确的规定，即脚注 6 提到的"为了更大的确定性，罢工权与结社自由权相联系，如果不保护罢工权，是不可能实现结社自由权的"。各缔约方明确申明罢工权，并表示它们一贯认为贸

---

[1] Annex 1, NAALC.

[2] Hogler Janusch, "Labor Standard in US Trade Politics", *Journal of World Trade*, vol. 49, 2015, p. 1065.

[3] Article 23.3.1, USMCA.

[4] 与 CPTPP 一样，尽管有一些渐进式的改进，但 USMCA 中围绕劳工标准的大部分语言都是激励性的。

[5] Article 23.3, USMCA.

易协定中提及结社自由的任何内容都隐含着罢工权。

二、禁止进口强迫劳动生产的商品

自1930年《斯穆特—霍利关税法》通过以来，美国已经禁止进口全部或部分由强迫劳动开采或制造的商品。然而，直到2015年《贸易便利化和贸易执法法案》填补了原始立法中的"国内消费"漏洞，该禁令得到严格执行，美国开始采取更严格的措施防止强迫劳动生产的商品进入本国。自2016年以来，美国海关和边境保护局发布了扣留令拒绝部分货物进入美国，除非进口商能够证明货物不是通过强迫劳动生产的。执法力度的加大表明，进口商品正受到更严格的审查，以确保供应链不存在强迫劳动。

USMCA则是首次在美国自由贸易协定中禁止进口强迫劳动生产的商品，并增加了与针对工人的暴力、移民工人保护和工作场所歧视有关的新承诺。USMCA第23.6条规定，"缔约方承认消除所有形式的强迫或强制劳动，包括强迫童工，因此各缔约方应禁止从其他来源进口全部或部分由强迫劳动，包括强迫童工生产的货物"[1]。第23.7条规定，"各缔约方承认工人和劳工组织必须能够在没有暴力、威胁和恐吓的环境中行使劳工权利，各国政府必须有效处理针对工人的暴力、威胁和恐吓事件。且缔约方不得以影响彼此之间贸易或投资的方式，不应对与行使或试图行使与第23.3条所述权利（劳工权利）直接相关的针对工人的暴力或暴力威胁"[2]，此条规定意味着为实现解决争端的目的，专家组应假定不履行义务会以某种方式影响当事方之间的贸易或投资，除非应诉方另有证明（可反驳的推定）。NAALC的11条劳动原则中有一条规定了对移民工人的保护，USMCA同样引入了一项有关移民工人的规定，"缔约方承认移民工人在劳动保护方面的脆弱性，因此每一缔约方都有义务确保移民工人受到其劳动法的保护，不论他们是不是该缔约方的公民"[3]。UMSCA劳工章节还制定了一项非歧视条款，旨在消除就业和职业歧视，保障妇女在工作场所获得平等待遇，它要求缔约方执行其认为适当的政策，"保护工人不受基于性别、怀孕、性取向、性别认同和照顾责任的就业歧

---

[1] Article 23.6, USMCA.
[2] Article 23.7, USMCA.
[3] Article 23.8, USMCA.

视；为出生或领养子女和照顾家庭成员提供有工作保障的假期；防止工资歧视"[1]。

三、针对墨西哥的快速反应机制

在劳工争端解决方面，快速反应机制可能是 USMCA 劳工条款中最新颖的规定。快速反应机制是美国和墨西哥之间的 USMCA 双边附件，侧重更广泛的全国性或行业性的劳动实践，针对的是涉及美国和墨西哥特定工厂和工作场所的劳动争议，允许美国对墨西哥的个别"剥夺自由结社和集体谈判权利"的工厂采取快速执法行动，不过该机制仅限于制造商品、提供服务或涉及采矿的某些"优先部门"。

在美国，当工人声称公司剥夺了其个人的劳工权利时，向墨西哥提出"权利被剥夺"的请愿书时，可以触发快速响应机制，由美国贸易代表和劳工部长共同主持的跨部门劳工委员会可以要求墨西哥对公司的行为进行审查以确定是否确实存在剥夺员工权利的情况。如果该公司不同意进行审查，跨部门劳工委员会可以要求召集一个小组根据 USMCA 的规则进行合规性验证。根据 USMCA 劳工条款，在实施快速反应机制的同时，美国可能会暂停与墨西哥公司的谈判。如果核实员工权利被剥夺，美国不仅可以暂停对违规公司工厂生产的产品的优惠待遇，还可以实施额外制裁。在极端情况下，补救措施甚至还可能包括拒绝产品进入美国。在实施补救措施期间，双方必须继续协商。只有当双方同意劳工权利已经得到补救时，美国才会停止实施上述补救措施。为了防止快速反应机制遭到滥用，例如用于限制贸易而不是被善意地用于处理违反 USMCA 劳动权利的行为，USMCA 的附件 31-A 规定，如果一方认为另一方启动快速反应机制并非出于权利救济的善意，该方可以根据第 31 章争端解决机制提出申诉。如果争端解决小组发现一方滥用该机制，该方可能在两年内失去援引快速反应机制的权利。

2021 年 8 月 18 日，墨西哥西劳通用汽车厂的工人投票通过了终止工会集体合同的决定。美国贸易代表戴琪表示，"这是应用 USMCA 的快速反应机制，保障工人结社自由和谈判权的重要胜利，自由和公平的工会投票是结社自由和集体谈判以及 USMCA 相关劳工条款的重要组成部分，美国将继续与墨西哥

---

[1] Article 23.9, USMCA.

第四章　USMCA 强化对社会议题的规制功能

合作通过使用快速反应机制来保护北美工人的权利"[1]。2021 年 8 月 21 日，美国贸易代表办公室和 Cardone Industries 的子公司 Tridonex 达成协议，以解决 Tridonex 工厂的员工提出的关于工人自由结社和集体谈判的权利相关问题。该协议是美国贸易代表办公室第二次成功利用 USMCA 的快速反应机制使工人受益。戴琪称，国内外工人应有权为公平的工资和体面的工作条件进行集体谈判，而不必担心遭到报复，美国将利用 USMCA 的快速反应机制来解决长期存在的劳工问题，并支持墨西哥最近的劳工改革。她还指出，这一结果是美国贸易代表办公室在实践中以工人为中心的贸易政策的另一个重要例子。[2]快速反应机制不仅为美国和墨西哥的劳资纠纷提供了一个新的争端解决工具，也代表了美式自由贸易协定的一个新发展趋势。

---

[1] Statement from Ambassador Katherine Tai on the Vote by Workers in Silao, Mexico, at https://ustr.gov/about-us/policy-offices/press-office/press-releases/2021/august/statement-ambassador-katherine-tai-vote-workers-silao-mexico.

[2] United States Reaches Agreement with Mexican Auto Parts Company to Protect Workers' Rights, at https://ustr.gov/about-us/policy-offices/press-office/press-releases/2021/august/united-states-reaches-agreement-mexican-auto-parts-company-protect-workers-rights.

第五章

USMCA 强化对新型贸易业态的规制功能

本章是对 USMCA 数字贸易章节和良好监管实践章节的核心内容分析。前述章节中已经对全球贸易业态结构的变化进行了详细阐述，服务贸易与数字贸易的快速发展使得以国内规制为主要表现形式的边境后措施构成了新型贸易壁垒。越来越多的贸易协定吸纳了电子商务/数字贸易章节，以期对这一重要的贸易形态进行规制。本章尝试从规则涵盖的范围、设定的约束性纪律等角度分析 USMCA 缘何成为美国数字贸易谈判的"基线"。由于各国合格评定程序以及标准等边境后的相关国内规制存在差异，即监管的分化导致了贸易壁垒，使得企业的合规成本增加。因此，为了促进市场公平竞争，贸易协定开始吸纳"监管一致性""监管合作"等横向议题。本章不仅分析了 USMCA 中第 28 章"良好监管实践"中的规则，也结合了其他章节中与"等效性""国际标准化"相关的内容综合阐释了 USMCA 在促进国际监管合作方面所做的努力。

第一节 USMCA 强化数字贸易规则标准

本节是对 USMCA 数字贸易章节具体内容的分析，结合与 TPP/CPTPP、RCEP 等区域贸易协定中的电子商务/数字贸易章节的对比，从规则涵盖的范围、设定的约束性纪律等角度得出 USMCA 拥有全面且严格的数字贸易规则这一结论。

一、数字贸易规则在多边与区域层面的发展

近几十年来，数字技术呈现出一种飞跃性的发展趋势，如今，连接到通信网络的无线数字设备不仅成了连接世界大部分地区的中枢神经系统，而且

第五章　USMCA 强化对新型贸易业态的规制功能

作为一种力量深刻改变了人类活动的领域。[1]可以说，数字技术的影响已经渗入人类生活的方方面面，它亦是经济全球化过程中贸易业态结构改变的主要推动力量，自此贸易形式发生重大变革，数字贸易开始登上世界舞台。WTO 框架下与数字贸易相关的协定主要是服务贸易总协定和信息技术协定（ITA），其中服务贸易总协定包含了数字贸易所倚仗的通信服务以及电子交易所依靠的基础设施服务（分销、支付等），还确立了技术中立原则。而在信息技术协定中世贸组织成员承诺分四个阶段将 IT 商品的关税降低 25% 并在 2000 年实现零关税，此项义务涵盖的范围极广，包括五个主要类别涉及约 180 种信息技术产品，为数字贸易的发展带来了技术优势。然而在服务贸易总协定与信息技术协定之外，尽管 WTO 电子商务工作计划早已于 1998 年便制定完成，但一直以来进展甚微，到目前为止 WTO 还没有关于数字贸易规则谈判的新行动。[2]

美国在数字技术方面一直是全球互联网和数字内容的领导者，尤其是在云计算、大数据、人工智能等领域起步领先于世界，微软、谷歌、亚马逊等行业领军企业皆孕育于美国。美国的数字经济在先进数字技术的影响下发展迅速，根据经济分析局的数据，美国 2017 年数字经济的实际增加值（经通胀调整）总计 14 835 亿美元，占美国经济的 6.9%，占美国经济总量增长的 25%。[3]由于 NAFTA 诞生于 20 世纪 90 年代，彼时数字技术对经济的影响尚无法直接衡量，因此 NAFTA 中并未吸纳数字经济的相关规则，协定文本中"digital"一词仅出现了六次，主要是指"数字、数字处理机器"或"数字处理单元"。不过，自 21 世纪初以来，美国就已将电子商务章节纳入其部分自由贸易协定，例如 2004 年的美国—新加坡自由贸易协定和 2005 年的美国—澳大利亚自由贸易协定。早期的"电子商务"章节通常侧重与促进电子商务相关的技术问题和标准，但也有一些规则涉及更广泛的领域，如数字产品的非歧视待遇和关税壁垒。随着美国在数字贸易方面的立场变得更加一致，其签署的自由贸易协定中出现的数字贸易/电子商务规则开始增加，一些自贸协

---

[1] Harrison, J., "Configuring the New 'Regional World: On being Caught between Territory and Networks", *Regional Studies*, vol. 47, no. 1, 2013, pp. 55~74.

[2] 中国常驻世贸组织代表团：《艰难时刻：世贸组织与中国 2018-2019》，上海人民出版社 2021 年版，第 181 页。

[3] *Value Creation and Capture: Implications for developing countries*, The digital economy report of the United Nations, UNCTAD/DER/2019, July 2019, p. 6.

定开始包含跨境数据自由流动的规则，如 2012 年的《美国—韩国自由贸易协定》。不过在这一阶段，美国倾向于使用各方"努力遵守"的表述，而不是具有强烈约束力的语言，直到 TPP 提出一套更加结构化的数字贸易规则体系。

TPP 随后被用作其他谈判的基础框架，CPTPP 的电子商务章完全承继了 TPP 的电子商务章节，而 USMCA 将"电子商务章"改为"数字贸易章"，对 CPTPP 电子商务规则做了一系列具有里程碑意义的改进，一方面删除了大量 CPTPP 协定中的例外条款，另一方面设置了许多"CPTPP+"数字贸易规则，比如深化了跨境数据自由流动和禁止数据本地化规则、扩大了源代码等专有信息的保护范围、增加了互联网服务提供者的责任限制条款、增加了开放政府数据的软法条款等。USMCA 数字贸易章节可以被视为当前数字贸易规则的"最高标准"，也是贸易协定中第一次明确解决"数字贸易"问题，因此，USMCA 很可能成为其他贸易协定制定数字贸易规则的新模板，从而持续推进美国有关数字贸易规则的扩大化和外溢，例如 2019 年 11 月签署的美日数字贸易协定就体现了 USMCA 的数字贸易规则，美国政府亦承诺美日贸易协定的最终文本会建立起较 USMCA 更为成熟先进当数字贸易规则与标准。此前透露的美英数字贸易章节也突出了美方将 USMCA 文本定位为数字贸易谈判的"基线"（baseline）。

二、USMCA 以数字贸易取代电子商务表述

（一）数字贸易与电子商务的区别

"数字贸易"是美国近年来强推的概念，USMCA 就以"数字贸易"（Digital Trade）章代替了原有的"电子商务"章（Economic Commerce）。美国认为"数字贸易"这一概念更能体现数据的核心作用及数字化的发展趋势，从而反映美国在数字市场的核心关切。[1]

有观点认为数字贸易与电子商务的主要区别在于，电子商务将互联网视为进行实物商品贸易的手段，而数字贸易主要集中在通过数字网络进行的数字商品和服务的交换。换句话说，互联网已从"国际商品和服务贸易的促进者"转变为"本身就是一个数字化服务平台"。[2]阿尔瓦雷斯·莱昂（Alvarez

---

[1] 李墨丝："CPTPP+数字贸易规则、影响及对策"，载《国际经贸探索》2020 年第 12 期，第 21~33 页。

[2] *Digital Trade and U. S. Trade Policy*, CRS Report, R44565, 11 May 2018, p. 2.

León）同样认为数字贸易在很大程度上是一种数字现象，因为与电子商务相反，它不仅指贸易手段（数字网络），还指贸易本身的实质（即数字形式的商品和服务贸易）。[1]

中国信息通信研究院则指出数字贸易是电子商务概念的发展延伸，在电子商务到数字贸易的过程中伴随着信息技术在商务领域应用的不断深化，第一个阶段是电子商务，即实现整个贸易活动的电子化，第二个阶段加入了"跨境"，进入跨境电商阶段，即分属不同关境的交易主体通过电商平台达成交易、进行支付结算，并通过跨境物流送达商品的一种商业活动。第三个阶段是"数字贸易"，即通过互联网传输产品和服务的国内商务和国际商务活动。

（二）数字贸易的定义与具体类型

目前尚没有一个单一且公认的关于数字贸易的定义，其中最狭义的定义是数字贸易指数字化产品的贸易，即通过互联网销售和购买商品和服务，且数字商品或数字服务均以数字方式交付。WTO通常使用"电子商务"一词而非"数字贸易"，WTO工作计划中对电子商务的定义是："电子商务被理解为以电子方式生产、分销、营销、销售或交付商品和服务。该工作计划还将包括审议与电子商务基础设施发展有关的问题。"[2]这可以理解为WTO框架下的电子商务将涉及最终商品或服务的全球价值链的所有部分，但当今大多数关于电子商务的定义局限于最终产品或数字化服务等情形。另外WTO对数字产品（digital product）也进行了定义和分类，是指通过网络进行传输和交付的内容产品，具体可分为五类：录音、视听作品、视频游戏、计算机软件和文学作品。

联合国贸易和发展会议则将数字贸易定义为通过互联网实现的商品和服务的购买与销售，但是不仅包括数字商品和服务还包括实物商品。但这是一个备受争议的定义，因为该定义的覆盖范围十分广泛，例如消费者在网络销售平台订购实物产品并使用在线支付功能也属于数字贸易的范畴。OECD、

---

[1] Alvarez León, L., "Digital trade and the remaking of the North American regional economy", *Investigaciones Regionales - Journal of Regional Research*, vol. 50, 2021, pp. 59~69.

[2] Study from WTO secretariat highlights potential trade gains from electronic commerce, at https://www.wto.org/english/news_e/pres98_e/pr96_e.htm#:~:text=A%20new%20study%2C%20E2%80%9CElectronic%20Commerce%20and%20the%20Role，the%20potential%20benefits%20of%20trade%20via%20the%20Internet.

WTO 以及 IMF 联合发布的《数字贸易测度手册》对数字贸易的定义是，"数字贸易是以数字方式订购和（或）交付的所有贸易"[1]，具体包括数字订购贸易（digitally ordered trade）和数字交付贸易（digitally delivered trade）。该手册还进一步将数字订购贸易定义为通过计算机网络，通过专门为接收或下订单而设计的方法进行的货物或服务的国际销售或购买，数字交付贸易则被定义为使用专门为此目的设计的计算机网络，以电子格式远程交付的国际交易。[2]2020 年，OECD 在一份报告中对数字经济提出了一个通用定义及一个分类框架："数字经济包含所有依赖数字输入（digital inputs，包括数字技术、数字基础设施、数字服务和数据）的经济活动，或通过使用数字输入而显著增强的经济活动，指的是所有生产者和消费者，包括政府，在他们的经济活动中使用这些数字输入。"[3]OECD 强调数字商品或数字服务必须跨越国界才能被归类为数字贸易。

就美国而言，美国贸易代表办公室在 2007 年至 2020 年的情况说明书中指出数字贸易的概念范围十分宽泛，除通过互联网销售和提供的商品与服务以外，还涵盖了支撑全球价值链的数据跨境流动乃至各类网络平台与应用程序。[4]美国国际贸易委员会（The United States International Trade Commission，USITC）[5]在 2013 年和 2014 年提交的两份《美国和全球经济中的数字贸易》报告对"数字贸易"做出了权威界定。[6]在 2013 年的第一次报

---

〔1〕 原文为"all trade that is digitally ordered and/or digitally delivered"。

〔2〕 Handbook on Measuring Digital Trade, at https://www.oecd.org/sdd/its/Handbook-on-Measuring-Digital-Trade-Version-1.pdf. 原文为"The Handbook further defines digitally ordered trade (which is equivalent to the OECD definition of e-commerce) as: The international sale or purchase of a good or service, conducted over computer networks by methods specifically designed for the purpose of receiving or placing orders. In turn digitally delivered trade is defined as: International transactions that are delivered remotely in an electronic format, using computer networks specifically designed for the purpose"。

〔3〕 A Roadmap toward a Common Framework for Measuring the Digital Economy, at https://www.oecd.org/digital/ieconomy/roadmap-toward-a-common-framework-for-Measuring-the-digital-economy.pdf.

〔4〕 原文为"Digital trade is a broad concept, capturing not just the sale of consumer products on the Internet and the supply of online services, but also data flows that enable global value chains, services that enable smart manufacturing, and myriad other platforms and applications. Some portion of nearly every business is digitally enabled, and every industry leverages digital technology to compete internationally"。

〔5〕 USITC 是专门负责向立法和执法机构提供国际贸易专业意见的联邦机构。

〔6〕 李墨丝："CPTPP+数字贸易规则、影响及对策"，载《国际经贸探索》2020 年第 12 期，第 21~33 页。

第五章　USMCA 强化对新型贸易业态的规制功能

告中，USITC 对数字贸易采用了相对狭窄的定义，即"通过宽带网络或无线数字网络交付产品和服务"，[1]主要包括四类：数字化交付的内容[2]、社交媒体[3]、搜索引擎[4]以及其他数字产品和服务[5]。USITC 排除了大多数实物产品的商业交易（如在线订购的商品和具有数字对应物的实物商品，如书籍和以 CD 或 DVD 形式销售的软件、音乐和电影）。[6]而 USITC 在 2014 年的报告中则采取了较第一次报告中表述更为广泛的定义，将数字贸易界定为"互联网和基于互联网的技术在订购、生产或提供产品和服务方面发挥着重要作用的美国国内和国际贸易"，[7]采用这一定义是为了涵盖由互联网促进或通过互联网发生的各种各样的经济活动，并且不排除有形货物的贸易。

2017 年，USITC 在向美国贸易代表办公室提交的名为《全球数字贸易：市场机遇和主要外国贸易限制》的报告中第三次对数字贸易进行了界定："任何行业的公司通过互联网提供产品和服务，以及智能手机和互联网传感器等相关产品。虽然数字贸易包括提供电子商务平台和相关服务，但不包括在线订购的实体产品以及具有数字对应物的实物商品（如书籍，以 CD 或 DVD 为载体的电影、音乐和软件）。"[8]总体来看，美国数字贸易定义的内涵和外延

---

[1] 原文为"digital trade is defined in this report as commerce in products and services delivered via the Internet"。

[2] 具体包括音乐、游戏（包括全格式和手机游戏、附加内容下载、游戏订阅、社交网络游戏和线上多人游戏）、视频（包括网络电视、电影以及其他视频）、书（包括电子书、数字课程资料以及有声书）。

[3] 主要指社交媒体网站和用户评价网站。

[4] 包括通用搜索引擎和专业搜索引擎。

[5] 具体有：①软件服务，包括手机应用和通过云交付的软件；②通过互联网交付的通信服务，包括电子邮件、即时通信和网络语音通话；③通过云交付的计算平台服务。

[6] *Digital Trade in the U.S. and Global Economics Part* 1, USITC Publication 4415, Investigation No. 332~531, July 2013.

[7] *Digital Trade in the U.S. and Global Economics Part* 2, USITC Publication 4485, Investigation No. 332~531, August 2014.

[8] 具体来说，USITC 将数字贸易从四类扩展到了六类，依然排除了线上的实体货物交易，该六类分别为：互联网基础设施和网络通信服务（Internet Infrastructure and Network Communication Services）、云计算服务（Cloud Computing Services）、数字内容、搜索和新闻（Digital Content, Search, and News）、电子商务、数字支付和记账（E-commerce, Digital Payments, and Records）、数字技术的行业应用（Industry Adoption of Digital Technologies）以及消费者通信服务与连接设备（Consumer Communications Services and Connected Devices）。

不断变化，总体上呈现出不断拓展的趋势，旨在承载更多的对外贸易政策。[1]

三、USMCA 创制高标准的数字贸易规则

USMCA 是一项具有里程碑意义的涵盖数字贸易的协定，设定了当前最为全面的数字贸易规则和更高的数字贸易标准。USMCA 数字贸易章节的关键条款在于数据安全与网络安全，包括数据跨境流动、计算机设施的位置、个人隐私保护、网络安全等，其总体目标是建立一个框架，让每一缔约方在数字法规、政策、执法和合规方面相互合作，最终形成一个迎合美国利益且具有广泛约束力的全球数字贸易规则体系。

笔者利用图表对比分析了七个区域自贸协定的数字贸易规则（包括数字贸易/电子商务和金融服务章节）——USMCA、CPTPP、RCEP、东盟—中国香港自由贸易协定（AHKFTA）、斯里兰卡—新加坡自由贸易协定（SLSFTA）、韩美自由贸易协定（KORUSFTA）、欧盟—日本经济伙伴关系协定（EUJEPA）、欧盟—新加坡自由贸易协定（EUSFTA）。图表涉及 16 个条款，包括：①取消数字产品和/或电子传输的关税。②不歧视数码产品。③电子认证和电子签名。④无纸化交易。⑤国内电子交易框架。⑥在线消费者保护。⑦个人信息保护。⑧针对未经请求的商业电子通信的措施。⑨网络安全。⑩信息跨境传输。⑪禁止数据本地化。⑫电子信息跨境传输及禁止金融服务数据本地化。⑬中介服务提供者的责任。⑭软件源代码及相关算法的保密。⑮开放政府数据。⑯合作。

表格标记标准为——"是"表示该条款包含在单独的条款中，并且完全涵盖了该条款的定义；"部分"表示该条款包含在一个单独的条款中，但该条款的定义没有完全解决；"否"表示该条款未包含在单独的条款中，并且在整个协议中没有具体提及该条款。

---

[1] 李墨丝：“CPTPP+数字贸易规则、影响及对策”，载《国际经贸探索》2020 年第 12 期，第 21~33 页。

序号	数字贸易规则	USMCA	CPTPP	AHKF-TA	SLSFTA	KORUS-FTA	EUJEPA	EUSFTA	RCEP
1	取消数字产品和/或电子传输的关税	是	是	是	是	是	是	是	是
2	不歧视数码产品	是	是	否	是	是	否	否	否
3	电子认证和电子签名	是	是	是	是	是	是	部分	是
4	无纸化交易	是	是	是	是	是	否	部分	是
5	国内电子交易框架	是	是	是	是	是	部分	否	是
6	在线消费者保护	是	是	是	是	是	是	否	是
7	个人信息保护	是	是	是	是	否	否	否	是
8	针对未经请求的商业电子通信的措施	是	是	是	否	否	是	否	是
9	网络安全	是	是	否	否	否	否	否	是
10	信息跨境传输	是	是	是	是	部分	是	是	是

续表

序号	数字贸易规则	USMCA	CPTPP	AHKF-TA	SLSFTA	KORUS-FTA	EUJEPA	EUSFTA	RCEP
11	禁止数据本地化	是	是	是	是	否	否	否	部分
12	电子信息跨境传输及禁止金融服务数据本地化	否	否	是	否	部分	否	否	部分
13	中介服务提供者的责任	是	否	否	否	是	否	部分	否
14	软件源代码及相关算法的保密	是	部分	部分	否	否	部分	否	部分
15	开放政府数据	是	否	否	否	否	否	否	否
16	合作	是	是	是	是	是	是	是	是

通过上图对比表格可以清晰看出，在当前贸易协定中与数字贸易有关的16项规则中，USMCA涵盖了除电子信息跨境传输及禁止金融服务数据本地化之外的15项规则，是数字贸易领域涵盖范围最广、标准最高的区域贸易协定。

四、USMCA数字贸易章节的核心纪律条款

USMCA数字贸易章节在CPTPP的基础上设置了诸多更进一步的规则，比如深化了跨境数据自由流动和禁止数据本地化规则、扩大了源代码等专有信息的保护范围、增加了互联网服务提供者的责任限制条款、增加了开放政

府数据的软法条款等。

（一）跨境数据自由流动

数据既是一种生产手段，又是一种可以交易的资产，同时也是构成全球价值链和提供服务的手段，数据还是云计算、物联网和附加制造等新兴服务供应模式的核心。"跨境数据流动"则是指计算机服务器之间的数据跨越国界的移动或传输，这种数据流动使人们能够传输信息以进行在线交流、跟踪全球供应链、共享研究、提供跨境服务并支持技术创新。跨境数据流动是数字贸易不可或缺的一部分，数字贸易的基础就在于数据的移动。2008年金融危机后，跨境数据流量暴增，以带宽计算，从2008年到2020年，跨境数据流量增长了约112倍。[1]2009年至2018年这十年间，全球数据跨境流动对全球经济增长贡献度高达10.1%，预计2025年贡献价值将超过11万亿美元。[2]以数据为核心的数字技术取代了传统的货物和服务贸易，比如过去以实物形式交付的电影DVD、书籍等现在均可在网上进行交易。

鉴于美国企业在互联网领域具有巨大的先发和主导优势，在社交媒体、搜索引擎、电子商务以及云计算等领域都占据主导地位，故美国历来奉行的是数字经济竞争自由化的理念，主张建立自由开放的互联网，其目的在于利用美国在数字技术方面的竞争优势占领全球市场，从而在数字经济时代继续保持其经济优势地位。为了响应本国的利益诉求，美国一直倡导数据自由流动，认为禁止数据自由流动会阻碍竞争，反对数据本地化。[3]美国希望各方采纳"低水平保护"体系，认为APEC制定的跨境隐私规则（Cross-Border Privacy Rules System，CBPR）[4]是一种有效的数据传输机制，该机制实际上

---

[1] Matthew J. Slaughter and David H. McCormick, "Data is Power: Washington Needs to Craft New Rules for the Digital Age", *Foreign Affairs*, May/June, 2021 Issue.

[2] 张茉楠："跨境数据流动：全球态势与中国对策"，载《开放导报》2020年第2期，第44~50页。

[3] 国会在2015年6月的贸易促进授权（TPA）立法中设定当前的美国贸易谈判目标时，指出了数字贸易和互联网作为贸易平台的重要性。TPA将"商品和服务数字贸易以及跨境数据流动"作为美国贸易谈判的主要目标，指出贸易协定应确保政府"避免实施阻碍商品和服务数字贸易、限制跨境数据流动或要求本地存储或处理数据的贸易相关措施"。

[4] CBPR体制促进个人数据跨境流动的基本逻辑：一是如果位处于不同国家的不同公司，统一承诺并遵循APEC隐私框架（APEC Privacy Framework）提出的九大个人信息保护原则，则个人数据在这些公司之间流动就应该不受阻碍；二是由于这些公司都通过同一套原则来保护个人信息，那参与CBPR的国家就不得再以保护个人信息为理由，阻碍个人信息的跨境流动。

是一个由政府支持的数据隐私认证系统,公司可以通过加入该认证系统以证明其遵守国际公认的数据隐私保护。至于 USMCA 对数字贸易的一大影响亦是允许数据自由流动,规则旨在限制政府禁止数据的跨境移动或要求数据本地化。因此,公司将不再需要在特定国家或地区建立新服务器来存储其数据。相反,公司可以将其所有数据存储在一个集中位置,而不管服务器位于哪个国家或地区。USMCA 第 19.12 条规定,任何缔约方均不得要求受管辖的人在该缔约方领土内使用或安置计算机设施作为在该领土开展业务的条件。第 19.13 条还规定各缔约方应采取或维持措施以限制未经请求的商业电子通信,该条规定的目的在于创建无障碍的跨境数据流动。USMCA 还扩大了跨境数据自由流动和禁止数据本地化两项规则以适用于金融服务,旨在促进金融数据的自由流动。同时,USMCA 将禁止数据本地化升级为无例外的责任,TPP/CPTPP 包含了针对"合法公共政策目标"的反数据本地化要求的豁免,承认每一方可能对计算设施的使用有各自的监管要求,包括确保通信安全和机密性。而 USMCA 第 19.12 条"计算设施的位置"删除了 CPTPP 第 14.13 条的合法公共政策目标例外,意味着在任何情况下政府都不得将在其领土内使用或放置计算设施作为市场准入的条件。

不同于美国主张电子商务/数字贸易自由开放的立场,由于禁止数据本地化会增加数据隐私泄漏的风险,因此,欧盟、中国、俄罗斯、印度尼西亚和越南都通过了限制数据传输的法律,将数据视为国家的战略资产,对个人和企业的隐私设定了高标准。

欧盟出于对个人隐私的保护,立场上更倾向于"监管者"视角,主张电子商务/数字贸易应当在政府的适当干预和监管下进行。欧盟将个人信息自决权置于核心地位,并将其作为一项基本人权载入《里斯本条约》。欧洲对公司保护数字信息有严格的要求,其监管机构要求所涵盖的数据不得传输到没有足够隐私保护的国家,这一要求本质上就是数据本地化,2018 年制定的《通用数据保护条例》(GDPR) 加强了相关规则。此外,为了避免欧盟公民个人数据转移至他国,欧盟法院 2020 年 7 月就 Schrems Ⅱ 案作出判决,裁定欧盟与美国之间签订的跨境数据传输机制"隐私盾"(Privacy Shield) 协议无效,欧盟标准合同条款(SCC)继续有效。这是欧盟法院继 2015 年认定"美欧安全港框架"(EU-US Safe Harbor Framework) 无效以来,废止的第二项美欧间个人数据跨境转移机制。欧盟一方面要求数据跨境自由流动应当在政府的监管下进行，另一方面也提出数据跨境流动不应受到以下限制：①要求在成员领土内使用计算设施或网络进行处理，包括强制使用在成员领土内认证或批准的计算设施或网络；②要求对成员国境内的数据进行本地化以便存储或处理；③禁止在其他成员国境内储存或处理数据；④将成员国境内使用计算设施、网络或数据本地化作为条件的数据跨境流动。

中国则更重视电子商务的便利化，谈判主要涉及海关程序、电子支付、自贸区等方面的具体措施，并且提出在制定电子商务多边规则时应当考虑不同发展水平成员方的需求，实现最大程度的灵活性与包容性。而在数据和网络安全问题方面，中国认为数据跨境流动与国家安全密切相关，因此并不支持数据跨境自由流动，倾向于数据本地化。此外，中国认为由于各方关于数据本地化等议题存在较大分歧，因此，应当在成员方讨论后再决定是否将这些议题纳入多边谈判中，目前还是由各成员方在国内法律中对数据跨境流动进行规制更为适宜。

此外，美国一方面在国际经贸规则层面大力推动跨境数据自由流动，而另一方面在本国国内却通过立法收紧对美国本土数据的保护。2018年3月，美国议会通过了《澄清境外数据合法使用法》（又被称为《云法案》），规定不论通信、记录或其他讯息是否存储于美国境内，只要上述讯息由通信服务提供者所拥有、监护或控制，服务提供者便有义务按要求保存、备份或披露讯息内容，即美国以"数据控制者"标准取代了一贯适用的"服务器标准"，而这意味着不论数据处在何地，美国政府都可以通过司法程序跨境调取数据。

（二）其他关键条款

由于软件源代码或源代码中表达的算法通常包含商业秘密等信息，这些信息可为所有者提供竞争优势，如果所有者被要求公开其软件或相关算法的源代码作为交易条件，他们就有可能失去对其技术的专有权。因此，为了更好地维持数字供应商的竞争力，USMCA第19.16条明确禁止各国要求披露源代码，除规定缔约方不得要求转让或访问另一方人员拥有的软件源代码作为进口或贸易的条件外，还进一步禁止政府要求披露在该源代码中表达的算法，除非监管机构和司法机构在某些情况下为了特定的调查、检查和司法程序。

USMCA 第 19.18 条则建议缔约方公开政府数据，保障公众可以获取和使用政府信息，该条款使政府信息数据可供公众随时使用，尽管只是不具约束力的建议，但强调了政府公共非敏感数据对创新、竞争力和经济发展的积极影响。USMCA 增加了互联网服务提供者的责任限制条款，第 19.17 条规定，缔约方不得因以下原因对交互式计算机服务的供应商或用户施加责任：①供应商或用户出于善意自愿采取的任何行动，以限制通过其提供或使用互联网计算机服务获取的信息的可获得性，且供应商或用户认为这些信息有害或令人反感；②为互联网计算机服务的供应商或其他人能够限制其认为有害或令人反感的信息而采取的任何行动。该条款区别了互联网服务提供者与其服务使用者，即信息内容提供者之间的责任，防止互联网服务提供商对其服务用户存储、处理、传输、分发或提供的信息相关的损害承担法律责任。

此外，USMCA 还涵盖了个人信息保护要求，呼吁建立保护数字贸易用户个人信息的法律框架以防止消费者的个人信息遭到滥用，但 USMCA 没有设置强制性的最低保护要求，在脚注中注明仅需要缔约方要求本国企业自愿承担与隐私相关的义务即可。

第二节　USMCA 推动国际监管合作体制化

实践中，当前贸易协定中有"监管合作"与"监管一致性"等概念，[1] USMCA 中则采用了"良好监管实践"这一表述，这些概念既有区别也存在密切的联系。

首先，监管一致性关键要素包括透明度和公众的协商、监管影响分析、机构间协调和兼容性以及行政和司法审查，主要目的是减少国内监管分化对国际贸易的不利影响。美国商会明确表示，监管一致性是指良好的监管实践、透明度和利益相关者参与国内监管过程。监管一致性的核心在于良好监管实践，而良好监管实践的核心则在于监管影响分析机制。该机制是一种系统化

---

[1] USMCA、TPP/CPTPP 等贸易协定中的监管一致性/监管合作要求其实是协定中的"横向规则"（horizontal and cross-cutting issues），即从横平面方向对纵向议题全部或者部分影响对议题，某横向规则一旦形成纪律，就会成为贸易投资跨部门均适用的规则。参见蔡鹏鸿："TPP 横向议题与下一代贸易规则及其对中国的影响"，载《世界经济研究》2013 第 7 期，第 41~45 页；张磊、徐琳："更高标准经贸规则对上海探索建设自由港的启示"，载《国际商务研究》2020 年第 5 期，第 86~95 页。

第五章　USMCA 强化对新型贸易业态的规制功能

的政策工具，主要目的是从社会角度确保监管能够提高福利，即监管收益超过成本。不过，该机制针对的是单个规定而非整体的监管环境，但贸易商为了准确把控风险通常需要了解整体的监管环境。

相比于监管一致性更多专注于国内事项，国际监管合作强调的是国家监管机构之间更密切合作的过程，涵盖范围广泛的合作机制，要求建立一系列体制和程序框架，在这些框架内，不同国家之间可以共同努力，在诸如问责制、公开性以及主权等民主价值观的约束下，针对国际经贸的监管方式、监管标准和监管部门进行一定程度的统一和协商，建立合适的规则制定和执行系统，包括就新颁布的或拟议的政策措施通知其他成员国并与之协商，以及采用国际标准或相互认可、等效性机制，旨在减少监管分歧和增强监管的互相操作性（Regulatory Interoperability）。由于各国国情、关注的社会议题以及追求的政策目标存在不同，因此就形成了监管差异，而此种差异不仅会导致监管资源的浪费，还会导致贸易壁垒。监管合作不仅仅包括各国监管政策的协调一致，也包含规则的制定、执行以及监督等过程的一致性，国内法的统一也是监管协调的一种状态。[1]

虽然监管一致性和监管合作在概念上可以区分开，但它们绝不是实际孤立和相互排斥的。一方面，监管合作是国家间相互学习和传播良好监管实践的有效途径；另一方面，高效的监管合作也需要良好监管实践，各方可以通过良好监管实践制定兼容的政策措施，减少、消除重复的或存在分歧的监管要求，实现高效监管合作。CPTPP 在监管一致性章节就将监管合作和良好监管实践联系起来，提出"在规划、设计、发布、实施和审查监管措施的过程中推广良好监管实践，以促进实现国内政策目标，各国政府努力加强监管合作以进一步实现这些目标，促进国际贸易和投资的增长，推动经济发展和保障就业"[2]。同样，USMCA 良好监管实践章节也提出"各缔约方应鼓励其监管机构在适当情况下与其他缔约方的监管机构开展互利的监管合作活动以提高监管兼容性"[3]。欧盟与加拿大签订的《欧盟—加拿大综合经济贸易协

---

[1] [日] 中川淳司："经济规制的国际协调"，白巴根译，载《政法论坛》2006 年第 3 期，第 87~98 页。

[2] Article 25.1, CPTPP.

[3] Article 28.17, USMCA.

定》规定，监管合作章节的目标之一是"改进监管提案的规划和制定，提高监管措施及其制定过程的透明度和可预测性，提高监管效力，确定替代工具，认识到监管措施的相关影响"[1]。不过，当前贸易协定文本的设计大多没有严格区分监管一致性和监管合作这两个密切相关的术语，两者存在互换使用的情况，故本书亦不作区分。

一、推动国际监管合作的本质与主要目的

(一) 推动国际监管合作的本质

1. "深层一体化"和"浅层一体化"

罗伯特·劳伦斯（Robert Z. Lawrence）在意识到边境后措施在贸易协定中的重要性后，将全球一体化分成"浅层一体化"（shallow integration）和"深层一体化"（deep integration）。根据罗伯特·劳伦斯的分析，"浅层一体化"协议通常仅着眼于消除关税和其他边境壁垒以实现跨境贸易，涉及的国内政策相对较少，但倘若某一贸易协定中的规则涉及边境后的国内政策，那么该协定就是深层一体化贸易协定。[2]因此，从"浅层一体化"到"深层一体化"实际上就是从边境措施的自由化向边境后措施的一体化转变。[3]

具体而言，"浅层一体化"意味着成员间会达成协议承诺不做某些事情，如使用数量限制、将关税提高到约束水平之上、歧视外国商品等。"浅层一体化"协议干预的主要是边境措施，详细的谈判集中在关税上，根本目的是防止政府采用关税、配额等边境措施歧视贸易伙伴，最典型的例子就是布雷顿森林体系。"浅层一体化"虽然在扩大市场准入方面作用较大，但对于超出外国商品和服务非歧视性要求的边境后措施干涉力度欠缺。"浅层一体化"的形成逻辑在于，如果贸易协定要为缔约各方创造互利，就必须解决非合作政策，即纳什均衡选择下存在的国际效率问题。纳什均衡是一个博弈论概念，用于确定非合作博弈中的最佳解决方案，在纳什均衡中，每个参与者都没有改变各自初始策略的动力，假设其他参与者也保持他们的策略不变，那么参与者

---

[1] Article 21.3 (b), CETA.

[2] R. Z. Lawrence, *Regionalism, Multilateralism and Deeper Integration*, Washington, DC: Brookings Institution Press, 1996, pp.146~148.

[3] 屠新泉、于泓："中国的市场经济地位与 WTO 的未来"，载《经济研究参考》2021 年第 6 期，第 13~22 页、第 40 页。

第五章　USMCA强化对新型贸易业态的规制功能

将不会从偏离他们最初选择的策略中获得任何收益。而贸易条件理论是纳什均衡中国际低效率的根源，进出口关税是操纵贸易条件的最佳工具，因此，在纳什均衡中，如果进出口关税不受约束，那么纳什均衡中的任何其他政策都不会因此而扭曲。从这一点出发，贸易协定自然会侧重降低关税，以此作为将市场准入和扩大贸易量的手段，同时制定各种规则以防止政府通过新的保护性非关税措施，这一逻辑符合"浅层一体化"的基本结构。

而"深层一体化"实际上就是一种更高水平的国际经济一体化，其主要特质在于要素流动的自由化，即最大限度削弱各国对商品、服务、人员、资本及其他要素自由流动的限制，要求各国体制上的趋同或融合，从而实现各国市场高度开放、规则高度统一。[1]就自由贸易协定而言，"深层一体化"的主要特征在于协定议题范围的扩大以及各国合作程度的加深。[2]伯纳德·霍克曼（Bernard Hoekman）和丹尼斯·科南（Denise Eby Konan）则将"深层一体化"定义为一种明示的政府行为，目的是通过协调和合作来降低国内监管分化导致的市场分割效应。[3]20世纪90年代起，随着全球化的不断发展以及关税壁垒的逐渐削弱，发达国家认为边境后措施构成了新的贸易壁垒，尤其是各国的监管差异导致进口产品的合规成本高昂，影响了市场的公平竞争环境。为了为本国的跨国公司在其他成员方境内开展生产经营活动时提供统一且协调的政策和监管环境，发达国家开始推动将涉及环境、劳工等方面的"深层一体化"规则纳入国际经贸规则谈判之中，企图通过签订深度条款来对各国边境后政策加以规范和协调。[4]《2011年世界贸易报告》就指出，当前贸易协定已不仅聚焦于各国关税措施，而是扩展至服务、投资、竞争政策、国有企业等边境后领域，呈现出深层次一体化的特征。在"深层一体化"的情况下，国内政策和贸易政策之间的界限会模糊乃至消失，一国倘若没有跟

---

[1]　竺彩华："市场、国家与国际经贸规则体系重构"，载《外交评论（外交学院学报）》2019年第5期，第1~33页。

[2]　文洋："自由贸易协定深度一体化的发展趋势及成因分析"，载《财经问题研究》2016年第11期，第122~127页。

[3]　Bernard Hoekman, Denise Eby Konan, Deep Integration, Nondiscrimination, and Euro-Mediterranean Free Trade, World Bank Policy Research Working Paper, No. 2130, 1999, p. 1.

[4]　东艳："国际经贸规则重塑与中国参与路径研究"，载《中国特色社会主义研究》2021年第3期，第27~40页。

贸易伙伴商量就自行使用国内法律法规，就可能被看作故意设置贸易壁垒。[1]霍夫曼（C. Hoffman）与奥斯纳戈（A. Osnago）等人则认为这种"深层一体化"贸易协定在一定程度上是一种"制度整合"（institutional integration），[2]以区别于"政治整合"（political integration），[3]后者又是另一层深度。

从关税同盟理论角度看，区域经济一体化分为四类，包括自由贸易区、关税同盟、共同市场和经济联盟，其中自由贸易区对应着浅层一体化，而共同市场以及经济同盟则对应深层一体化。[4]"深层一体化"的早期代表就是欧洲单一市场（single market）计划和北美自由贸易区，[5]旨在消除那些专属于国家管辖、制约跨境贸易和服务转移的法律和管制政策的行动，通过协调与合作来降低国内管制政策所导致的市场分割，[6]促进各国管理体制的统一，使各国国内管理体制差异对贸易的影响最小化。通常，具有深层一体化条款的区域贸易协定旨在通过三个主要功能加强协定各方公司的市场竞争能力：①保护外国公司及其利益；②消除边境后贸易壁垒；③协调国内贸易规则以提高国际生产效率。

2."负向一体化"和"正向一体化"

针对多边贸易体制，为了揭示实现国际贸易一体化的不同方式，彼德斯曼提出了"负向一体化"（negative integration）和"正向一体化"（positive integration），也可称"消极一体化"和"积极一体化"。负向一体化的根据在

---

[1] ［美］丹尼·罗德里克：《全球化的悖论》，廖丽华译，中国人民大学出版社2011年版，第66页。

[2] Claudia Hofmann and Alberto Osnago, Horizontal depth: A new database on the content of preferential trade agreements, World Bank Policy Research Working Paper, No. 7981, 2017, pp. 2~34.

[3] 政治整合是广义的社会科学和狭义的政治经济科学。从政治意义上讲，一体化的含义可以理解为两个或两个以上单位的联合和统一。另外，它代表"中央集权"，主要基于若干条件和要素：建立统一的法律框架（establishing unified law frame），建立共同机构（creating common institutions），发展决策中心（developing decision-making center），突出身份（projecting identity）。参见 Nikola Lj. Ilievski, "The Concept of Political Integration: The Perspectives of Neofuncationalist Theory", *Journal of Liberty and International Affairs*, vol. 1, no. 1, 2015, pp. 1~14.

[4] 东艳、冯维江、邱薇："深度一体化：中国自由贸易区战略的新趋势"，载《当代亚太》2009年第4期，第111~136页。

[5] ［美］丹尼·罗德里克：《全球化的悖论》，廖丽华译，中国人民大学出版社2011年版，第180页。

[6] 张蕴岭、邵滨鸿主编：《中国发展战略机遇期的国际环境》，社会科学文献出版社2014年版，第133页。

第五章　USMCA强化对新型贸易业态的规制功能

于非歧视原则，正向一体化则更多基于国际贸易是否受到负面影响。

"负向一体化"简单来说意味着消除国家间限制商品、服务和生产要素流的壁垒，通过减少国民经济政策的规则的歧视性条款，实现贸易自由化。[1] "负向一体化"由欧盟提出，主要源于欧盟早期达成的各项条约以及《单一欧洲法》（the Single European Act）所作的承诺，即货物、服务、资本和劳动力的自由流动，以及整个共同体不受扭曲的竞争影响。"负向一体化"模式的重心在于限制国家的部分监管权限，倾向于采用统一的监管模式以避免监管不一致，更注重监管措施的效果而非制定过程，其主要目的是消除贸易保护主义行为。彼德斯曼认为GATT/WTO采取的就是负向一体化的调整模式，只要求成员方不得采取会导致福利损失的贸易限制措施。[2] GATT/WTO主要服务于传统货物贸易，谈判议题集中于关税、配额等边境措施，倾向于让贸易伙伴国通过互惠减让提高彼此的市场准入水平，政策变化方向为相互对等减让直至完全消除贸易壁垒，具有"负向一体化"的特征，各国可以保留较多自主制定国内政策的空间。然而，"负向一体化"模式主要解决的仍然是各国歧视性的贸易保护行为，在解决非歧视性的国内监管分化问题方面作用较小。

因此，随着生产、服务、贸易与投资逐渐形成一体化综合体，知识产权、标准、投资、竞争政策、劳工、环境等边境后措施对贸易和跨境资本流动的制约作用日益突出，各方以规制融合为导向的正向一体化诉求亦愈发强烈，如技术进步、可贸易性服务、数据保护等。[3] 彼得斯曼同样也指出"正向一体化"出现在了WTO协定的承诺方式中，成员方除了不得采取造成福利损失的贸易限制措施，还应当根据WTO相关规则主动采取促进国际贸易一体化和自由化的措施，并且积极建立国内法规，使国内贸易体制与WTO义务规定趋于一致。

正向一体化以国内政策措施的制定流程和实施的协调性为焦点，通过引入共同的政策、向共同的监管机构让渡部分国家独立的权利，实现国家间的边境后协调，例如以提升决策过程的透明度、在规则制定过程中咨询利益相

---

[1] 张蕴岭、邵滨鸿主编：《中国发展战略机遇期的国际环境》，社会科学文献出版社2014年版，第142页。

[2] 蔡从燕：《私人结构性参与多边贸易体制》，北京大学出版社2007年版，第80~81页。

[3] 高疆：《多边贸易体制、全球贸易治理与国际贸易新规则》，上海社会科学院出版社2020年版，第34页。

关者、设立拟议监管措施的影响评估机制等作为重点内容的良好监管实践。由于提升透明度、增强利益相关者参与度实际上对本国的进出口商也具有积极作用，因此正向一体化模式下的国际监管合作实际上也有利于成员国的单边利益。相较于负向一体化要求实施统一的监管模式，正向一体化模式倾向于对监管目标的设定和监管措施的制定与实施过程进行协调，更有利于解决非歧视性的国内边境后监管不一致问题。

（二）推动国际监管合作的主要目的

国际监管合作的核心目标是促进国际贸易便利化、自由化。具体来说，可以分为四类：①促进经济活动，同时确保国家安全、人类健康、环境等领域的重要社会目标不受损害，换言之，国际监管合作和各国国内的社会目标是相辅相成而非相互竞争的关系；②专注于回报最大的领域，监管合作的倡导者在选择监管合作的领域时往往会考虑在该领域推行监管合作是否值得，即需要进行成本收益评估；③以最有效的方式进行合作，这为各国之间达成监管等效、监管协调和相互认可协议提供了可能性，同时为一个国家单方面调整其自身规章制度及其与贸易伙伴的规章制度提供了可能性，监管合作应当包括简化法规和减少繁文缛节（Red Tape），且提供国家间采用非正式安排的可能性，例如建立信息共享平台；④就私人公司而言，减轻公司的监管负担、降低交易成本，消除货物和服务、投资和人员跨境流动的障碍。

国际监管合作尤其对于降低监管不一致带来的合规成本高昂这一问题具有显著作用。随着关税下降和数量限制被取消，抑制国际贸易和投资流动的政策越来越具有监管性质。各国的监管制度在目标、实施和执行方面各不相同，虽然它们的主要目的并非为给贸易设立关卡，却起到了阻碍跨境贸易的作用。大型跨国公司的高层领导尤其指责这类监管分化带来的高昂成本使得公司在市场竞争中处于劣势地位，一旦某个国家出于本国社会发展的需要或仅仅是突发奇想修改了特定标准，这些跨国公司就不得不调整产品的设计乃至生产流程，合规成本相应增加。[1]以产品标准为例，A国要求所有在本国市场销售的某种工具采用公制度量，那么对于采取其他度量制（比如英寸或英尺）的进口产品就会造成隐形的歧视。此类制度性差异意味着外国公司不

---

〔1〕　［美］丹尼·罗德里克：《全球化的悖论》，廖丽华译，中国人民大学出版社2011年版，第15页。

得不支出额外的成本以满足目标市场所在国家的各类监管规范，由于此类成本可能与产品和生产要求、合格评定和认证要求或进入新市场的信息要求有关，而对小公司来说可能仅仅收集必要信息的成本就已经高得不成比例，因此它们可能会放弃参与全球贸易的机会。加强国际监管合作则可以减少贸易伙伴之间不必要的国内监管多样性选择，从而降低出口商和生产商所承担的不必要的合规成本，同时有助于维持国家政策目标和这些政策带来的需求增强收益。此外，在监管机构能力截然不同的情况下，监管合作也是减少贸易壁垒的一种方式，可以通过技术援助和能力建设方案支持监管趋同并加速相关进程。

二、多边与区域贸易协定的监管合作实践

（一）多边层面的监管合作实践

早期国际监管合作的主要机构是GATT/WTO。1979年东京回合结束之前达成的《技术性贸易壁垒协定》针对政府对商品施加的强制性的技术要求，采取了比国民待遇更进一步的规则，要求成员制定技术法规时应以国际标准为基础，并采取实现其法规目标所需的对贸易限制最少的措施，不得对源自其他成员的产品造成歧视性或不必要的限制。随后的乌拉圭回合中又增加了卫生与动植物检疫措施等非关税措施谈判，达成的《实施卫生与植物卫生措施协定》涉及农产品的强制性健康和安全相关规范，主要针对影响国际贸易的卫生与植物卫生措施设定了一系列必要性、科学性、非歧视性要求和国际标准的适用，企图通过消除不必要的监管分化来实现各国国内监管协调。例如，《实施卫生与植物卫生措施协定》将国际标准视为WTO成员制定本国动植物卫生措施的参照对象，规定倘若某一成员认为需要实施较国际标准更加严格的动植物卫生措施，它应当证明实施这一措施是必要的，否则不得实施。而当成员企图适用替代或选择性措施时，它应当基于风险评估进行衡量并选择对贸易限制最低的措施。

（二）区域层面的监管合作实践

目前区域自由贸易协定作为国际监管合作的主要平台，许多规则都已超越了WTO在监管合作方面的要求。澳大利亚和新西兰签署了《更紧密的经济关系贸易协定》（The Australia-New Zealand Closer Economic Relations Trade Agreement，ANZCERTA），并通过一系列后续协议和谅解备忘录制定了经济一

体化框架,到2004年,"统一市场"(single market)已成为双方的国内政策的一致目标。ANZCERTA主张通过联合认证和统一制度,建立联合监管机构以及涵盖职业资格和产品标准的相互认可安排来实现更深层次的监管合作。例如,在食品标准领域,双方根据1995年签署的《关于建立联合食品标准制定体系的协议》设立了一个联合监管机构,即澳大利亚—新西兰食品管理局,并最终达成了澳大利亚与新西兰的食品标准联合法规。澳大利亚和新西兰还于1996年缔结了《跨塔斯曼协定》(The Trans-Tasman Mutual Recognition Arrangement,TTMRA),规定了两国对产品标准和职业资格的相互认可。不难看出,ANZCERTA的经验是建立联合监管机构,以制定统一的食品标准、统一的质量管理体系认证方法以及产品标准和职业资格的相互认可,意图加强监管合作实现深度一体化的目标。

欧盟对监管合作模式和策略的选择会根据与相关贸易伙伴之间的贸易实际情况进行调整,机构设置也将相应变化,其签署的特惠贸易协定大致可分为三类:与欧盟成员候选国签订的含有贸易自由化成分的协议,即所谓的稳定与结盟协议(Stabilization and Association Agreemen,SAAs),在SAAs下,欧盟的做法不是直接设立联合监管部门或联合监管委员会,而是在双方高层代表协商和谈判的基础上促进监管合作;与欧盟寻求与之建立更紧密政治和经济伙伴关系的非候选成员国签订的经济伙伴关系协定,如欧盟—智利自由贸易协定;以及与第三国签订的标准伙伴关系协定,如欧盟与加拿大于2013年10月签订的《欧盟—加拿大综合经济贸易协定》。该协定未就监管合作的概念给出明确界定,但设立了独立的"监管合作"章节,对技术性贸易壁垒和动植物检疫措施作出了详细的规定,除在认证标准和认证程序方面采取相互认可的方式外,还建议成立监管合作论坛作为监管信息的交流平台,规定各方可以引入联合风险评估或监管影响评估机制,以及对监管措施进行事后评估等。[1]

而就北美自由贸易区的监管合作而言,早期NAFTA仅包括两个一般性规定。"各方应确保其与本协议所涵盖的任何事项有关的一般适用的法律、法

---

[1] *A single market for 21st century Europe*, Communication from the Commission to the European Parliament, the Council, the European Economic and Social Committee and the Committee of the Regions, COM (2007) 724 final, 20 November 2007, p. 10.

第五章　USMCA强化对新型贸易业态的规制功能

规、程序和行政裁决迅速公布或以其他方式提供，以使利益相关者和各方能够了解这些法律、法规、程序和行政裁决"，以便"利益相关者和当事方就这些拟议措施发表意见"，并"在最大可能的范围内，每一方应将其认为可能对本协议的实施产生重大影响或以其他方式对另一方在本协议项下的利益产生重大影响的任何拟议或实际措施通知与该事项有关的任何另一方",[1]主要规范的是国内政策的制定与公布。停留在国际监管合作的表层，已然不再适合当前以中间品贸易扩张为主要特征的全球价值链的飞速发展。随着全球一体化程度加深，美国愈发认识到国家间监管合作的重要性，于2012年5月发布第13609号行政命令"促进国际监管合作"，强调了国际监管合作作为消除美国与其主要贸易伙伴之间监管不必要差异的关键工具的重要性。特朗普政府在其发布的首个《贸易壁垒报告》中也指出，在汽车市场，日本存在与认证有关的独特标准和测试程序等措施，构成了严重的贸易壁垒，认为日方"把美国企业关在门外，使其遭受损失"。[2]加拿大采用了RIA机制中的定量成本估算作为创新成本控制战略的一部分，实行"一对一规则"（One-for-One Rule），并在此基础上于2015年4月23日颁布了《减少繁文缛节法》（the Red Tape Reduction Act），要求每增加一项给企业带来行政负担的新规定，就必须取消一项旧规定。墨西哥同样致力于建立透明度更高且更具包容性的RIA机制，于2015年4月13日正式启动了新的监管影响分析系统SIMIR，该系统允许利益相关者搜索监管提议以及提交他们的想法，此外，墨西哥还开发了一个在线工具——监管影响计算器，以便监管机构能够在监管的早期阶段尽快评估其提议的监管可能产生的影响。[3]美国、加拿大和墨西哥亦成立了工作组就农药的管制和标签等政策领域的监管协调进行讨论。2010年至2011年间，在奥巴马政府的领导下，美国—加拿大监管合作委员会（U.S.-Canada Regulatory Cooperation Council, RCC）和美国—墨西哥高级监管合作委员会（U.S.-Mexico High-Level Regulatory Cooperation Council）相继成立，并制定了涵盖多个领域的详细工作计划和行动时间表，旨在减少不必要的监管

---

〔1〕 Article 1802 and Article 1803, NAFTA.

〔2〕 The 2017 National Trade Estimate Report on Foreign Trade Barriers, at https://ustr.gov/sites/default/files/files/reports/2017/NTE/2017%20NTE.pdf.

〔3〕 *2016 Final Report on Good Regulatory Practices in APEC Economies*, USAID 2016/SOM3/EC/CONF/005, 26 August 2016, pp. 44~50.

差异。2018年6月，特朗普政府和特鲁多政府签署了谅解备忘录以延续RCC，为其活动制定了指导方针。RCC由美国和加拿大两个具有健康、安全和环境保护授权的监管机构组成，秘书处由美国信息和监管事务办公室（the United States Office of Information and Regulatory Affairs，OIRA）和加拿大财政委员会秘书处（the Treasury Board of Canada Secretariat）组成，负责对RCC的工作进行协调与监督。RCC在23个不同的政策领域制定了广泛的工作计划，包括化学品安全风险评估、肉类检验、水产养殖和危险材料运输等。RCC还设置了利益相关者论坛（stakeholder forum），论坛汇集了来自美国与加拿大两国的高级监管官员以及相关行业领域的企业。RCC通过消除美国和加拿大两国之间不必要的监管差异，从而降低企业成本、促进经济增长、增加行业竞争力并创造就业机会。例如，在RCC的领导下，加拿大于2017年在机动车安全法规中设置了与美国联邦机动车安全标准一致的标准，要求所有重型车辆均使用电子稳定控制系统（electronic stability control systems，ESC）。使用ESC将为载重牵引车和电动客车带来积极效益，一方面可以防止碰撞，另一方面在车辆的平均使用寿命内可产生近1800万美元的最低效益。

三、USMCA进一步推动监管合作的路径

目前国际监管合作的范围十分广泛，不过国际社会并没有就国际监管合作的具体类型划分达成共识。OECD在2013年的一份报告中按单边、诸边以及多边三类层次列出了11种国际监管合作的具体方式。就单边层面而言有5种方式，分别为采纳良好监管实践、签订国际协定、寻求国际情报、咨询外国利益攸关方以及评估跨越边境的影响；在诸边层面OECD列出了4种方式，分别为谅解备忘录、互相认可/等效、贸易协定中的监管条例和监管合作伙伴关系；而在多边层面有2种具体方式，分别为参与国际论坛（即政府间组织）和签订特定谈判协议。[1]虽然OECD对国际监管合作进行了较为细致的划定，列出了11种监管合作类型，但该报告亦指出监管合作并不限于这11种类型。而USMCA中关于国际监管合作的主要形式有以下几种：

（一）相互认可

相互认可（mutual recognition）是指两个或两个以上成员国承认彼此标

---

［1］ OECD, *International Regulatory Co-operation—Adapting rulemaking for an interconnected world*, Paris: OECD, 2020, pp. 232~233.

准、技术法规或合格评定程序效果等同。USMCA 第 11.1 条规定，相互承认协议（mutual recognition agreement）是指一个政府间协议，该协议规定了一方将承认另一方合格评定机构产生的合格评定程序结果的条件，这些结果证明符合适当的标准或技术法规；而相互认可安排或多边认可安排是指"缔约方领土内认证机构之间的国际或区域安排，其中认证机构在同行评估的基础上，接受彼此认可的合格评定机构或在认定合格评定结果的缔约方领土内的合格评定机构的结果"[1]。

乌拉圭回合中《技术性贸易壁垒协定》只要求成员尽可能将国内标准基于国际公认的标准制定，对成员间的相互认可持鼓励态度但并不强制要求，而欧盟在单一市场计划中将相互认可作为了一项强制性的义务。相互认可原则最早得到确立就是在 1979 年 2 月 20 日欧洲法院的 Cassis de Dijon 案，该案与 Dassonville 案和 Kecka 案一起，是欧洲单一市场法律法案的里程碑。Cassis de Dijon 是法国一种黑醋栗味的利口酒品牌，酒精浓度在 15% 至 20% 之间，而德国 1922 年关于烈酒垄断的法律限制了水果利口酒的进口，规定了国内和进口产品的最低酒精含量，要求酒精浓度必须在 25% 以上，Cassis de Dijon 由于未达到标准不能出口至德国。德国进口商为此与德国政府产生纠纷，最终将案件提交至欧洲法院。欧洲法院认为德国的该项规定虽然是非歧视性的，但仍然导致了对贸易的不合理限制，法院据此判定德国关于酒精浓度的规则与数量限制具有同等的效果，违反了《欧盟贸易法公约》第 34 条的规定，即成员国之间应禁止对进口的数量进行限制和所有具有同等效力的措施。为了更好地建立欧洲单一市场，欧洲法院则在 Cassis de Dijon 一案中确立了相互认可的原则，要求各国应该承认彼此的产品规则。因此，当一种产品在一个国家合法生产和销售时，在完全相同的情况下它应该能够在所有其他欧盟国家进行销售。根据相互认可原则，一个成员国不能禁止在其领土上销售在另一个成员国合法销售的产品，即使这些产品不符合国家法规。但是，如果成员国有充分理由不销售相关产品，如出于财政监督、保护公众健康、商业交易的公平性和保护消费者等相关理由，那么相互认可原则将不适用。Cassis de Dijon 案之后，相互认可原则在许多欧盟案件中得到适用，逐渐被各国接受。

---

[1] Article 11.1, USMCA.

相互认可原则是促进欧盟成员国法律协调和保障商品自由流通的一大贡献，尽管它存在使各国标准和要求"削高就低"以及产生"反向歧视"（即对本国产品的歧视）的嫌疑，但只要兼顾公众健康和公共安全等因素，这种情况发生概率将会降低。

澳大利亚与新西兰签订的 ANZCERTA 也主张建立联合认证制度，设置联合监管部门以及涵盖职业资格和产品标准的相互认可安排来实现两国更深层次的监管合作。随后的《跨塔斯曼协定》进一步规定了对产品标准和职业资格的相互认可制度。在相互认可制度下，产品可以在不同国家间自由流通，能够合法地在一缔约方境内销售和消费的产品也可以在另一缔约方境内销售与消费，无需通过额外的监管程序。以食品安全标准为例，相互认可意味着一方确信另一方的国内食品安全规范足以确保食品满足本国的食品安全标准，另一方亦然。相互认可协议有助于刺激各国之间在政策透明度和市场开放程度方面的竞争，而这种竞争又有助于推动成员国间政策措施的趋同化。美国食品及药物管理局（Food and Drug Administration，FDA）分别与欧盟和英国的监管机构之间签订了相互认可协议，允许药品检查员依赖在彼此境内进行的药品检查的信息。根据 2012 年颁布的《食品和药物管理局安全与创新法案》，如果 FDA 确定外国监管机构有能力进行符合美国要求的检查，FDA 有权签署协议以承认外国监管机构进行的药品检查。FDA 签署的相互认可协议通过避免重复检查，提高了美国和外国监管系统的效率，并且实现了资源的重新分配以检查全球具有更高潜在公共卫生风险的药品生产设施。

在服务贸易领域，为了推动需要特别教育、经验、授权、许可或证明的服务贸易，自贸协定也会包含相关的相互认可规定，如某一缔约方已经根据本国的合格评定程序或标准授予了服务提供者相应的资格认定，其他缔约方应承认该服务提供者在本国亦具有相应资格。其中，CPTPP 和《中国—东盟自由贸易协定》仅规定了关于相互认可的一些原则性条款，首先，相互认可并不构成歧视性行为。另外，相互认可协定适用最惠国待遇原则，无论是缔约方之间签订相互认可协定，还是某一缔约方与协定以外的第三方签订相互认可协定，该协定最终都将适用于所有其他缔约方，抑或该缔约方与其他缔约方就相互认可协定进行充分谈判。而《日本—欧盟经济伙伴关系协定》未提出原则，但给出了详细的指引，在设置了中央监管机构来确保整个协定实施的同时，还单独设立了以达成相互认可协定为中心任务的专门的服务贸易委员会。《中国—韩国自由贸易协定》《韩国—美国自由贸易协定》等则是既提出了相互认可的基本原则也给出了相互认可的具体指引。USMCA 同样对协定项下专业服务领域的相互认可提供了详细的指导，包括资格互认协议的参加主体、资格互认协议的目的、资格互认协议的范围和具体应当涵盖的条款以及相关执行和审议机制，USMCA 还要求每个相互认可协议中必须有监督规则和程序可以有效被执行，并要求列明双方发生争议纠纷时的争端解决方式。

实践中，与相互认可内涵与作用接近的机制还有等效性（equivalence），是指两个或更多国家之间可以采用不同的规制措施，即便这些措施并不相同，但各国承认贸易伙伴的相关措施与本国国内措施具有同等效力，等效性机制的一个必要条件是各方所追求的规制目标非常相似。相较于相互认可，等效性在程序上更为简单：在相互认可机制下，参与一方的规范要经过测试、审查等程序才能被另一方认可，而在等效性机制下，参与方之间无须经过测试、审查等程序即认可彼此之间的规范以及规制体系，因此采取等效性机制需要参与方之间有足够的信任。[1]《欧盟—美国有机等效性安排》（The EU-US Organic Equivalency Arrangement）就要求各方能够认识到彼此之间的有机认证程序具有等效性，以使得出售有机产品的欧盟或美国生产商不再需要为两项单独的认证支付费用并遵守两项单独的有机生产标准。

（二）国际标准化

1. 国际标准化的基本原则

国际标准化（international standardization）是监管协调的重要环节。在这方面，《实施卫生与植物卫生措施协定》明确了几个基本原则：其一，技术国际标准化原则。即实施动植物卫生措施的技术标准应当适用统一的国际标准，这种原则是最低的要求。其二，采取超国际标准的合理化原则。即当某一成员认为需要实施较国际标准更加严格的动植物卫生检验标准时，它应当证明

---

〔1〕 Patrick A. Messerlin, Negotiating Mega-Agreements: Lessons from the EU, EUI RSCAS Working Paper, No. 2014/112, 2014, pp. 10~11.

如此的选择是必须的，否则不能考虑实施。[1]其三，贸易扭曲最小化原则。即当适用替代或选择性措施时，应当基于事实上风险评估的结论，并且应当选择对贸易限制最低的措施。在上述基本原则的指导下，成员方在制定本国的动植物卫生检验标准时通常可以分为三种类型："（1）完全符合（conform to），即成员方制定的动植物检验标准必须与相关国际标准、指南或建议完全一致。（2）作为参照基础（based on），即成员方基于风险分析，依据相应的国际标准、指南或建议制定替代或选择性措施，则该措施应当被视作符合SPS规定；（3）采取比国际标准更高的标准，即考虑到有些情况下国际标准的缺位或者不足，允许成员方根据本国国情采用比国际标准、指南或建议保护水平更高的标准"[2]。其中第三点对于发达国家来说非常重要，比如以欧盟为代表的一些发达国家就会制定比国际标准和其他国家标准高得多的标准，使一些国家的相关产品出口大幅下降，实现保护本国国内市场的目的。

2. USMCA关于国际标准化的具体规则

USMCA将国际标准与WTO的TBT委员会关于国际标准的决定直接挂钩，并特别指出TBT委员会关于国际标准的决定是指第1部分附件2（委员会关于制定与本协定第2条、第5条和附件3有关的国际标准、指南和建议的原则的决定），TBT委员会自1995年1月1日以来通过的决定和建议（G/TBT/1/Rev. 13），经修订后由TBT委员会发布。

USMCA提供了识别和应用国际标准的详细指导，规定在确定国际标准、指南或建议中是否有明确规定时，各缔约方应适用TBT委员会关于国际标准的决定。USMCA还在TPP中相关条款的基础上，指出"各缔约方应确保其与非缔约方之间的任何义务或谅解不会促进或要求撤销或限制根据TBT委员会关于国际标准的决定或本章相关规定制定的任何相关标准、指南或建议的使用或接受"。

《技术性技术贸易壁垒协定》和TPP/CPTPP在制定国际标准时均遵从世

---

[1] 这种高于国际标准的规定表明了SPS允许成员政府偏离国际标准而实施高标准的动植物卫生检疫措施。事实上，该规定阻止了相关措施向更严格的统一国际标准的发展，为发达国家提供了较大自由选择的法律空间。为此，发达国家成员可以采取高于一般国际标准的检疫措施，制定其检疫规则和程序，从而达到限制发展中国家成员的产品进口，实现保护发达国家国内市场的目的。参见王学秀："乌拉圭回合《动植物检疫与卫生措施协议》述评"，载《国际贸易问题》1996年第12期，第32页。

[2] Article 3, SPS Agreement.

卫组织和粮农组织管理的机构食品法典委员会（Codex），如果法规超过 Codex 商定的标准，则要求进行科学风险评估和"必要性测试"（necessity test）。[1] TPP/CPTPP 压缩了一些超出 WTO 规则允许的国际标准的法规的政策空间，而 USMCA 增加了进一步的限制。例如，USMCA 第 11.4 条允许在承认国家公共或私人标准化机构为相关国际标准方面使用更广泛、可执行的语言，还可以扩展到在制定国际法规时将自愿性标准[2]视同食品法典委员会标准。与 TPP/CPTPP 一样，USMCA 要求"各方相互合作确保可能成为技术法规基础的国际标准、指南和建议不会对国际贸易造成不必要的障碍"[3]，该条规定意味着新标准应该是对贸易限制最少的，而这极有可能使健康和安全问题屈从于贸易问题。鉴于 USMCA 遵守世贸组织 TBT 委员会关于国际标准的决定，而该决定确定了制定国际标准的六项原则，因此更可能存在健康和安全问题屈从于贸易问题的风险。从健康或安全角度来看，关于有效性和相关性的原则是最易引发风险问题的，该条原则规定，为了在促进国际贸易和防止不必要的贸易壁垒方面为世贸组织成员的利益服务，国际标准必须具有相关性，并有效地响应各国的监管和市场需求以及科学和技术发展。它们不应扭曲全球市场，对公平竞争产生不利影响，或扼杀创新和技术发展。实际上，该原则在 WTO 框架下属于委员会建议，而非具有约束力的条款，但 USMCA 赋予了该原则可执行力。

USMCA 进一步要求缔约方在制定本国标准时考虑所有可能的国际标准，如果不考虑特定标准，则必须提供不这样做的理由。这一规定可能会让政府接受安全门槛较低的国际标准，而不是提供更大保护的标准。该协议还要求对其拟采用的任何重大新法规强制实施监管影响评估，并规定如果另一方认为存在贸易限制性较小的方法，则允许另一方的"人员"（包括私人公司行为者）直接向该方监管机构提出申请。还有一项独特的要求，"缔约方必须确保有关标签的技术法规不会对贸易造成不必要的障碍"[4]。该项规定可能会影响包装正面的营养标签，目前食品法典委员会正在讨论相关标准。总部位于

---

[1] Labonté R, Schram A, Ruckert A., "The Trans-Pacific partnership agreement and health: few gains, some losses, many risks", *Glob Health*, vol. 12, no. 1, 2016, pp. 25~32.

[2] 例如美国境内制定的公司标准。

[3] Article 11.4, USMCA.

[4] Article 11.5, USMCA.

美国的北美肉类研究所和加拿大肉类委员会已经指出加拿大包装正面的解释性标签违反了 USMCA 关于良好监管实践的规则。此外，如果食品法典委员会指南强调单一的区域标签法规，那么加拿大和墨西哥将面临相当大的压力，其需要采用美国食品行业倾向的标准，这也会导致加墨两国在塑造更健康的食品选择方面的影响力被削弱。[1]

3. 关于国际标准化的诸多争议

国际标准化对贸易的促进作用要多于相互认可。因为与相互认可相比，当各国采用相同的标准时，产品将更同质化，消费者会找到本国产品的替代品，从而减少本土偏好即对国内生产产品的普遍偏好。不过，国际标准化对贸易也存在潜在的负面影响，例如，国际标准化可能会导致市场上流通的产品种类减少，因为人们对外国产品的需求有时是建立在对多样化的热爱的基础上，适用统一标准就意味着多样化的消失，人们的需求可能会随之降低，从而对贸易产生影响。此外，由于并非所有国家都拥有充分参与国际标准制定活动的专业知识或议价能力，因此国际标准化可能会对不同国家产生不对称的合规成本，其所带来的收益实际上并没有在各国之间平均分配。

当前，学界对"国际标准化"存在诸多争议。一些学者认为，为防止"削高就低"（races to the bottom）的发生，避免各国仅仅以其本土方式制定规则，有必要制定国际规则、设定全球监管标准以减少隐形的贸易保护主义。[2]比如采取统一的监管模式，授权 WTO 这种国际组织制定全球性的劳工、环保、卫生和安全标准，通过该模式可以实现劳工、环保、卫生和安全等价值观和自由贸易之间的平衡。然而有人批判，这种无视成员不同观点或不同发展水平的集中式的监管规则，非但不能防止隐形的贸易保护主义，反而会导致监管效能削弱，[3]比如利益集团会控制该组织并以对其有利的方式进行监

---

[1] Thow AM, Jones A, Hawkes C, Ali I, Labonté R., "Nutrition labelling is a trade policy issue: lessons from an analysis of specific trade concerns at the World Trade Organization", *Health Promotion International*, vol. 33, no. 4, 2018, pp. 561~571.

[2] 徐泉、耿旭洋："边境后措施国际监管合作发展趋向与问题阐释"，载《上海对外经贸大学学报》2021 年第 5 期，第 73~89 页。

[3] [美]约翰·O. 麦金尼斯、马克·L. 莫维塞西恩：《世界贸易宪法》，张保生、满运龙译，中国人民大学出版社 2004 年版，第 9~11 页。

第五章　USMCA 强化对新型贸易业态的规制功能

管,这对于其他市场主体而言是不公平的。[1]在 NAFTA 的谈判过程中,美国政客就指出与墨西哥进行自由贸易不公平,因为该国的劳工和环境标准都弱于美国。在美国部分政客看来,各国为了获取环境和劳工低标准带来的竞争优势会不断降低本国标准,从而产生一种负面的"逐底效应",为了保护环境与劳工,也为了保障公平贸易,他们希望其他国家将国内标准提高到与美国标准相同的水平。贾格迪什·巴格瓦蒂对此提出了反对意见,虽然"削高就低"在一定程度上具有合理性,但它缺乏足够的实证相关性。根据纳什均衡(Nash equilibrium)理论,在次优的条件下,不对称的纳什均衡将使一国无法取得对称均衡条件下可以获得的福利,因此在纳什均衡中,对称均衡并非以低标准国家规模的扩张为特征。[2] 2020 年 3 月,欧盟委员会发布了制定中的《欧洲工业战略(草案)》,计划"制定具有欧洲价值特征的全球标准",美国信息技术与创新基金会专家罗伯特·阿特金森及埃林·奇沃特联合发布的针对该草案的评论意见就批评欧盟的战略没有充分尊重不同国家之间的差异,他们指出,在某些特定问题上,一些国家并不认同欧洲的价值观,因此欧洲不应试图将欧洲制度强加给其他国家,而应尊重差异,允许各国的国家机关拥有制定本国国内法规政策的自主权。因为实践中,国内政府通常比国际机构更熟悉本国的社会发展情况和文化传统,能够更准确地锁定应受监管的对象,其所制定的标准往往更切合本国的实际需要也更具备可用性。

(三)良好监管实践

USMCA 专门新设第 28 章"良好监管实践"(Good Regulatory Practices, GRP)作为美墨加三国关于国际监管合作的最新尝试,这亦是美国贸易协定中第一次设置此类章节。USMCA 第 28 章中的广泛规定与其他章节及附件中更为具体的旨在约束现有条例和塑造新条例的规定共同构成了 USMCA 下以"良好监管实践"为核心的新型监管合作机制,确立了 USMCA 监管条款的总体框架,广泛适用于所有政府部门,即便是非贸易领域的国内法规也受其影

---

[1] 赋予 WTO 监管功能会增强聚结式利益集团的能量,破坏该组织抗衡贸易保护主义集团的目标。这种监管功能会要求相当的制定政策的自行裁量权,因为有必要在相互竞争的监管方案中作出选择。最适于担当此任的结构,很可能类似一个委员会或行政机关。简而言之,与仅仅消除不同国家人民之间自愿交易中的歧视性壁垒相比,履行制定强制性全球性法规的任务需要一种更加强大并具侵入性的管辖结构。一个肩负国际监管重任的委员会或机构将特别容易被保护主义利益集团所劫持。

[2] [美]贾格迪什·巴格瓦蒂:《现代自由贸易》,雷薇译,中信出版社 2003 年版,第 40~44 页。

响与制约,且该章首次全面采用国家间争端解决机制,并通过贸易制裁的手段予以执行。与 NAFTA 相比,显然 USMCA 关于监管合作的规定更为细致具体,其将 NAFTA 中两个关于国内监管措施的一般性规定扩展成第 28 章 "良好监管实践",提出了加强监管合作的具体做法。例如,NAFTA 生效后美国与加拿大成立了美国—加拿大监管合作委员会,与墨西哥成立了美国—墨西哥高级监管合作委员会,并未形成一个三方联合性质的监管合作委员会,USMCA 则弥补了这一缺憾,规定设立一个由美墨加三方政府代表组成的良好监管实践委员会。在 USMCA 生效后,RCC 进行的活动将得到扩大,持续时间将更长,且根据 USMCA 第 28 章第 20 条的规定,争端解决应在总协定生效后一年内适用,因此,RCC 项下的活动还可通过争端解决加以执行,而此前由于 RCC 并不依赖于贸易协定的签订,它实际上是作为行政部门的一项倡议开展活动的,执行力明显不足。

1. 良好监管实践

OECD 与 APEC 提出,良好监管实践应当包含如下几种因素:监管影响分析、成本—收益分析(Cost-Benefit Analysis)、基于风险的分析(Risk-based Analysis)、基于实证的决策(Evidence-based Decision-making)、跨部门协商(Inter-agency Consultation)、与受影响群体全面且透明的磋商(Full and Transparent Consultation with Affected Parties or the Public More Generally)以及对现有规则的系统性审查(Systematic Reviews of Existing Regulation)。这些组织通过引入良好监管实践,对各缔约方国内监管进行规范化,试图实现不同体系管制之间的无缝连接,减少标准差异性,提高规则透明度,促进全球或区域生产网络内生产要素的优化配置。[1] USMCA 中亦专设了良好监管实践章节,指出良好监管实践是有效监管合作的基础,其目的是帮助最大限度地减少不必要的监管差异,促进贸易或投资。该章节几乎适用于美国、墨西哥和加拿大的所有强制性法规,不限于直接影响贸易的协定所涵盖的条例。

2. "负面清单"模式

USMCA 在附件 28-A 中专门针对不适用 GRP 章节的国内规制进行排除,这也是贸易协定中首次针对国内规制的监管采用 "负向清单" 模式。针对美

---

[1] 陈志阳、安佰生:"多双边贸易谈判中的国内规制问题",载《国际贸易》2014 年第 10 期,第 15 页。

国，不适用 GRP 章节的领域包括"军事、外交、国家安全相关政策、对部门的人事及财务管理措施、对机构组织和运行的监管、金融服务以及反洗钱相关政策等"[1]；针对加拿大，不适用 GRP 章节的领域包括"军事、外交相关政策、对公共部门的人事及财务管理、对机构组织和运行的监管、对税收、金融服务以及反洗钱的监管等、联邦及地方各级政府与原住民相关政策"[2]；针对墨西哥，不适用 GRP 章节的领域包括"税收（尤其是与分配相关的政策）、对公务员的管理、与土地、劳工相关政策、与金融服务及反洗钱等相关政策、公共检察官履行宪法职能、与国防相关政策"[3]。此外，在 APEC 和 CPTPP 中均未为国际监管合作设立争端解决机制，甚至 CPTPP 的"监管一致性"章节明确提出该章不适用争端解决机制，而 USMCA 在这方面显得更为大胆，积极引入了争端解决机制，提出在诉诸争端解决办法之外往往还可以找到一种双方都能接受的解决办法，因此缔约方可自行判断是否适用第 31 章争端解决机制。

3. 中央监管协调机构

早期的国际监管合作着重强调国家与国家之间的合作，很少涉及国家内部存在的中央与地方之间以及不同部门之间的监管不一致问题，然而这种内部的监管分化同样会造成市场壁垒，影响国际贸易与投资的发展。因此，USMCA 要求美墨加三国在各自的职责范围内根据本国国内法律维持各自的中央监管协调机构（Central Regulatory Coordinating Body），且该机构的代表们将在良好监管实践委员会中任职。中央监管协调机构本质上是国内主管部门在制定规章时进行协商、协调和审查的机制，有助于改进缔约方国内的监管体系，防止国内监管部门之间出现要求不一致的情况，促进各缔约方广泛采用良好监管实践，从而增强缔约方之间的监管兼容性。

美国目前国内执行中央监管协调职能的机构信息和监管事务办公室（OIRA），OIRA 是国会在 1980 年《文牍减少法案》（the Paperwork Reduction Act）中设立的联邦办公室，隶属于管理和预算办公室（the Office of Management and Budget）。除了根据 1980 年《文牍减少法案》审查政府从公众那里收集的

---

[1] Article 1 (d), Annex 28-A, USMCA.
[2] Article 1 (b), Annex 28-A, USMCA.
[3] Article 1 (c), Annex 28-A, USMCA.

信息外，OIRA还根据12866号行政命令审查提议的草案和最终法规，制定和监督政府在信息政策、隐私和统计政策领域的政策实施情况，并监督相关机构对《信息质量法》（the Information Quality Act）的实施。在第13609号行政命令"促进国际监管合作"中提到应当由OIRA的负责人领头，并由该负责人选出负有重大国内监管责任的每个机构的代表，共同组成监管工作组（Regulatory Working Group）推进国际监管合作。虽然有人批评OIRA"缓慢、不透明、混乱、无法无天和攫取权力"，但为了完善国内系统性监管，加强监管措施制定中跨部门的协商协调，避免不同部门之间监管不一致或者重叠监管对贸易自由构成新的壁垒，类似OIRA的中央监管协调机构必不可少。

4. 监管影响评估机制

监管影响评估机制主要源于欧美国家内部政策的制定，是一种政策工具，可被视为传统成本效益分析的延伸和概括。在良好监管实践中，RIA机制占据了重要地位，它主要承载了以下功能：确定监管机构打算解决的问题和政策目标，包括对问题重要性的评估和对监管需求的列举；考虑是否需要监管以实现政策目标，或是否可以通过非监管的方式实现目标；评估有效且合理可行的潜在替代方案；评估每种可选方案的成本和收益，解释所选方案优于其他可用方案的原因等。

USMCA明确要求各缔约方积极运用RIA机制对拟议法规的潜在影响进行评估分析，且在进行监管影响评估时应考虑以下因素："（1）拟议法规的必要性，包括对法规拟解决问题的性质和重要性的说明；（2）解决（1）项所述需要的可行和适当的替代方案；（3）对所选和其他可行替代方案进行成本效益分析，包括相关影响，如经济、社会、环境、公共健康和安全影响，以及风险和分配效应，认识到有些成本和收益难以量化或货币化；以及（4）得出选择的替代方案更可取的结论的理由"[1]。此外，在进行影响评估时，应当考虑提案对中小企业的潜在负向影响。

5. 回溯性审查机制

虽然RIA机制在限制监管分化、降低贸易成本方面发挥了重要作用，但即便采取了RIA机制，当成本主要由外国公司承担时，监管机构仍然可能忽

---

[1] Article 28.11, USMCA.

第五章　USMCA 强化对新型贸易业态的规制功能

视这些不必要的监管分化与重复的贸易成本。而且，RIA 机制针对的是单个规定而非整体的监管环境，但贸易商通常需要了解整体的监管环境。为了弥补 RIA 机制存在的上述不足，USMCA 引入了一种事后评价机制（Ex Post E-valuations），即回顾性审查（Retrospective Review）条款，以协助监管部门评估已经实施的各项政策法规的直接和间接影响，提供关于政策法规效力与效率的反馈，从而为改进某项具体的规定或整体的监管环境提供明确的指引。该条款要求每一缔约方"采用或维持程序或机制，对其法规进行回顾性审查，以确定修改或废除是否适当"，例如可以根据缔约方的国内法律以及利益相关者向监管机构提交的修改或废除法规的书面建议发起回顾性审查或由监管机构主动发起。在这些审查中应考虑的标准包括"法规在实现其最初规定目标方面的有效性""自法规制定以来发生的新变化""消除不必要的监管负担""解决可能对缔约方贸易产生不利影响的不必要的监管差异的方法"以及"公众发表的相关意见"。[1]紧跟其后的改进建议条款中，USMCA 要求各缔约方应为任何利益相关者提供向其任何监管机构提交发布、修改或废除法规的书面建议的机会。这些建议的依据可能包括，在利益相关者看来该法规在保护健康、福利或安全方面已变得无效，或没有考虑到已改变的情况，如技术的根本性变化或相关的科学技术发展等。

　　除上述关于国际监管合作的主要形式外，USMCA 在平衡国际监管合作与规制主权之间也付出了诸多努力。根据 OECD 的监管合作调查，各国对于国际监管合作的担忧首先就是规制主权（Regulatory Sovereignty）被削弱，在监管合作被视为损害规制主权原则或不足以适应特定国家或地区的需要的情况下，国际监管合作往往会出现重大障碍。根据 2004 年发布的政策研究倡议（the Policy Research Initiative），加拿大国内关于国家利益和维护主权的辩论一直非常活跃，许多加拿大人担心监管合作会限制本国的规制主权，而监管多样性有助于维护加拿大的价值观和身份认同。[2]因此，如何在促进监管合作与维护主权利益尤其是国家的规制主权之间取得平衡，是当前国际监管合作领域需要慎重处理的问题。

---

〔1〕　Article 28.13.2, USMCA.

〔2〕　OECD, *International Regulatory Cooperation*: *Addressing Global Challenges*, Pairs: OECD Publishing, 2013, p. 89.

183

为了协调监管合作义务与规制主权，USMCA 提出了尊重缔约方国内规制体系。由于国际监管合作涉及一国的经济体制、规制与政策，因此维护规制主权的内容之一就是要尊重各缔约国国内的法律法规。安德鲁·古兹曼（Andrew Guzman）教授在对 WTO 专家组和上诉机构处理关于食品安全的争端进行分析时指出，专家组和上诉机构在风险水平、科学证据的评估以及 SPS 措施与风险评估之间的关系方面应当遵从实施方的要求，不应对采取 SPS 措施的决定进行实质性审查，仅需要审查是否符合《实施卫生与植物卫生措施协定》的透明度和程序要求。安德鲁教授的意见实际上反映的正是国家主权与贸易自由之间的平衡。[1]对此，USMCA 亦明确表示并不阻止各缔约方在其认为适当的保护水平上实现其公共政策目标（包括公共健康、安全和环境保护等目标）以及在本国法律制度和机构的框架内确定履行协定义务的适当方法，允许缔约方在各自的职权范围内根据各自的法律设立各自的中央监管协调机构。针对"良好监管实践"目前尚不存在固定的模式，需要各缔约方结合本国国情进行探索。因此，USMCA 倾向于提供示范性模板供缔约方参考，例如在监管评估影响条款和回顾性审查条款中，USMCA 提供了可供考量的因素，即确立了一些基本原则和要求，并鼓励缔约方考虑和接纳。不难看出，USMCA 企图寻求更稳妥的监管合作方式，从而实现促进贸易自由化以获得更大的贸易效益和保持各缔约方规制主权之间的平衡。

USMCA 还使用了带有鼓励性质的软性条款。与 CPTPP 和 TTIP 相似，UMSCA 倾向于使用软性条款，不要求缔约方承担强制性义务。例如在监管影响评估条款中，使用的是各缔约方"宜鼓励"（should encourage）"在适当情况下"（in appropriate circumstances）使用监管影响评估，以及各缔约方"宜考虑"（should consider）拟议的条例是否可能对大量小企业产生重大的不利经济影响，如果是这样，该缔约方宜考虑采取可能的方式（potential steps）减少这些不利的经济影响。同样，在鼓励监管兼容性和合作条款中，USMCA 采用了各缔约方"宜鼓励"（should encourage）其监管机构"在适当情况下"（in appropriate circumstances）与其他缔约方开展互利的监管合作活动。USMCA 还按国别进行概念划分。由于 USMCA 缔约方中美国和加拿大为发达

---

[1] Andrew Guzman, "Food Fear: Health and Safety at the WTO", *Virginia Journal of International Law*, vol. 45, no. 4, 2004, pp. 1~40.

第五章 USMCA 强化对新型贸易业态的规制功能

国家而墨西哥为发展中国家，考虑到缔约方的不同发展水平以及政治和体制结构的差异，USMCA 在 GRP 章节的附件 A 中特意对不符合章节目的的"监管措施"和"监管机构"按国别进行了区分，例如加拿大的总督（the Governor in Council）不属于 USMCA 定义的监管机构，而美国则是总统不属于监管机构。此种建立在国情差异上的考量本质上是对各国规制主权的维护与尊重。

第六章

USMCA 边境后措施规制功能与中国的应对

本章厘清了中国高水平对外开放与边境后措施的关系，聚焦"十四五"时期中国的制度型开放，尝试以边境后措施为切入点将制度型开放与国际经贸规则重构以及 USMCA 三者结合分析。在应对策略方面，本章一一对应前述章节，分析了中国在国有企业、环境、劳工、数字贸易以及国际监管合作等领域的具体应对，提出以自贸试验区（港）作为对接国际经贸新规则的试验平台。此外，本章还尝试从解决中美贸易争端、推动 WTO 改革以及积极参与区域贸易协定等具有紧密联系的不同层面对中国进一步参与和构建国际经贸新规则给出建议。

第一节 中国对外开放与 USMCA 边境后措施的关系

本节着重分析了对外开放与边境后措施之间的关系，"十四五"时期建设更高水平开放型经济新体制的目标要求中国必须积极参与国际经贸规则重构，从规则接受者、追随者转变为规则的改革者甚至引领者，主动适应、主动接受和主动引领国际经贸规则重构。而在这一开放转型时期，中国的对外开放需要从要素流动型开放转向制度型开放，也就意味着中国的对外开放开始深入边境之后，强调边境后措施的协调规制，而这一趋势恰好与国际经贸规则重构的方向一致。

一、中国高水平对外开放与参与国际经贸规则重构

对中国而言，深度参与国际经贸规则重构是中国在坚持对外开放领域的重要任务之一。2020 年 10 月 29 日，中国共产党第十九届中央委员会第五次全体会议通过了中共中央《关于制定国民经济和社会发展第十四个五年规划

和二〇三五年远景目标的建议》(以下简称"'十四五'规划"),"十四五"规划就提出要建设更高水平开放型经济新体制,全面提高对外开放水平,积极参与全球经济治理体系改革,维护多边贸易体制,积极参与多双边区域投资贸易合作机制,推动新兴领域经济治理规则制定,实施自由贸易区提升战略,构建面向全球的高标准自由贸易区网络。

(一) 中国在国际经贸规则重构中的角色定位

在新时期,中国应当跨越西方学者所撰称的"金德尔伯格陷阱"(Kindleberger's Trap)[1],进入主动完善和塑造现存国际体系的新进程,[2]成为国际规则新的共塑者乃至引领者。在其他主要国际行为体缺乏贡献全球公共物品的意愿和能力时,中国应当积极参与国际经贸规则重构,主动提供国际公共物品,不仅仅是物质性公共物品,更重要的是向国际社会贡献思想性公共物品,从"规则接受者"(rule taker)变成"规则撼动者"(rule shaker),进而又变成"规则制定者"(rule maker)。[3]

1. 参与者、学习者、维护者

在改革开放的前30年,中国的整体发展水平较低,不具备制定国际规则的能力,所以中国采取的策略是学习和内化国际规则,提高国内规则制定与实施的水平,从而与国际规则接轨。因此,中国早期在国际规则制定中呈现的形象既是国际规则的参与者,也是国际规则的维护者。所谓参与者,主要是指中国改革开放以后在维护独立自主的前提下,参与了西方主导的大部分但不是全部的国际规则,并在维护规则中改革规则;所谓维护者,是指新中国成立以后,中国就一直是主权国际体系以及通用国际规则的维护者。[4]20

---

[1] "金德尔伯格陷阱",是指在曾经具有世界领袖地位的大国衰落之际,由于新兴大国无力提供必要的全球公共品,从而造成世界治理的领导力真空的局面。金德尔伯格最早提出这个命题,他把霸权国家的领导权和世界经济体系的稳定联系起来,宣称开放和自由的世界经济需要一个霸权或主宰的强国来维持。金德尔伯格运用公共物品原理,强调世界经济中拥有"经济剩余"的强国应该承担供给稀缺的国际公共物品的责任,他认为20世纪30年代"灾难的十年"起源于美国取代英国成为世界最大经济体,但又未能接替英国扮演的角色承担起提供全球公共产品的责任,导致全球经济体系陷入衰退和世界大战。

[2] 苏长和:"中国与全球治理——进程、行为、结构与知识",载《国际政治研究》2011年第1期,第35~45页。

[3] Gregory Shaffer and Henry Gao, "China's Rise: How It Took on the U. S. at the WTO", *University of Illinois Law Review*, vol. 115, 2018, pp. 115~184.

[4] 潘忠岐等:《中国与国际规则的制定》,上海人民出版社2019年版,第2页。

世纪 90 年代，我国为了加入 WTO 实行了"接轨"政策，即改革国内的法律法规和政策体系以使其符合世界通行的规则，而这些通行的规则通常是由美欧为首的发达国家制定的，彰显的是发达国家的利益而非包括中国在内的发展中国家的利益。随着改革开放的持续推进，中国的国家实力不断增长，也已经完成了参与和融入现存国际体系的任务，中国开始具备了改变现行的国际规则并推动国内规则外化的能力。

2. 制定者、改革者、引领者

中国要想在国际社会上参与规则制定，关键仍在开放。中国的第一次开放是鸦片战争后被西方大炮轰开了国门，被迫接受西方规则。第二次开放则是 40 多年前主动的改革开放，是主动接轨西方规则。当前中国应该进入第三次开放的新阶段，让中国规则走向世界。中国不必挑战现有的国际规则，而应当在维护二战后由美国主导的国际规则秩序的基础上补充和改革现行规则体系，中国的角色应当是改革者而非革命家。[1]

虽然奥根尼斯基（A. F. K. Organski）的"国际权力转移"理论指出，崛起国家倾向于挑战和改变既有国际秩序和国际规则以建立对自身利益更有利的国际体系，但不可否认的是，各国在构建国际秩序与制定国际规则方面仍然存在诸多共同的利益诉求。这些共同的利益诉求决定了崛起国并不会完全推翻当前的国际体系，而是试图通过改革去除其中的不合理因素。[2]全球化经过多年的发展，已经形成了融合、复杂且系统的规则体系，这一规则体系具有强大的惯性，完全推倒它是不现实的。因此，在国际经贸规则重构的过程中，中国与国际规则的关系将不仅仅是片面的"与国际接轨"问题以及"参与国际规则倒逼国内改革"问题，中国也不会选择完全抛开现有规则体系"另起炉灶"的方式，而是会在维护现有国际经贸秩序的前提下修正其不合理之处，[3]与世界上大部分国家共同构建一个以公正、合理、有效、有序的国

---

[1] 漆彤："正式申请加入 CPTPP 彰显中国高水平对外开放决心"，载 https://m.gmw.cn/baijia/2021-10/05/35211525.html，最后访问日期：2021 年 12 月 18 日。

[2] 俞新天："权力转移的新特点与中国外交的提升方向"，载《国际展望》2020 第 2 期，第 1~18 页。

[3] 牛霞飞、郑易平："特朗普时代的美国政治危机：表现、原因及发展"，载《太平洋学报》2020 年第 2 期，第 27~39 页。

际规则体系为基础的国际秩序。[1]

中国在区域贸易协定中的规则建构和供给主要是合作型条款,不明确界定缔约方在条约下的权利义务,也不适用强制性争端解决机制。中国并不像美欧一样致力于输出国内法,也不追求规则供给和控制的效果,正如历史上中国倾向于通过较为松弛的朝贡制度处理与周边各国的经贸关系一样,此种传统文化与心态亦融入了中国参与国际经贸规则构建的过程中。在中式自由贸易协定中,总体上遵循的是一种"最低纲领主义"原则,[2]即协定的规则大多是复述或者对接 WTO 多边规则以及美欧等发达国家达成的双边和区域贸易协定中的规则,总体上对超 WTO 规则的构建较为克制,不求引领新规则。因此,不可否认中国在国际制度设计和供给方面的经验不足,设计精细经贸规则的能力有待提高。

(二) 主动对接与主动影响的规则互动模式

无数实践足以证明市场在形成相匹配的规则时均是以发达国家尤其是以美国的意志为转移和驱使,国际治理结构的失衡和规则体系以发达国家为基点的制度牵引,必将导致这一规则体系无论是市场的收益还是制度的红利都将偏向国际公共产品的供给者和市场发展的主导力量一方。尽管广大发展中国家以成员利益集团化的方式在多边贸易体制中抱团取暖,在抵御发达国家"实力导向"和单边施压方面取得了一定的成效,但规则体系的价值取向和发展进程表明在业已形成的以西方国家俱乐部模式应运而生的这套全球经贸规则体系里不可能完全根治单边主义,更不可能从制度配给上将实力和权力的滥用关入"制度的笼子"。

我国主动开放国内市场、主动融入国际经济大循环。被动接受西方主导的既有国际经贸规则的发展模式已经成为困扰我国迈入新的历史发展阶段的体制障碍和制度瓶颈,特别是在规则建设的进程中对中国造成了巨大的规则隐患和体制机制羁绊。"建设更高水平开放型经济新体制"作为我国对外开放新阶段的显著特征和时代要求,其最关键的问题就在于实现从被动接受西方主导的既有国际经贸规则的发展旧模式向以主动对接、主动引领国际经贸规

---

[1] 潘忠岐等:《中国与国际规则的制定》,上海人民出版社 2019 年版,第 7 页。

[2] [美] 弗朗切斯科·迪纳:《自由贸易的社会建构:欧洲联盟、北美自由贸易协定及南方共同市场》,黄胜强、许铭原译,中国社会科学出版社 2009 年版,第 12 页。

则为核心的发展新模式的历史性跨越,需要重新锚定"建设更高水平开放型经济新体制"的三个历史新定位:一是构成立足新发展阶段的时代要求;二是推动贯彻新发展理念的动力变革;三是开启构建新发展格局的伟大实践。新的规则互动发展模式的精髓在于,我国要实施"更大范围、更宽领域、更深层次"的主动开放国内市场,主动融入国际市场,主动适应、主动接受和主动引领国际经贸规则和体制机制建设。

二、规制边境后措施构成中国制度型开放核心内容

经济全球化不但是一个结构性的过程,而且是制度转型的过程。[1]在结构性过程中,主要是资本、商品、技术、劳动力的部分生产要素的跨国流动,而制度转型过程则是指伴随结构过程的国际经济秩序重大改变。[2]伴随着经济全球化中制度转型这一过程,2018年,中央经济工作会议首次提出"制度型开放"这一新表述,要求适应新形势、把握新特点,推动由商品和要素流动型开放向规则等制度型开放转变。"十四五"规划再次指出,全面提高对外开放水平,推进贸易和投资自由化便利化,持续深化商品和要素流动型开放,稳步拓展规则、规制、管理、标准等制度型开放。规划的内容昭示着中国当前的开放应当是更深层次的开放,从流动型开放转向制度型开放。

流动型开放的政策制度主要体现为边境措施,如关税、配额等,而制度型开放的政策制度主要体现为边境后措施,是与国有企业和竞争中立、环境、劳工等制度性改革有关的措施,因此更深层次的开放也意味着要从"边境开放"向"边境后开放"逐渐拓展与延伸,[3]制度型开放将是我国深度融入全球化、参与全球治理体系改革和建设、推动全方位和更大领域对外开放的深水区,也是加强制度性、结构性安排的重点区域,制度型开放的重点在于对标国际高标准的经贸规则,以开放促改革,建立健全高水平的开放型经济体系,实现中国经济与世界经济的深度融合。[4]

---

[1] 高柏:"全球化的未来与中国的命运——人民币汇率的国际政治经济学",载《战略与管理》2004年第1期,第26~32页。

[2] 张蕴岭主编:《世界区域化的发展与模式》,世界知识出版社2004年版,第28页。

[3] 聂平香、林志刚:"加快推进制度型开放的对策建议",载《中国外资》2021年第8期,第20~22页。

[4] 迟福林主编:《新型开放大国:共建开放型世界经济的中国选择》,中国工人出版社2019年版,第7页。

三、中国双循环格局与规制边境后措施的逻辑关联

(一) 外循环促进内外规则的一体化

从历史经验逻辑看，双循环从以劳动力和资本为主的单一要素循环的初级阶段发展而来，在"两个市场""两种资源"背后的是"两套规则"，随着规模的不断扩大，现代双循环理论的逻辑在于多要素规模经济循环，其逻辑本质在于规则的一体化。具体来说，内循环的核心在于国内规则的统一，即将国内各地不同的规则统一起来，防止国内不同地区、不同企业之间的恶性竞争，强化内部的竞争力。而外循环的核心则在于中国规则的国际化，需要中国通过连接内外循环，打通国际国内两个市场，在和国际接轨的同时实现中国规则的国际化，同时改革现存不合理的国际规则。

"十四五"规划将构建国内国际双循环的新发展格局作为国家发展的一项中长期战略，其中突出强调了内外贸一体化以建立统一的国内大市场，提出完善内外贸一体化调控体系，加强内外贸法律法规以及国内国际标准相衔接，完善监管体制，提高标准技术水平。"内外贸一体化"的本质在于规则的一体化，即国内规则与国际规则的衔接，[1]这就意味着需要建立能够统一内外贸、内外资的基础法律法规，首先实现内部的可持续发展，并在此基础上实现规则的国际化，进一步融入国际经济，增强中国的规则制定权和话语权。

(二) 内循环提供规则话语权的基础

以国内大循环为主的双循环格局也为中国参与和引领国际经贸规则重构提供了坚实的物质基础。

1. 以扩大内需作为内循环的战略基点

中国的主要优势之一在于市场，如果以中产的阶层规模来衡量中国市场，中国目前拥有4亿中产群体，占总人口的30%，[2]虽然小于美国的50%，但数量上已经相当于美国的人口总数，为国内经济大循环提供了超大规模内需市场，而扩大内需将成为构建双循环新格局的战略基点。

---

[1] 许皓："'双循环'的法治保障：以内促外与内外并举"，载《湖北大学学报（哲学社会科学版）》2021年第5期，第141~149页。

[2] 徐佩玉："以高校和职业院校毕业生、技能型劳动者、农民工为重点，不断提高中等收入群体比重"，载 https://www.gov.cn/xinwen/2021-04/01/content_5597186.htm，最后访问日期：2021年8月2日。

"十四五"规划就突出强调了双循环格局中国内市场的主导地位,强调加强国内循环,要求将发展的立足点置于国内,充分发挥我国超大规模市场优势和内需潜力。而正如前文关于国际权力格局的叙述中所提到的,国际规则制定权的背后是各国综合实力的较量,即各国的实力决定了其在国际规则体系中的话语权。因此,中国要想在国际经贸规则重构的过程中拥有足够的影响力和制定权,首要考虑的依然是增强自身的实力,在逆全球化时代顺势而为,通过激发国内市场的活力,增强消费对经济发展的基础性作用,推动绿色消费、健康消费,从而完善内需为内循环提供动力,使内循环成为国家经济增长的核心动力之一。[1]

2. 以菱形结构作为内循环的体系布控

当前我国区域经济发展已经出现空间失衡的情况,倘若不及时进行调整与重新布控,会使得区域间的发展差距进一步加大,严重阻碍"双循环"格局形成与更高水平开放型经济新体制建设。因此,"十四五"时期,中国应当以京津冀协同发展、粤港澳大湾区建设、长三角一体化发展、成渝双城经济圈建设等国家战略为国内大循环提供充足动力,并形成以京津冀、粤港澳、长三角和成渝双城经济圈四个重要经济增长极为基点的"菱形经济结构",构建起中国经济增长的"基本盘"。

京津冀、长三角、粤港澳和成渝双城经济圈四个增长极的功能定位与历史使命不同。就京津冀而言,三地协同发展的基本出发点在于有序疏解非首都核心功能,构建高水平的综合交通网络,调整优化城市布局和空间结构,处理好城市圈环境生态文明问题,加快打造现代化新型首都圈。成渝双城经济圈建设必须聚焦"一极两中心两地"的目标定位,强化重庆和成都两个中心城市的带动作用,统揽性目标是在西部形成高质量发展的重要增长极,在新时代推进西部大开发形成新格局中更好地发挥支撑带动作用。

长三角一体化则重在解决国家未来经济发展的核心动力引擎,表现形式为将长三角城市群打造为世界上最强城市群,该城市群的核心也将成为我国经济贡献与科技创新的核心区域,主要功能在于高质量的经济发展。长三角地区应当强化区域优势产业协作,形成世界级的先进制造业集群,并充分发

---

[1] 蒲清平、杨聪林:"构建'双循环'新发展格局的现实逻辑、实施路径与时代价值",载《重庆大学学报(社会科学版)》2020年第6期,第24~34页。

挥对外开放的功能高地作用,率先对接国际高标准投资和贸易规则体系。粤港澳大湾区发展面临的重要问题是港澳问题,区域内存在"一国、两制、三法域"的治理模式差异,因此最核心的问题在于如何协调不同法域间经济协作与区域经济治理的制度创新。此外,粤港澳大湾区所处的特殊地理位置决定了它是内部循环和外部循环的关联点,是南方共同市场的核心,因此其第二功能在于强化辐射和扩散效应,促进经济发展和推动高质量的对外开放,粤港澳大湾区的未来建设方向将是考虑将粤港澳大湾区建设成为像美国旧金山湾区、纽约湾区以及日本东京湾区这样的世界级经济平台。[1]另外,值得注意的是,长三角和粤港澳大湾区这些沿海经济区应当以外循环为主,因为它们原本就是在全球化的背景下成长起来的,无法脱离国际市场发展,换句话说,它们就是国际市场的一部分。

第二节　构建对外开放的四体联动模式

本节首先阐释了"四体联动"模式的内涵,接着主要从中美双边经贸关系、区域贸易协定以及WTO改革三个方向分析了对外开放之外中国推动构建国际经贸新规则的可行路径。

一、"四体联动"模式的具体内涵

实际上,中国的对外开放与中美贸易争端解决、世界贸易组织多边体制改革以及达成区域贸易协定这几者之间具有密切的关系,四者相互影响和促进,具有四体联动的意义,而中国推动构建国际经贸新规则须定位在这一四体联动基础之上。[2]

首先,对外开放是中国的基本国策,是中国更大范围参与经济全球化、促进全球范围内的贸易投资往来以及文化交流和人民交往的共赢之路。而中国参与国际经贸规则重构以及有效应对和衔接USMCA等高标准国际经贸规则与中国的对外开放和国内深化改革应当保持同频共振,这也正是统筹国内与

----

[1] 郑永年:《大变局中的机遇:全球新挑战与中国的未来》,中信出版集团2021年版,第84~85页。
[2] 韩立余:"构建国际经贸新规则的总思路",载《经贸法律评论》2019年第4期,第1~13页。

国际市场、推动双循环格局的深层需要。其次，应当认识到中美两国之间的贸易争端虽然对中国参与国际贸易构成了一定挑战，但从另一角度看，中美贸易争端也将中国推向了决定世界贸易格局的举足轻重的位置，给予了中国参与国际经贸规则重构的机会。通过与美国的一次次交锋，中国能够更深切地了解美国在国际经贸中的利益核心，从而为进一步研究和衔接USMCA等高标准国际经贸规则奠定基础。再次，中国应当始终坚定捍卫WTO在多边贸易体制的核心地位，积极推动WTO改革。尽管WTO囿于自身体制弊端在推动边境后新议题谈判方面进展缓慢，但不可否认它依然是推动全球贸易与投资自由化和便利化的重要平台之一，WTO所蕴含的以规则为基础的理念以及非歧视、透明、开放、包容的内核精神依然对当今国际经贸规则重构具有重要的指导作用。甚至就美国自身来说，WTO作为全球性的公共产品仍具有强烈的不可替代性，美国依然可以从WTO中获取自身利益。最后，中国应当承认区域自由贸易协定在国际经贸规则重构中的重要作用，一方面是积极地研究和对接USMCA等新一代区域贸易协定，提高自身的规则水平；另一方面中国要积极参与诸如CPTPP这类既有的开放性的区域贸易协定，且积极推动缔结新的区域或双边贸易协定。

综上所述，对中国而言，有效应对USMCA、CPTPP等高标准的国际经贸新规则，参与和影响国际经贸规则的重构，深度融入国际经贸治理体系之中，离不开上述这四体的共同发力作用。

二、中国积极处理与美国的经贸摩擦

就中美贸易争端而言，自2009年以来，特别是自2016年底以来，中美关系处于一种逐渐滑坡的状态，特朗普政府将中国定性为"修正主义国家"和"战略竞争对手"，美国对华政策产生重大变化。[1]

国家竞争分为良性竞争与恶性竞争两种。恶性竞争是一种追求零和游戏的竞争，结果往往是你死我活、两败俱伤，其极端表现就是两次世界大战。而良性竞争更多追求的是互惠互利、多方共赢。[2]中国的和平发展所追求的

---

[1] [美]格雷厄姆·艾利森：《注定一战：中美能避免修昔底德陷阱吗？》，陈定定、傅强译，上海人民出版社2019年版，第2~3页。

[2] 汤闯新：《大国竞争决定世界变局》，上海书店出版社2015年版，第3、41、111页。

便是国家之间各方共赢的良性竞争,与美国和其他西方国家资本主义式的竞争有着本质的不同,实践中中国也通过自身的发展切实带动了周边亚洲国家的经济崛起,促进了世界经济的良好平稳发展。美国与中国作为世界上重要的两个大国,双方之间关系的重要性早已不再局限于两国之间,而是对整个时代都会产生不可小觑的影响。[1]因此,中美缔结良好的战略合作伙伴关系对于世界和平和稳定发展非常重要。

不可否认,40年来中美两国从彼此合作中都获得了巨大收益,双方在贸易和投资上往来密切,产业链、供应链和价值链深度连接,早已成为彼此重要的伙伴国。而中美之间近些年来的贸易摩擦使得双方都遭受了不应有的损失。各项事实均表明,对中美两国来说,开放融合、互利合作是唯一选择。[2]中国应当坚决维持国际秩序、维护世界和平并为全球发展贡献力量,通过对话协商谈判解决中美之间的矛盾分歧,维持两国既竞争又合作的稳定友好关系,符合中国的当前利益和长远利益。在崛起国与守成国的力量对比中,以中美两个大国最为突出。1950年,按购买力平价计算,美国GDP占全球GDP总量的27.3%,中国GDP只占4.5%。20世纪90年代初冷战结束时,美国GDP占全球GDP总量的20.6%,中国GDP只占3.86%。到2018年,美国GDP占全球GDP总量的15%,低于中国的18.6%。[3]

根据国际货币基金组织2020年出具的报告,尽管2020年新冠疫情大流行对经济造成了剧烈冲击,导致全球范围内的经济下滑趋势显著,美欧等发达经济体的经济亦呈负增长状态,但唯有中国保持住了经济正增长的态势。[4]中国在经济实力方面的崛起带来的权力转移表现在很多方面——中国取代美国成为亚洲许多国家最主要的贸易伙伴,中国在多边贸易体系中积极发挥作用,地位不断上升,对国际经贸规则的影响力逐渐增大。塞缪尔·亨廷顿在其著作《文明的冲突与世界秩序的重建》中就指出,亚洲的经济发展会加深亚洲和西方之间,尤其是与美国之间冲突的强度,他将中国的影响单列出来,指

---

[1] 倪世雄:"中美关系70年:理论与实践",载《国际观察》2019年第5期,第1~25页。

[2] 李巍:"从接触到竞争:美国对华经济战略的转型",载《外交评论(外交学院学报)》2019年第5期,第54~60页。

[3] GDP, PPP (current international $) — United States, China, at https://data.worldbank.org/indicator/NY.GDP.MKTP.PP.CD?locations=USCN-1W.

[4] 葛红亮:"RCEP为全球经济带来光明和希望",载《工人日报》2020年11月20日。

出其他国家出于担心中国恢复在东亚的优势地位，倘若不愿适应这一发展，必然会试图遏制中国的影响，[1]亨廷顿的理论实际上揭示了当前中美两国发生激烈交锋的原因，而此种交锋体现在军事、外交以及贸易的方方面面。

从国际经贸规则体系建构与国内法治建设的关系来看，美国选择从规则入手遏制中国的影响一般有两条路径，一是发达国家往往会以自身完备的制度设计、体系化的国内法治优势推动国际经贸规则体系的形成，进而借助规则体系的发展迫使发展中国家在参与区域经贸合作和全球经济大循环背景下接受不公平、不公正的规则制度；二是既有国际经贸规则往往是以发达国家为主体，以"俱乐部模式"形成的发达经济体之间的规则治理，伴随着全球贸易投资自由化进程的不断推进和全球统一大市场的进一步形成，对后续加入既有国际经贸规则体系的新成员必然会提出以遵守已有的国际经贸规则为加入的前提条件，导致了新成员以既有国际经贸规则为核心被动修改国内法局面的形成。

这一趋势无论是从WTO规则自身演进过程，还是从中国加入世界贸易组织的复杂谈判过程审视，都更多地体现国际经贸规则体系深刻影响和重塑了新加入成员方的国内法治建设。上述两条路径清晰表明，以国内法治规则体系推动国际经贸规则体系的形成是发达国家在区域和多边规则体系建设上的路径依赖，而以发达国家为核心所形成的国际经贸规则体系又必将深刻影响和推动着发展中国家在融入、参与区域和多边贸易体制进程中的国内法治建设。作为世界第二大经济体中国必须从两个维度出发，既要完善国内法治建设推动市场化、国际化、法治化的营商环境，又要积极参与和推动公平、公正的国际经贸规则体系的建构，并实现两者之间有机统一和互动，整体提升中国参与国际经贸规则体系的治理体系和治理能力建设。

三、中国积极加入区域自由贸易协定

虽然有观点认为区域贸易协定会破坏多边贸易体系，并造成贸易转移，使得区域贸易协定的非缔约方受损。但前WTO总干事阿泽维多表示，区域贸易协定是多边贸易规则的建构性力量，区域贸易协定中产生的新规则最终会被引入多边贸易体系。在多边规则无法推进的情况下，区域贸易协定可能是

---

[1] [美]塞缪尔·亨廷顿：《文明的冲突与世界秩序的重建》，周琪等译，新华出版社2010年版，第195页。

推进自由化的唯一途径。中国目前已经签署了 19 个区域和双边自由贸易协定,虽然在协定内容方面,中国签署的自贸协定也不断拓宽议题领域,开始涉及电子商务、环境、劳工、竞争政策等新议题。不过,与 USMCA、CPTPP 等国际高标准协定相比,中国的自贸协定在自由化率和规则标准深度等方面仍有提升空间。[1]中国目前已成功与东盟 10 国签署了 RCEP,也已宣布正式启动加入 CPTPP 谈判,这将是中国融入新的区域贸易规则体系的又一重大战略机遇,其中所包含的国际规则对国内法治的影响不容小觑。对中国而言,加入 CPTPP、RCEP 与 WTO 改革在诸多新规则议题方面存在紧密联系,三者可以形成良性互动关系,有效利用 RCEP、积极加入 CPTPP 将同时为 WTO 的改革带来新的支持,有利于维持多边自由贸易体制的稳定状态和改善世界贸易大环境。

(一) 有效利用 RCEP

2021 年 4 月 15 日,中国向东盟秘书长正式交存 RCEP 核准书,这标志着中国正式完成 RCEP 核准程序。对中国而言,RCEP 为中国提供了一个稳定的、以自由贸易规则为基础的、世界规模最大的一体化市场,这个市场约占中国进出口总额的 1/3。在货物贸易领域,中日之间首次达成农产品关税减让安排,中韩之间以及中国与东盟之间也在许多农产品方面作出了超出现有双边自贸协定的开放承诺,这些举动都为我国提供了农产品出口的新机遇。RCEP 也能有效缓解中美贸易摩擦对中国乃至区域产生的负面影响,因为 RCEP 能够促成稳固的区域供应链和统一市场,促进国内几乎所有产业的进出口增长,使得受中美贸易摩擦冲击的钢铁、建材、建筑、机械设备等恢复生产。RCEP 对区域内贸易投资壁垒的削减,将扩大外循环的空间、降低制度成本,对扩大国际循环的规模和提升跨境效率具有积极的促进作用,为我国构建新时期的开放型经济新体制提供新动力。

就规则而言,虽然 RCEP 在国有企业、知识产权、环境保护、劳动力市场等方面并未对成员国设置严格的条件和限制,缺乏 CPTPP 和 USMCA 的深度与广度,但这恰恰说明 RCEP 是基于发展中国家以"发展"为诉求的核心利益,倘若 RCEP 生效后能够促进成员国的经济发展,那么 RCEP 这种以发展中国家为主导的规则谈判必然会成为其他区域发展中国家制定区域贸易规

---

[1] 王蕊、袁波、宋云潇:"自由贸易区战略实施效果评估及展望",载《国际经济合作》2021年第 1 期,第 11~22 页。

则的参考和借鉴。中国通过影响 RCEP 的谈判和规则生成部分区域和国家的贸易规则，从而打破发达国家掌握规则主导权的桎梏。另外，RCEP 谈判实际上是调整国内法规规则、适应国际高标准经贸规则的过程，RCEP 实施后，中国将对标国际经贸新规则，不断加快制度型开放的步伐，进一步提高我国的规则和管理水平，在国内创造更高标准、更优良的营商环境。[1]

（二）积极加入 CPTPP

CPTPP 作为 5 亿多人口的亚太地区第一大贸易协定，将与 RCEP 联动共同推动亚太地区经贸一体化并重塑国际经贸秩序。[2]尤其是 CPTPP 的前身是由美国主导的 TPP，其规则特点与 USMCA 类似，包含许多美式理念，广泛涉及边境后措施的规制问题。倘若中国未来能够成功加入 CPTPP 谈判，这将使中国以 RCEP 为基础，更大程度地融入规则体系、涵盖范围等发展水平更高的区域贸易协定。这也是中国通过"以开放倒逼改革"的方式推动国内制度与国际规则接轨，从而加快本国经济体制机制改革，建设更高水平开放型经济新体制，推动形成新发展格局的一个重大的战略决策和历史机遇。

目前中国加入 CPTPP 的主要问题是中国自身是否能够满足条件，CPTPP 超过 RCEP 有 20 章的范围，这些章节是传统自由贸易协定中较少涉及的边境后规则，当前中国加入 CPTPP 的主要技术性障碍亦在于知识产权、劳工标准、环境保护、数据安全、国有企业等边境后议题方面。不过，当前国内相关制度及部分企业在高质量发展格局方面确实存在进一步上升的空间，以 CPTPP 为代表的国际经贸新规则大部分与中国自身改革开放的方向是一致的，加入 CPTPP 谈判将有利于中国促进国内相关规章制度对标国际标准，更主动参与国际经贸规则制定和全球治理体系建设。

而中国加入 CPTPP 目前具有以下三个方面优势：首先，中国与多数 CPTPP 成员国有单边自贸协议，合作基础较好。CPTPP 的 11 个成员国中，中国与 8 个国家签订了双边自贸协议，即便是没有双边自贸协议的日本、墨西哥等国，中国也在积极与之发展双边合作关系，如 RCEP 建立了中日之间

---

[1] 倪月菊："RCEP 对亚太地区生产网络的影响——一个全球价值链视角的分析"，载《东北师大学报（哲学社会科学版）》2021 年第 3 期，第 52~62、114 页。

[2] 李春顶、张瀚文："CPTPP：引领国际经贸秩序和规则的风向标"，载《世界知识》2021 年第 4 期，第 16~19 页。

的自贸试验区待遇，中墨之间于 2020 年 7 月成立了贸易畅通工作组。其次，中国与成员国之间贸易往来密切，经济依赖度较高。从贸易金额看，中国基本上是所有 CPTPP 成员国进口来源国的前两位，出口方面中国也是上述国家的重要出口国。再次，中国一直秉持合作开放的态度，坚决捍卫多边主义，始终如一的态度有助于中国被 CPTPP 成员国认可与接纳。最后，如前文分析，CPTPP 大多数条款中国都可接受，中国签订的多个双边和多边贸易协定的条款与 CPTPP 条款接近，甚至要求更为严苛。此外，CPTPP 部分条款与中国改革方向吻合，比如环境保护、劳工权益、知识产权保护以及国有企业改革等。[1]

四、中国积极推动多边贸易体制改革

多边贸易体制作为全球公共产品，是一个成功的国际机制，它加深了国际社会的联系，加快了全球化进程，为世界经济体系带来了巨大利益，美国也曾利用多边贸易体制推进其霸权。[2]因此，尽管边境后规则的制定目前主要在区域层面进行，但这并不意味着多边贸易体制不能在新议题的谈判中取得成果。多边贸易体制作为一个曾经发挥多重效用的平台必然在以边境后措施为重构重心的国际经贸规则重构过程中继续发挥重要作用，但其实现的重要前提是 WTO 能够尽快进行改革，革除自身弊端，进入新的以边境后规则谈判为主的 WTO 2.0 时代。

（一）WTO 改革的必要性

世界贸易组织是当今全球经济治理体系中制度最完备、运作最规范和影响最广泛的体制，它作为多边贸易体系的核心，对降低以关税为核心的边境壁垒、推动贸易发展、稳定世界经济增长乃至制度变革等方面贡献巨大。[3]虽然 WTO 囿于自身体制弊端自多哈回合后其运转几乎陷入停滞，在应对边境后措施方面远不及 CPTPP、USMCA 等区域贸易协定所发挥的作用，但 WTO 依然具有不可替代的独特优势，多边平台的有效性促使许多国家放弃双边或

---

〔1〕 封安全：“新发展格局下中国加入 CPTPP 的策略思考”，载《经济纵横》2021 年第 7 期，第 79~84 页。

〔2〕 [美]乔纳森·休斯、路易斯·凯恩：《美国经济史》（第 8 版），杨宇光等译，格致出版社、上海人民出版社 2013 年版，第 690 页。

〔3〕 刘敬东："WTO 改革的必要性及其议题设计"，载《国际经济评论》2019 年第 1 期，第 34~57 页。

区域沟通而利用WTO协商解决争端。

从中国的角度出发,加入WTO也为中国带来了稳定的、可预期的贸易与投资环境,二十多年来中国的对外贸易、利用外资以及经济社会发展取得了巨大成就,毫无疑问,中国是WTO多边贸易体制的最大受益者之一。[1]中国通过加入WTO,深度参与国际分工,经济总量增长了近十倍,2000年,中国GDP在世界经济中的占比仅为3.6%,而到了2019年这一比例则达到了16.4%,成了目前世界第二大经济体,2020年,中国更成了世界上唯一取得正增长的主要经济体。中国的进出口货物贸易总额大幅增长,进出口在全球所占份额提高近4倍,从原来不足5%提升至10%以上,中国也已成为全球第一大出口国和第二大进口国。中国的外商投资和对外投资也稳居全球前列,保持逐年增长的态势,而且中国不仅数量上有直观的提升,在产业升级和结构优化方面也取得了显著的成就,流入服务业特别是高附加值服务业以及高技术制造业的比重不断增加,出现了从劳动密集型产业加速流向资本技术密集型产业和高附加值产业的趋势。[2]

(二)中国对WTO改革的态度

在从以WTO为核心的多边贸易体制受益的同时,中国也为推动全球的可持续发展作出了重要贡献,对全球经济增长的年均贡献率接近30%。对中国而言,WTO仍然是经济全球化和贸易自由化的基石以及全球经济治理的支柱。不过,中国在多边贸易体制发展中的多重身份定位已经从多边贸易体制的参与者、维护者和建设者转变为多边贸易体制的协调者和贡献者,尤其是中国充当发达国家和发展中国家之间的"协调者",在各方的利益博弈中寻求谈判突破的路径,[3]为多边贸易体制的变革与发展贡献了重要力量。中国承认WTO在某些机制安排和规则谈判方面存在不足,应当进行必要的改革以完善其功能,但中国同时也指出,WTO的改革不能以牺牲非歧视待遇、特殊和差别待遇等基本宗旨和原则为代价。就WTO改革,中国已于2018和2019年分别提交

---

[1] 屠新泉等:《改革开放40周年:中国与多边贸易体制的关系变迁》,人民出版社2019年版,第152页。

[2] 崔鑫生:"'入世'20年:中国与世界互动的回顾与展望",载http://www.rmlt.com.cn/2021/0723/619641.shtml,最后访问日期:2021年7月26日。

[3] 封安全:"新发展格局下中国加入CPTPP的策略思考",载《经济纵横》2021年第7期,第79~84页。

了相关的立场文件和建议文件，针对改革的具体领域和事项给出了详细的建议。

（三）WTO改革的议题设计

WTO目前正在进行的谈判主要有与农业贸易相关的谈判、与渔业补贴相关的谈判、与电子商务/数字贸易相关的谈判、与服务贸易相关的谈判以及与环境问题相关的谈判。国有企业和产业补贴议题、投资议题以及相关机制改革（包括WTO机制建设和争端解决机制改革）是未来谈判会重点探讨的问题。在博鳌亚洲论坛上，论坛理事、美国前商务部部长古铁雷斯指出，WTO改革不应好高骛远，在起始阶段就设定一个过于宏大的目标，而应该首先在贸易、规则和多边主义这样的宏观层面上取得共识，再去考虑针对新议题的谈判。WTO新任总干事恩戈齐·奥孔乔-伊韦阿拉则回应说，WTO的主要任务是就规则进行谈判，世界在变化，尤其是数字经济与电子商务不断发展创新，规则应当随之改变，但目前WTO应当重点关注那些可谈判的关键议题，并促使成员国就这些议题取得切实成果。

有学者曾提出"中国式多边主义"（Chinese Multilateralism）的理念，该理念的核心创新点是推行"高且可行"（high and feasible）的标准。"高"是指符合国际最佳实践；"可行"是指兼顾发展中国家实际情况、差异化需求和有限的能力。"高且可行"标准，在哲学上遵循普遍真理与具体实际相结合原则，在发展实践上符合构建人类命运共同体理念。因此，中国应当针对不同议题根据本国的情况采取不同的应对态度。首先，中国应当明确接受关于产业补贴、上诉机构、知识产权保护、数字贸易等与中国自身改革较为一致的议题。其次，针对国有企业等议题，中国应当通过自身改革谋求国际共识。最后，关于目前存在较大争议的议题，中国应当持开放立场并灵活处理，比如就发展中国家地位问题，一方面要坚持中国的发展中国家地位，另一方面也可就具体的权利义务进行谈判。[1]

第三节 主动对接高标准边境后措施规则

本节重点分析了中国针对USMCA规制边境后措施在不同领域的具体应对

---

〔1〕 "WTO改革：机遇与挑战"课题组、陈卫东："客观认识WTO当前困境 以战略思维推进WTO改革"，载《行政管理改革》2021年第7期，第19~29页。

措施，以及以自贸区为规则试验平台的合理性与可行性。"规则博弈"是当今世界十分重要的博弈领域，全球治理和国际规则制定主导权的斗争十分激烈，掌握全球规则制定权的西方大国既不愿承担更多治理责任，又企图阻碍我国等发展中国家参与全球治理。西方国家特别是美国正在酝酿双边和多边、区域和全球的规则变局，通过 USMCA、CPTPP 等新型高水准自贸协定企图打造"规锁"，压缩中国参与国际事务的空间。面对此种情形，中国应当做好充足的准备，以制度型开放应对当前以边境后措施为重心的国际经贸规则重构，一方面主动对接国际经贸规则，另一方面也要主动影响和引领国际经贸规则，形成可预期、可借鉴、可为我所用的规则体系，在国际经贸规则的变革和 WTO 规则体系的现代化发展进程中做规则的建设者、推动者乃至引领者。

一、USMCA 对中国开放转型时期的国内法治挑战

USMCA 则代表了当前国际经贸规则重构的高标准协定模板，是美国参与和主导国际经贸规则重构的重要工具，前文已经具体分析了 USMCA 在规制边境后措施的具体规则，这些美式公平与对等理念指导下诞生的经贸规则必然会对未来的规则谈判产生重要影响。而中国在对外开放的新时期必须积极参与并影响国际经贸规则的重构，开放的形式从流动型开放转向制度型开放的目的就是在边境后规则制定方面不仅能紧跟国际经贸规则重构的整体趋势，甚至能在其中发挥一定的引领作用。因此，USMCA 是中国在参与国际经贸规则重构中必须重点研究的对象。

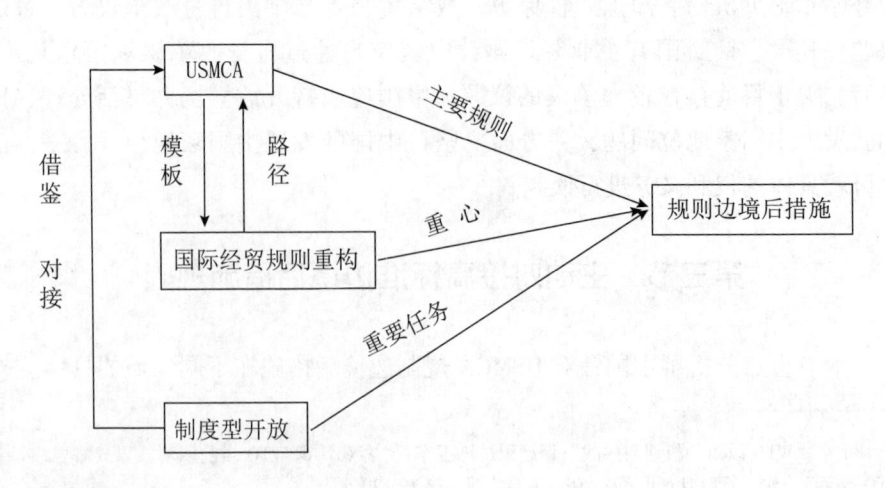

(一) USMCA 对中国国有企业的挑战

CPTPP、USMCA 等新一代区域贸易协定中的国有企业规则对我国造成了诸多方面的挑战，包括定义类、补贴类、程序类和救济类。首先，定义类即规则中的国有企业定义不断扩展，与中国的国有企业范围界定存在差异。USMCA 中主要是以"控制"作为界定国有企业的核心要素，其中包括股权、投票权以及任命高管等实质性控制能力。欧盟主要以"公共主体"为国有企业是否受规制的界定标准，而公共主体的判定根据在于国有企业是否承担政府功能以及执行政府政策。而 CAI 中以"涵盖实体"取代"国有企业"的表述，定义更为广泛，突出政府对企业决策的控制与影响。其次，补贴类通过创设"非商业援助"制度，降低了对国有企业实施反补贴的条件，并简化了相关程序。USMCA 中关于非商业援助的规则较之传统的补贴规则要求更高且涉及范围更广，即使并非针对国有企业而是各类国内企业均可享有的补贴都可能被 USMCA 认定为非商业援助，例如中国的国有商业银行以及部分国家控股的银行为国有企业提供的贷款就有可能被认为属于非商业援助，从而受到协定规则的制约。且不可否认中国国内的财政与金融政策中存在直接/间接补贴以及优惠政策，这些非商业援助是造成诸多领域产能过剩和市场效率低下的主要因素之一。最后，程序类即规定高标准的透明度要求，USMCA 对国有企业和非商业援助的信息公开和沟通均提出了要求，除主动公开国有企业的名单、指定垄断和扩大现有垄断范围外，还要求应请求提供有关国有企业或指定垄断的股权和投票权、担任高管的政府官员职务、近三年年收入和总资产、享有的豁免、年度财务报告和第三方审计等一系列信息。相对于 USMCA 中高标准的要求，中国国有企业信息透明度还需要进一步提升，例如国有企业通常只需要向国资委等国家机构定向报告，不需要向全社会披露信息，因此缺少社会监督。此外，在国有企业治理中中小股东、债权人以及员工等利益相关者的参与度较低。

综上，国有企业作为多边贸易谈判和区域贸易协定中的重点议题，必然会在未来的谈判中不断涉及，而 USMCA 中的高标准国有企业规则作为美国谈判的最低出价必然会对未来谈判产生重要影响，且在 WTO 层面也有关于中国国有企业的争端，包括中国国有企业获得补贴的问题和中国企业是否能被视为"公共机构"的问题。因此，中国应当逐步探索和对接相关国有企业规则，通过自身改革谋求国际共识，确保国有企业能够进一步深度参与国际市场。

（二）USMCA 对中国环境和劳工立法的挑战

较少考虑非贸易关注可能导致的环境污染、资源枯竭等问题已成为阻挠发展中国家可持续发展的长期性问题。就中国而言，在改革开放初期，中国的粗放型经济增长方式使自然环境遭受了一定破坏，在经济飞速发展的几十年间暴露了许多环境和劳工权益方面的问题，比如空气污染、水污染、荒漠化、危险废品等环境问题和超长工作时间、高危工作环境、低廉工资等劳工问题，这些问题不仅对中国自身也对世界产生了影响。但随着经济发展，人民生活方式与思维的改变，中国也逐渐意识到环境的改善有助于资源和能源的可持续利用，劳工权益的保护有助于劳动力的存续与优化，促进经济和贸易的可持续发展，因此中国开始采取积极的应对态度，不断提高国内立法水平，加强国内环境和劳工权益保护。

但以美欧为首的发达国家不断地坚持贸易协定还应包含诸如劳动标准、环境保护等那些单纯被视作国内事宜的内容，[1]显然并非出于保护环境和劳工的单纯目的，而是企图通过在 USMCA 等区域贸易协定中推动这些社会议题的合法化，形成统一的监管模式以消除它们所认为的发展中国家在自由贸易中拥有的不合理的优势，防止所谓的"社会倾销"（social dumping）。这些条款要求签署方大量的国内制度及程序与贸易协定所定义的标准一致，没有充分尊重不同国家之间的差异，这种无视成员不同观点或不同发展水平的集中式的规则，非但不能防止隐形的贸易保护主义，反而会导致监管效能的降低。[2]

（三）USMCA 对中国数字贸易的挑战

虽然无论是多边层面还是区域层面均尚未形成关于数字贸易规则的系统体系，美国、欧盟以及中国之间仅就数字贸易的定义都存在分歧，但不可否认数字贸易已经成为美国的重点关注对象，数字贸易规则也会成为美国推动国际经贸规则重构中的重要一环。美国寻求通过 USMCA 等区域贸易协定消

---

[1] [美] 斯蒂芬·M. 沃尔特：《驯服美国权力：对美国首要地位的全球回应》，郭盛、王颖译，上海人民出版社 2008 年版，第 30 页。

[2] [美] 约翰·O. 麦金尼斯、马克·L. 莫维塞西恩：《世界贸易宪法》，张保生、满运龙译，中国人民大学出版社 2004 年版，第 9~11 页。

数字产品和服务的贸易壁垒，确保跨境数据流动，消除和防止数据本土化措施等，企图在数字贸易领域继续占据规则的主导权，CPTPP、USMCA 等协定中高标准的数字贸易规则也确实对中国的数字贸易发展提出了挑战，例如禁止限制跨境数据流动、不得限制数据本地化、禁止强制披露源代码或算法等条款与中国在数字贸易方面的"红线"并不相容。美国由于本土企业在互联网领域具有先发优势，倡导数据跨境自由流动，反对数据本地化，支持采用 APEC 的 CBPR 数据传输机制，欧盟出于对个人隐私的保护，主张政府应对数字贸易进行适当干预和监管，在保护个人信息的同时推进数据跨境流动。而中国出于国家安全的考虑，认为应当先由国内法律对数据跨境流动进行规制。

（四）USMCA 对中国参与监管合作的挑战

CPTPP、USMCA 等贸易协定中纷纷吸纳了国际监管合作的相关规则，企图在本区域内建立监管合作机制，由此可见监管合作已经成为当前贸易协定谈判的重要议题，且在实践中也已形成了先导式的监管合作模式。然而中国目前参与国际监管合作的实践较少，国内规制与监管合作新模式的要求也存在较大差距，[1]目前签订的 19 个自由贸易协定中均没有设立独立章节来讨论监管合作与监管一致性问题，中国与韩国、澳大利亚等国签订的自贸协定虽然有涉及良好监管实践的内容，但也主要局限在技术性壁垒章节，并未作为协定的横向条款。因此中国在未来签订自由贸易协定必然会面临如何引入此种监管合作模式的问题，中国应当现在就积极做出相应的政策调整和制度回应，为未来面对的严峻挑战做好充足准备。

首先，透明度要求不足。中国在国际贸易领域的监管体系透明度较低，信息的公布与交流有待加强。虽然中国积极履行了 WTO《技术性贸易壁垒协定》与《实施卫生与植物卫生措施协定》规定的透明度义务，通过设立专门的网站和咨询点积极通报技术法规、合格评定程序以及标准，并负责解答问题、接受评议以及应请求提供相关文件，但通常中国的透明度义务集中于颁布后的国内法规和标准，对颁布之前的草案以及相关的评议过程并未公开。而且中国规制措施制定过程中公众以及利益相关者的参与程度较低，公布的方式并未完全电子化，更偏向于采取政府公报或报刊的形式，导致获取困难。

---

[1] 王丹："全球自贸协定中的'监管一致性原则'与中国的因应"，载《河北法学》2017 年第 5 期，第 76~86 页。

其次，中央与地方监管不一致。中国的政策制定主要由中央政府负责，而政策执行分属于地方，为监管部门执法留下了广泛的空间，不可避免会催生宽泛的行政裁量权，相应就出现了中央政府与地方政府监管不一致的情况，从而导致营商环境的不确定性和风险增加，阻碍了外资与内资企业及整个经济的发展。因此，中国若要完成其向高效、现代化及市场经济的过渡，必须注重提高中央与地方各项法律、行政法规和部门规章之间的一致性与透明度，为外资和内资企业的发展提供稳定可预期的营商环境。

再次，国际标准化参与度不足。由于国际标准化是监管合作的主要形式之一，故中国自加入WTO之后就十分重视推动国际标准化的工作。一方面中国积极推动国内标准趋近和对接国际标准，于2001年10月成立了国家标准化管理委员会负责统一管理全国标准化工作。另一方面中国重视参与国际标准的制定，目前是国家标准化组织（International Organization for Standardization，ISO）的常任理事国。虽然中国在国际标准化方面已经取得了一定成果，但较之美日欧等发达经济体仍然存在差距，整体参与程度较低且国际认可度不高，不仅主导的国际标准数量少、占国际标准总数比重低，而且主导的国际标准领域通常是较为小众的领域而非重要的高新技术等产业领域。

最后，自贸协定中监管合作程度较低。中国作为WTO成员在国际监管合作方面目前限于TBT、SPS以及服务贸易领域，而在这些领域中国的努力主要集中于具体部门行业的相互认可，比如《中国—新西兰自由贸易协定》的附件14《关于电子电器产品及其部件合格评定的合作协定》就是针对电子电器产品及其部件合格评定的相互认可协定。当然中国也与不少国家在自由贸易协定外签署了专门的监管合作相关协定，例如中国与新西兰签订了关于有机产品的相互认可协定。但整体上看中国参与的监管合作程度较弱，虽然在一些具体规则已经升级和突破，但缺乏当前国际经贸协定中监管合作议题的内容。未来中国签署或升级国际经贸协定必然会面临更多关于监管合作的问题，因此如何把握中国在国际经贸协定中参与和实施监管合作程度将会是关键。

二、中国破解USMCA边境后措施的具体应对策略

在国际经贸规则重构的新阶段，以美国为首的发达国家从倡导自由贸易理论转向高举公平贸易大旗，认为发展中国家在国际经贸体系中获取了与自身付出并不匹配的利益，企图借助新一轮国际经贸规则重构加强对发展中

家约束、维护本国在国际和国内市场的双重竞争优势。对此，中国应当辩证地看待国际经贸规则重构中的利与弊，既要看到发达国家在这些议题上占据着优势地位，它们之所以积极引入新议题是为了强化自己的优势；也要看到部分新议题出现也是经济社会发展的客观需求，[1]如果市场经济和社会发展的规律，与发展中国家自身改革的方向并不冲突，不宜一概反对。在国际经贸规则重构中，中国应当重点考虑的是在新议题中如何设立兼顾发展水平差异的公平规则，主要遵循两项基本原则：一方面应当反对以公平贸易为由干涉他国发展模式和内政的行为，对影响中国总体安全和基本社会制度的规则要谨慎应对；另一方面有效吸纳符合自身改革方向的对市场经济和社会发展规律的合理认识，对契合中国自身改革大方向的规则要积极借鉴。[2]

（一）积极应对国有企业议题

当前，中国的国有企业成长迅速，为中国融入全球经贸体系、拉动经济增长贡献了重要作用。《财富》杂志 2020 年发布的世界 500 强排行榜显示，中国共有 133 家公司上榜，数量第一次超过美国。而上榜的中国企业中，由国务院国资委履行出资人职责的央企为 48 家，地方国资委出资企业 32 家，财政部门履行出资人职责的企业有 12 家，上榜国企数量合计为 92 家。鉴于国有企业在中国经贸发展中的重要作用以及 USMCA 中所确立的国有企业高标准规则可能产生的重要影响，中国应当积极完善国有企业的国内规定，增强国有企业对国际经贸规则的适应能力。

首先，竞争是市场有效运作的核心机制，公平竞争对提升国有企业的效率以及推动非国有企业健康发展均有积极作用。[3]因此，在国有企业改革方面，促进不同所有制企业公平竞争占据着重要地位。1999 年十五届四中全会通过的中共中央《关于国有企业改革和发展若干重大问题的决定》、2013 年十八届三中全会通过的中共中央《关于全面深化改革若干重大问题的决定》、2014 年十八届四中全会通过的中共中央《关于全面推进依法治国若干重大问题的决定》等多项文件均要求促进各种所有制经济公平竞争并且得到同等的法律保护。

---

[1] 潘忠岐等：《中国与国际规则的制定》，上海人民出版社 2019 年版，第 172~173 页。
[2] 潘忠岐等：《中国与国际规则的制定》，上海人民出版社 2019 年版，第 179~180 页。
[3] 田野："国际经贸规则与中国国有企业改革"，载《学术前沿》2018 年第 23 期，第 74~83 页。

其次，明确国有企业功能界定和推进分类改革是新时代深化国有企业改革的逻辑起点和鲜明特征，有利于推动国有企业高质量发展，促进其适应市场化、法治化、国际化新形势的迫切需要。2015年8月24日，中共中央、国务院发布了《关于深化国有企业改革的指导意见》，根据国有资本的战略定位和发展目标，结合不同国有企业在经济社会发展中的作用、现状和发展需要，将国有企业分为商业类（包括商业一类和商业二类）和公益类，其中商业一类企业聚焦充分竞争行业和领域，商业二类企业聚焦重要行业和关键领域，公益类企业聚焦保障民生、服务社会。目前，中央企业集团层面和子企业已经全面完成功能界定与分类，各地结合实际基本完成国有企业的功能界定与分类。而国有企业的分类与政府的补贴模式有着紧密的联系，[1]例如通常政府应当给予公益类国有企业补贴等政策优惠，以便这类国有企业能够更好地履行社会责任。

此外，还应当积极完善国有企业信息披露制度。2009年，《国务院国有资产监督管理委员会国有资产监督管理信息公开实施办法》就国资委公开国有资产的范围、方式以及程序等作出了相关规定，但内容仍然需要细化与补充。虽然目前国资委以及地方国资委在各自官方网站上均已主动公布了中央和地方的国有企业名单、高层管理人员名单以及相关政策法规，但在国有企业信息披露方面仍有进一步改进的空间，例如，除由国资委监督国有企业的信息披露外，也可建立第三方机构负责的外部监督机制，由独立的外部审计机构审查国有企业披露的信息。[2]此外，国有企业应当从自身层面向全社会进行信息披露，接受社会公众监督，并完善国有企业治理中的利益相关方参与机制。

（二）保护环境以及劳工权益

关于劳工方面的立法。1994年，第八届全国人民代表大会常务委员会第八次会议通过了《劳动法》，[3]配套印发了17个规章，该法律还于2009年和2018年进行了两次修正，该法律的目的即保障劳动者的合法权益。此外，

---

[1] 高维和、殷华、张懿玮：《国际"竞争中立"国有企业条款与中国实践》，格致出版社、上海人民出版社2019年版，第78页。

[2] 李思奇、金铭："美式国有企业规则分析及启示——以NAFTA、TPP、USMCA为例"，载《国际贸易》2019年第8期，第88~96页。

[3] 为表述方便，本书中涉及我国法律文件直接使用简称，省去"中华人民共和国"字样，全书统一，后不赘述。

2007年还通过了《劳动合同法》以完善劳动合同制度，保护劳动者的合法权益。在实践中，最高人民法院也就上述法律实施过程中出现的问题给予了相关司法解释。此外，目前我国批准了8个核心公约中的4个，即《同工同酬公约》（第100号）、《最低就业年龄公约》（第138号）、《最恶劣形式童工公约》（第182号）以及《反就业歧视公约》（第111号），我国立法对上述公约的重要内容进行了内化并立法。虽然中国在劳动立法方面已经取得了长足的进步，但仍然存在问题，比如针对消除就业和职业歧视问题，尽管《劳动法》明确规定了劳动者就业不因民族、种族、性别、宗教信仰不同而受歧视，妇女和男子享有平等的就业权利，但实践中性别歧视、户籍歧视、社会身份歧视仍然存在，究其根本，依然是中国劳动立法不够完善，执法方面存在较大问题，需要加大执法监督力度以确保相关法律得到有效遵守。

关于环境方面的立法，中国已经批准加入了30多项与生态环境有关的多边公约与议定书。1989年达成的《环境保护法》是我国第一部环境方面的立法，对改善和保护环境有着积极作用，该法已于2014年进行了修订，除此之外我国还有诸多环境保护单行法、行政法规、部门规章以及地方性法规和规章等。但目前中国环境立法方面还存在立法结构不平衡、立法内容不完善的问题，比如环境保护法律规范存在交叉重叠甚至矛盾冲突的地方，一些已颁布的单行法缺乏相应的配套实施细则，各地的地方性环境立法发展不平衡。我国应不断完善劳动和环境相关立法，加强对环境保护和劳工权益的立法、司法和行政保护，加大执法监督力度，切实保障环境标准、劳工标准的有效实施，缩小与国际标准之间的差距。[1]国务院新闻办公室2021年9月发布的《国家人权行动计划（2021-2025年）》将环境权利单列为一大项，要求实施可持续发展战略，推动绿色低碳发展，完善生态环境法律法规制度体系。中国政府承诺，到2030年，中国非化石能源的比重将提高到25%左右，碳强度（单位国内生产总值二氧化碳排放）降低65%以上，提高森林蓄存量，努力在2030年前实现"碳达峰"目标，到2060年实现碳中和，以促进可持续发展。

关于社会议题与贸易挂钩的问题。虽然发达国家与发展中国家针对环境、劳工等社会议题与贸易协定挂钩的问题仍然存在较大分歧，但它是一种不可

---

[1] 李西霞：“全球贸易自由化进程中劳工标准体系的分化与发展”，载《社会发展研究》2015年第1期，第165~181页。

逆的历史发展趋势，无论是贸易与劳动还是贸易与环境，它们相互之间的紧密联系是真实存在的。这些社会议题将从单边走向诸边、多边，并逐步演化为贸易问题与政治问题，已经呈现出一种多元化的发展形态。中国不应再回避这些社会议题，而应主动将贸易与社会议题作为谈判议题并就此达成规则，在协定中吸纳符合中国法律要求的相关条款。这里的"符合中国法律要求"意在指出中国即便接纳贸易与社会议题的互嵌，同意在自由贸易协定中吸纳相关议题，也并不意味着中国将一味接受美欧等发达国家设置的高标准，中国应当是在本国国情可容纳的范围内达成环境、劳动等社会议题的相关协定条款。对此，中国可以考虑有限地将环境与劳工保护适当吸纳签订的贸易投资协定中，并在协定中采取"序言+独立标准条款"模式。[1]

UMSCA在环境和劳动章节中均规定了磋商与一般争端解决程序结合的争端处理方法，即磋商为前置程序，磋商无果后适用主协定的争端解决机制，美国在协定中设定这一规则的核心目的在于使社会议题与贸易制裁措施发生直接关联。而中国目前签订的自由贸易协定中较少吸纳劳工条款，即便吸纳也主要是一些宣誓性和促进性条款，在中国与新西兰签订的《劳动合作谅解备忘录》中，双方虽然提到了对ILO承认的劳动者基本权利的承诺，但仍然强调了各自在制定本国劳动法律法规的主权。同时中国一贯反对采用贸易制裁方式解决劳工问题，提倡采取友好协商的方式。而环境问题方面亦是如此，中国签订的自由贸易协定中除具体合作领域外，大多为原则性规定，对于环境问题的争端解决也是提倡采取磋商等友好协商方式而非强制性方法，比如2018年批准生效的《中国—格鲁吉亚自由贸易协定》在第九章"环境与贸易"中规定针对本章节产生的任何事项，缔约方仅可在联合委员会框架下进行磋商。

（三）注重数字贸易规则制定

近年来中国数字经济规模不断上升，电子商务通过与大数据、人工智能等高新技术的融合，创造出了新业态和新模式，已成为国民经济中最核心的增长之一。根据国家统计局数据，2020年全国网上零售额达11.76万亿元，同比增长10.9%，实物商品网上零售额达9.76万亿元，同比增长14.8%，占

---

[1] 田原："CPTPP劳工标准条款与中国对外投资合作发展策略"，载《中国外资》2021年第7期，第56~58页。

社会消费品零售总额的比重接近 1/4，跨境电商进出口额达 1.69 万亿元，增长 31.1%。[1] 从"十二五"到"十四五"规划，中国的数字经济政策也在逐步深化。"十四五"规划中明确提出大力发展数字经济，并在 2035 年远景纲要中单独成篇，首次提出数字经济核心产业增加值占 GDP 比重这一新经济目标。

1. 中国关于数字贸易规则谈判的实践

WTO 作为全球贸易治理的多边平台，一直在努力推进与数字贸易发展和数字贸易监管有关的规则创建。1998 年，WTO 成立了电子商务工作组，主要任务是讨论货物贸易、服务贸易、知识产权等问题在数字化背景下的适用问题。随后，各类电子商务规则被提出，成员方针对电子商务规则的提案数量不断增多。1996 年，在新加坡举行的首次部长级会议上，成员们达成了一项重要协议：暂停征收数字商品和服务的电子传输关税，随后又制定了一份《电子商务工作方案》。但之后除定时延长电子商务关税暂停期限之外，并没有其他后续行动，多哈回合中也并没有提及电子商务。于是成员们纷纷开始寻求外部途径，通过自由贸易协定处理电子商务相关问题。

在 2017 年 12 月的布宜诺斯艾利斯部长级会议上，以美欧为首的 71 个 WTO 成员发表电商联合部长声明，提议将数字贸易的谈判工作再次纳入 WTO 议程。在 2019 年 1 月达沃斯世贸组织小型部长级会议上，美国提出 WTO 的数字贸易规则应当对标 USMCA 等"高水平"自贸协定条款，始终强调寻求高水平协定，建立强大的、市场导向的规则，减少威胁数字经济的贸易壁垒，包括对数据流动的限制和本地化要求。而中国认为现有案文不够平衡，要求谈判应当坚持发展导向，建立灵活的框架以照顾和适应发展中成员的实际困难和监管需要。最终达成的达沃斯部长宣言既写入了美方的"实现高水平成果"，也加入了中国与欧盟坚持的"争取尽可能多的成员参与"和"以现有世贸规则为基础"等原则，会议的总结声明还应中方要求加入了谈判过程应"开放、透明、包容"，并"考虑发展中成员面临的特殊机遇与挑战"等措辞。[2] 中国代表团经过权衡，最终接受了该案文，正式加入电子商务谈判。

---

[1] "商务部电子商务司负责人谈 2020 年全年网络零售市场发展情况"，载 http://www.mofcom.gov.cn/article/news/202101/20210103033238.shtml，最后访问日期：2021 年 12 月 1 日。

[2] 中国常驻世贸组织代表团：《艰难时刻：世贸组织与中国 2018-2019》，上海人民出版社 2021 年版，第 180~181 页。

2019年，在瑞士达沃斯举行的电子商务非正式部长级会议上，中国和美国、欧盟等76个WTO成员签署了《关于电子商务的联合声明》（Joint Statement on Electronic Commerce），同意在WTO协定和框架的基础上启动电子商务议题谈判。目前各成员方提交的提案主要涉及以下核心条款：进一步促进电子商务便利化；进一步推动跨境数据自由流动；进一步扩大货物贸易和服务贸易的市场准入；进一步提升企业、消费者在参与电子商务活动中的信任度；平衡政府政策干预和电子商务发展之间的关系。

除WTO体制下关于数字贸易的谈判与合作外，中国在数字经济方面最重要的举动是决定申请加入《数字经济伙伴关系协定》（Digital Economy Partnership Agreement，DEPA），旨在与各国合力推动数字经济健康有序发展，促进开放、非歧视性和全球化的互联网环境。DEPA由新西兰、新加坡和智利于2020年6月12日签署，协定共分为16个模块，涵盖了数字经济和电子商务的各个方面，在促进数据自由流动、对数字产品的非歧视待遇、对计算设施区位的非强制要求、促进邮包贸易等电子商务、保护个人数据、保护在线消费者权益、中小企业合作、促进数字经济包容性与参与度等诸多方面作出了详细规定。与CPTPP和USMCA中的数字贸易规则相比，DEPA进行了不同程度的改进与革新，比如DEPA中数据本地化和跨境流动的条款与CPTPP条款一致，但DEPA涵盖的内容比USMCA和CPTPP都更为广泛。加入DEPA将对中国的数字贸易发展和数据跨境流动以及个人信息保护产生重要影响，在提高贸易数字化与便利化的同时，要求中国对跨境数据进行分类并建立评估体系，提升网络安全水平，也将进一步促进中国个人信息保护与国际规则接轨。[1]

2. 中国关于数字贸易规则的争议重点

目前阻碍各方就WTO框架下电子商务谈判达成共识的争论点主要有以下三点：其一，关于跨境数据自由流动的相关义务。由于数字经济的基础是云计算、大数据等基础设施，对资金和人才要求很高，中国、印度等发展中国家考虑到如果不对数据本地化有要求，可能会出现数字基础设施向设施和人才都更完备丰富的发达成员聚集的情况，因此发展中成员通常都要求数据本

---

[1] 徐泽轩、刘旭：“加入DEPA对我国的影响及几点建议”，载《网络安全和信息化》2022年第1期，第35~37页。

地化，需要在本国境内存储或处理数据。而美国等发达国家认为限制跨境数据流将会阻碍数字贸易的发展，美国向 WTO 提交的提案的核心主张就是确保数据跨境自由流动，要求进一步取消管制和各类数据本地化要求、基于数字产品非歧视待遇、保护数据有关的产权信息，以及有条件免除电商平台责任等。[1]其二，强制披露源代码。源代码是计算机程序的基本组成部分，包括算法和加密密钥。许多发达国家都希望防止源代码的强制性披露，以免影响商业利益。而发展中国家则认为，禁止披露源代码会阻碍知识和技术的转移。其三，是否应该继续执行 1996 年暂停电子传输关税的规定，抑或永久性停止。以印度和南非为首的发展中国家希望 WTO 审查关税暂停。上述争论实际上触及的依然是 WTO 的核心，即如何在各国制定国内政策的主权与从全球贸易体系获利所需要做出的让步两者之间取得平衡。在这方面，发展中国家的顾虑尤其多，这些国家的数字经济刚刚起步，国内尚未形成具体和规范的法律和监管框架，倘若此时先一步达成多边谈判，那么严格的多边规则极有可能限制他们的政策空间，使他们无法制定更适合本国数字经济发展的治理框架，从而对发展中国家的数字经济发展造成掣肘。

3. 中国关于数字贸易规则的立场对策

为了防止主张"数据自由流动"的"美式规则"可能对发展中成员的产业和安全利益造成冲击，中国应当坚持数字贸易规则谈判的"中式模板"立场，平衡自由贸易与数据安全，坚持构建公平合理的电子商务贸易秩序、坚持合作对话沟通，保持对电子商务新议题的开放态度。[2]

首先，对跨境数据进行分类规制。对涉及国家安全和公共利益的数据严禁跨境流动；对商业相关数据采取安全性评估机制；对个人数据可借鉴欧盟 GDPR 中的数据主体同意模式，赋予个人决定公司如何使用其数据的权力。其次，完善国内立法并设立专门监管机构，该机构承担的责任主要有两项，一是本国数据保护，二是协调跨境数据监管。再次，在跨境数据流动的国际规则制定方面发挥积极作用，不仅要推动建立数据安全保护的国际标准，还

---

[1] 黄鹏:《世界经济再平衡下的国际经贸规则重构——动因、方向及可能路径》，上海人民出版社 2020 年版，第 224~225 页。
[2] 柯晶莹:"RCEP 与 USMCA 电子商务规则的比较及中国策略选择"，载《对外经贸实务》2021 年第 7 期，第 46~49 页。

可以考虑先在区域层面建立一个由各国不同领域专家组成的专业机构来监管数据跨境流动。最后，要增强各国在网络安全信息方面的交流共享，此处的交流不仅指技术方面的信息，还包括经贸规则等领域的信息。[1]

另外，数字经济时代，个人信息保护也成了国家规制的重点领域。2021年8月20日，十三届全国人大常委会第三十次会议表决通过了《个人信息保护法》，并于2021年11月1日起正式实施。《个人信息保护法》对涉外数字活动和涉外个人信息保护设定了具体的规则，可以用作中国与其他国家之间进行个人信息保护合作的"中式模板"。关于个人信息的定义，《个人信息保护法》与GDPR在定义方法上接近，将所有可识别与已识别的自然人有关的个人信息纳入了调整范围，保护范围更广。中国《个人信息保护法》和欧盟GDPR都采取了选择加入（opt-in）模式，即以个人同意作为数据处理合法性理由，非经个人同意，不得对其个人信息进行处理，并且都对同意的有效性提出了实质性要求，即自愿、明确且充分知情。在对同意作出高标准要求的同时，中国《个人信息保护法》提出了比欧盟GDPR更细致严格的要求。《个人信息保护法》区分了同意、单独同意和书面同意等情形，在向他人提供个人信息、公开其所处理的个人信息、所收集的个人图像、身份识别信息用于维护公共安全以外的目的，处理敏感个人信息都需要获得个人的单独同意，而法律、行政法规规定在应当取得书面同意的情况下则必须取得书面同意。而GDPR除对同意提出了一些实质性要求，如"充分知情的""无争议的"外，并无类似要求。在数字经济时代，跨境数据流动成为备受关注的议题。欧盟GDPR从保障基本权利的角度出发，规定了允许个人数据转移的两种基本场景和八种例外情况。而中国《个人信息保护法》则主要从网络安全和数据主权出发，规定了可以向境外提供个人信息的四种条件，以及特定情况下的数据本地化要求，即关键信息基础设施运营者和处理个人信息达到国家网信部门规定数量的个人信息处理者，应当将在中华人民共和国境内收集和产生的个人信息存储在境内，不过相关的具体标准还有待进一步细化。

（四）加强国际监管合作

积极提升透明度。我国应当提升透明度，保障公众参与。不断完善与贸

---

[1] 王玥、王飒飒："对我国数据跨境流动规制的一点思考"，载《中国信息安全》2016年第3期，第79~80页。

易有关措施的公开机制,及时将各类经济贸易法规、政策措施通过公众易于获得的渠道公之于众,有效改善和提高我国履行透明度义务的工作。提升经济贸易政策透明度不仅是积极履行我国加入世界贸易组织时庄严承诺的表现,也有利于我国健全市场经济体制和更好地融入国际经贸体系。

建立中央监管协调机构,防止中央地方监管不一致。CPTPP 鼓励缔约方建立全国或中央的监管协调机构,而中国目前还没有成立中央层面的监管协调机构,因此中国也应当建立专门的中央监管协调机构,该机构可以设置在国务院下,其职能主要包括咨询、加强监管部门间的协调、对监管措施进行审议和对监管效果进行评估。通过以有效地促进监管目标的实现。此外,地方政府可成立地方协调委员会,加强央地政策合力,建立健全中央和地方的协调机制以加强双方在信息共享、监管、风险应对等方面的协作。

积极参与国际标准化。一方面,中国应当谨慎、渐进对接国际高标准,主动调整有关国内政策,推动我国企业更深度地嵌入全球价值链,在促进贸易自由化的同时实现自身利益最大化。例如,在医疗、教育、文化等专业服务领域加强与国际标准的互认,涉及广告、工业设计等高端的商业服务领域则可以采用国内标准与国际标准并行的方式,对于高标准领域,可以以自由贸易区、自由贸易港为规则制定的试验平台,在部分领域和区域尝试实施。另一方面,中国应当意识到发达国家试图在全球范围内推行环境、劳工等高标准的真正意图在于保护本国贸易,增强本国产品在国际市场上的竞争力。因此中国应当拒绝发达国家将其主导的与中国当前国情无法兼容的高标准强硬地套用于中国的经济体制,避免这种实质上的不公平。而在我国具有优势的诸如跨境电子商务、移动支付等新兴业务领域,应当主动出击,争取将国内标准上升为国际通行标准。此外,由于一个特殊区域内的各国民众可能拥有相似的偏好、资源、政治价值和经济制度,也许更容易达成有效并可执行的区域性协定,因此可以考虑通过区域性而不是全球性论坛达成关于国际标准的协定,[1]循序渐进地将中国标准推向全球成为通行的国际标准。

积极参与 APEC 等国际组织的监管合作活动。APEC 是监管合作的重要平台,在推动国内规制监管一致性合作方面成效显著。APEC 于 1994 年成立了

---

〔1〕 [美]约翰·O. 麦金尼斯、马克·L. 莫维塞西恩:《世界贸易宪法》,张保生、满运龙译,中国人民大学出版社 2004 年版,第 93~94 页。

标准和一致性委员会（Sub-Committee on Standards and Conformance, SCSC），致力于消除由于国内监管和标准化活动形成的边境后贸易与投资壁垒。1999年，APEC领导人宣言中提出了实现监管一致性的系列原则。2000年，APEC与OECD联合启动了一项有关监管改革的合作行动，并于2002年合作制定了一项监管改革的清单，致力于提升监管效率、增强监管透明度。2011年，APEC领导人会议将监管协调与合作（Regulatory Convergence and Cooperation）作为三大主题之一，并且在APEC领导人宣言附件中专门制定了"加强实施良好监管实践"的文件，对规制合作与协调问题作出了倡议，提出通过大规模的监管协调和制定国际标准来消除阻碍经济增长和就业的贸易壁垒。此后几乎历年APEC峰会都会将推进监管协调和一致性作为工作重心之一。中国一直以来积极践行APEC关于监管合作的倡议，2014年11月在北京召开的APEC峰会上通过的关于亚太领导人宣言的北京纲领以及监管互认的战略框架，为促进亚太地区的监管合作、推动区域经济一体化作出了巨大贡献。[1]

（五）关于国际监管合作的更佳平台

由于全球生产和供应网络的规模和复杂程度远远超过了国内监管部门的权力范围，而WTO虽然致力于解决歧视性的监管政策，在《技术性贸易壁垒协定》《实施卫生与植物卫生措施协定》以及GATS中对国内规制提出了一些关于必要性测试、透明度原则的相关要求，2006年，WTO将"良好监管实践"也纳入了TBT委员会的讨论议程，SPS相关工作组亦在推动良好监管实践与具体规则相结合，但是WTO对于非歧视性的、缺乏效率或重复性的监管政策没有明确的规范，没有关于监管一致性的多边框架性规则，[2]因此无法为多边监管合作提供有力支持，为各国制定国内政策留下了很大的空间。发达国家与发展中国家之间的利益难以调和，多哈回合谈判中发达国家要求在多边协定中以国内法为基础，制定服务贸易、知识产权、环境、劳工等高标准规则，而发展中国家更重视发达国家加强农业及非农产品的市场准入，取消农产品补贴等传统议题，这导致了在采纳一些国际标准领域中进程缓慢的

---

[1] 徐泉、耿旭洋："边境后措施国际监管合作发展趋向与问题阐释"，载《上海对外经贸大学学报》2021年第5期，第73~89页。

[2] 东艳等：《国际经贸规则重塑与自贸试验区建设》，中国社会科学出版社2021年版，第32页。

局面。另外,从 WTO 的裁决中亦不难发现,WTO 虽然规定了一些例外条款,为国家制定本国法规留有一定的政策空间,但实际上在实践中 WTO 依然更倾向于牺牲国家主权来推动自由贸易。总体上看,不可否认 WTO 在处理歧视性管制措施方面,如约束成员关税措施,颇有成效,但在进一步深入处理那些阻碍国际贸易的低效的、不透明的、繁冗的但是非歧视性的国内监管措施时,WTO 目前发挥的作用有限,未能有效提升各国监管部门间的合作。

而在区域层面进行边境后措施国际监管合作也存在诸多问题。首先,由于区域自由贸易协定通常在两个或少数国家之间达成,排除了参与全球贸易的多数国家,然而全球价值链意味着终端产品受到不同监管辖区的影响,包括处于不同经济发展阶段的国家,如果协定的规则不涵盖所有这些经济体,则无法有效地促进全球一体化,尤其是在全球价值链主导、依赖跨境数据流的部门。[1]其次,协调标准的区域贸易协定很可能表现出"集中型"的特征,即以较大的合作方为中心,其他辐射方遵守中心的标准,这种倾向性可能会阻止主要区域集团之间贸易开放的进一步;再次,"更深层次"的区域贸易协定往往出现在发展水平相近而且更高的国家之间,可能导致发展中国家边缘化而出现多重规范世界的风险。最后,如果协调或相互认可发生在区域贸易协定内,可能会对协定之外的国家产生重大贸易转移效应,这种贸易转移效应尤其会损害发展中国家的出口。

面对目前停滞的 WTO 以及封闭的区域贸易协定,存在一种边境后措施国际监管合作的新设想——开放式诸边协议(Open Plurilateral Agreement,OPA),[2]帮助各国在 WTO 框架下发展潜在的共同监管利益,促成监管合作。"诸边"这一概念最早起源于东京回合谈判,此次谈判所形成的 9 个守则均采取了自愿参加和对签字国有效的原则。目前诸边协定主要分为封闭式诸边协定与开放式诸边协定。《民用航空器贸易协定》和《政府采购协定》就是现行 WTO 框架下封闭式诸边协定的代表,这些协定具有排他性,只对协定的成员方产生拘束力,不适用最惠国待遇原则。但这些封闭式诸边协定构成 WTO

---

[1] Steger, Debra P., "The Importance of Institutions for Regulatory Cooperation in Comprehensive Economic and Trade Agreements: The Canada-EU CETA", *Legal Issues of Economic Integration*, vol. 39, no. 1, 2011, p. 1.

[2] Hoekman, B. and Sabel, C., "Open Plurilateral Agreements, International Regulatory Cooperation and the WTO", *Glob Policy*, vol. 10, 2019, pp. 297~312.

协定的一部分，并适用 WTO 争端解决机制。而开放式诸边协定适用 WTO 的最惠国待遇原则，协定达成的结果将会适用于 WTO 的所有成员。

OPA 与区域贸易协定存在诸多不同之处。首先，区域贸易协定是全面的贸易协议，存在跨议题的联系，即成员方针对某一议题的承诺，作为包含性交易的一部分，可以通过其他成员方在另一议题谈判中的让步来获得补偿。而 OPA 针对特定议题领域，针对该特定议题的承诺或合作不能作为其他议题的谈判筹码。其次，区域贸易协定是持久的、详细的协议，在可预见的未来确定了贸易条件，通常可能只会进行微小的定期调整。而 OPA 建立了持续性相互审查各方监管标准和实施情况的框架，各方可以共同评估潜在的替代方案及探讨如何应对新的发展变化。最后，为了遵守 WTO 规则，区域贸易协定必须是全面的，涵盖缔约方之间的所有贸易，新成员必须同意原始签署方达成的所有条款。而 OPA 针对特定领域，所以加入 OPA 需要的承诺比区域贸易协定范围更窄，新成员只需要承诺满足适用于协议所涵盖的特定类别的货物或服务的监管要求。[1]

在推动 OPA 开展监管合作的过程中应当注意，为防止 OPA 被滥用，成员方应当遵守两项基本原则，一是确保非缔约方不会被强制接受 OPA 的规则，二是确保后加入的成员方获得和初始缔约方同样的条件，并且为最不发达国家实施该协定提供必要的支持。OPA 的主题选择应以成员国为导向，反映出有关政府所具有的共同社会偏好和作为全球经济一体化一部分的高效监管监督，从这个意义上来说，OPA 最有可能发生在全球价值链主导的行业，这些行业依赖于国际上一致、充分和高效的标准来实现更自由的贸易和更有效的监管，例如汽车、化工和消费品。[2]另外，在数字贸易领域，许多国家的监管模式不那么根深蒂固，对隐私、安全、消费者保护和合同执行的充分和有效监督往往取决于国际合作，因此在数字贸易领域推动 OPA 模式下的国际监管合作亦是可行之道。为确保 OPA 的顺利、高效运作，应当设立一个由各成员方指派的高级代表组成的委员会以及由监管部门领导组建的各临时工作小

---

[1] Hoekman, B. and P. Mavroidis, "Embracing Diversity: Plurilateral Agreements and the Trading System", *World Trade Review*, vol. 14, no. 1, 2015, pp. 101~16.

[2] Lawrence, R. Z., "Rule Making amidst Growing Diversity: A Club-of-Club Approach to WTO Reform and New Issue Selection", *Journal of International Ecnonmic Law*, vol. 9, no. 4, 2006, pp. 23~35.

组,形成中心辐射式(hub-and-spoke)组织结构。具体来说,委员会负责提供通用技术规范和标准、建议采取国际标准和促进监管数据和检查报告的共享等,而委员会所提出的建议、提案往往是由各临时工作小组提供的,最终这些建议、提案都应当公之于众,接受公众的审视和评论。

三、自贸试验区(港)作为制度型开放的创新引领

自贸试验区是指在国境内关外设立的,以优惠税收和海关特殊监管政策为主要手段,以贸易自由化便利化为主要目的的多功能经济性特区。我国已经批准设立了21个自由贸易试验区,这些各有侧重、各具特色的自由贸易试验区通过发挥自身区位优势开展差异化探索,并逐渐形成点线面结合、深化发展的开放新局面。习近平总书记2016年3月5日参加第十二届全国人大四次会议上海代表团审议时指出:"自由贸易试验区建设的核心任务是制度创新"。习近平总书记在2017年12月中央经济工作会议上再次强调,要继续推进自由贸易试验区改革试点,发挥其先行先试的作用。

当前,自由贸易试验区是党中央、国务院"十四五"时期全面深化改革和扩大开放的重大战略举措,也是我国主动适应国际经贸规则变迁,瞄准国内经济发展面临的深层次矛盾,以"制度创新"为核心,构建双循环新发展格局,探索"建立更高水平开放型经济体制"的重要规则试验平台。

(一)自贸试验区是中国推行政策的重要空间载体

德国学者韩博天将中国自1978年改革开放采取的由地方发起改革和试验,成功之后上升为国家政策并推广到全国的政策过程称为政策试验(policy experimantation),[1]这种特殊的政策试验方法能够为身处庞大复杂的行政管理体系内的行动主体提供诸多试错机会。[2]政策试验最著名的例子就是中国的经济特区、自贸试验区等,它们被准许自行制定和颁布法律,通过"以点带面"方式推动地区经济发展的重要制度安排,成了我国推进改革和制度创

---

[1] 通过试验制定政策主要分三个步骤:首先,在地方设立"试点"或"试验区";其次,从试点项目中挑选出成功的项目,确定为"典型试验"。最后,在更广泛的地区继续尝试,即"由点到面"或"以点带面"加以推广,以此检验新政策是否具有普遍性,或者是否还需要再调整。往往经过几年尝试,最后才把新政策上升到国家法律法规层面,通过正式立法得以执行。

[2] [德]韩博天:《红天鹅——中国独特的治理和制度创新》,石磊译,中信出版集团2018年版,第6~7、70~71页。

新的重要阵地。以深圳经济特区为例，该区得益于毗邻香港这个有利条件，成为制定和颁布法规最有活力的"试验室"，在1979年到1990年的十多年间，深圳共颁布了400多部经济法规，这些法规对国家对外贸易和外商投资的立法起到了重要的作用。

如果说对外开放是推动经济发展的现代化动力，那么经济特区以及自贸试验区等规则试验平台则是承担对外开放功能的重要空间载体，[1]是对外开放压力测试的试验区。自贸试验区的主要任务与目标之一在于推动制度创新，其开展工作通常依靠改革与规则开放这两条并行路线，其中改革主要涉及营商环境、商事登记、施工许可流程等方面的改革。而规则开放则是自贸区的核心竞争力来源，自贸区的先行先试功能就是为国家规则的开放奠定制度基础。因此，自贸试验区的重要定位就在于规则的开放与对接。例如，我国自贸试验区采用的外商投资准入负面清单、服务和投资领域开放措施等均来自高标准自贸协定的缔约实践。因此，在国际经贸规则重构的新时期，自贸试验区要进一步借鉴吸收美国、欧盟等发达国家的可取经验，并继续对接USMCA、CPTPP等高标准自贸协定中可接受的规则，尤其是重视其中涉及边境后措施的规则，从而充分发挥先行先试的特色功能，将这些规则内化为自贸区的规则，[2]一方面为中国的高水平开放提供可复制可推广的经验，另一方面为中国参与自贸协定谈判进行制度性探索。

（二）"十四五"时期自贸试验区的发展战略导向

在"十四五"时期，自贸试验区的发展战略需要结合国际经贸规则的最新发展动向，发挥好自贸试验区等各类开放平台的压力测试作用，将国际高标准自贸协定的变革和发展作为自贸试验区提高开放水平、推进制度创新的重要动力和来源，自贸试验区可通过对接国际高水平经贸规则，搭建国际化、法制化、便利化营商环境。中国通过不断积累自贸试验区（港）建设经验，以自由贸易区（港）制度体系为基础，适时推广经验模式，实现更大范围更宽领域的对外开放，加快推动我国建设更高水平开放型经济新体制。

---

〔1〕 杨朝远、张学良、杨羊："双循环发展的改革开放空间试验场——我国开发区的缘起、演进和趋势"，载《重庆大学学报（社会科学版）》2021年第4期，第171~183页。

〔2〕 盛斌："中国、CPTPP和国际经贸新规则"，载《中国经济评论》2021年第4期，第92~96页。

第六章 USMCA 边境后措施规制功能与中国的应对

中国目前拥有 21 个自贸试验区（港），分布在华东、华南、华北、华中、东北、西南地区，这 21 个自贸试验区基于发挥地理优势和产业特点建构的功能定位各有特色。上海自贸试验区旨在进一步探索金融开放创新，2022 年 2 月 14 日，上海自贸区临港新片区正式启动了跨境贸易投资高水平开放外汇管理改革试点，2 月 18 日通过了《中国（上海）自由贸易试验区临港新片区条例》，旨在构建更具市场竞争力与影响力的特殊经济功能区，进一步推动深层次、全方位、高水平的改革开放，该条例围绕投资自由便利、贸易和运输自由便利、资金自由便利、人员从业自由便利和人才保障、数据流动、前沿产业发展等多方面设置规则，期望对标国际上竞争力最强的自贸区（港）。广东自贸试验区突出粤港澳深度合作目标，推出了促进自贸区贸易投资便利化的诸项措施，支持港澳服务提供者投资设立旅行社，建立高标准的广州期货交易所等。2018 年印发的《进一步深化中国（广东）自由贸易试验区改革开放方案》第 2 条就着重强调了广东自贸区对标国际先进规则、建设开放型经济新体制先行区的重要目标，从转变政府职能、透明度、贸易便利化水平、金融创新发展、知识产权等多个方面入手设置了详细的规则。而《粤港澳大湾区发展规划纲要》提出要将前海、南沙与横琴等作为粤港澳全面合作的重大平台，发挥其在对外开放中的示范作用。深圳前海蛇口自贸片区也在此前的制度创新评分中名列全国第一；福建自贸试验区则彰显对台特色，在海峡两岸的经贸联系发挥了重要作用，例如福建自贸区采取了对台职业资格采信，有助于台胞在大陆就业，增强了台胞尤其是青年一代的民族认同感。此外，还有陕西自贸试验区响应国家的"一带一路"倡议，辽宁自贸试验区为东北工业基地转型提供经验探索，浙江自贸试验区则在海洋贸易制度创新上充当排头兵，以及广西、云南、黑龙江自贸试验区的设立，有利于推动沿边地区开放，辐射带动沿边发展，进一步密切同周边国家的经贸合作，提升沿边地区的开放开发水平等。

自贸港则是自贸试验区的升级版，属当今世界最高水平的开放形态。事实上，世界上最早的自贸港于 1547 年已经出现，它就是意大利的利沃诺港（Livoron Free Port），截至目前，全球已有超过 3000 个自贸港。2018 年 4 月，中共中央、国务院印发《关于支持海南全面深化改革开放的指导意见》，提出赋予海南经济特区改革开放新使命，建设自由贸易试验区和中国特色自由贸易港。2020年6月1日,中共中央、国务院印发了《海南自由贸易港建设总体方案》,明确海南自由贸易港要加快建立开放型经济新体制,增强区域辐射带动作用,打造我国深度融入全球经济体系的前沿地带。2021年1月4日,第十三届全国人大常委会第二十四次会议对《海南自由贸易港法(草案)》进行了审议。草案分为八章,共56条内容,第一次提出并赋予一个省的人大具有相当于国家层面的立法自主权,即可以制定"海南自贸港法规"。海南除继续拥有作为省级地方性法规以及经济特区立法权之外,根据《海南自贸港法》,还将获得特殊的"海南自贸港法规"的立法权,且此项立法权高于地方性法规,可以理解为全国人大的直接授权,程序上一般只需报全国人大或国务院备案即可实施。在海南建设自由贸易港,是推进高水平开放,建立开放型经济新体制的根本要求;是深化市场化改革,打造法治化、国际化、便利化营商环境的迫切需要;是贯彻新发展理念,推动高质量发展,建设现代化经济体系的战略选择;是支持经济全球化,构建人类命运共同体的实际行动。

综上所述,"十四五"时期,自贸区和自贸港应当成为提高中国对外开放水平,推动中国参与国际经贸规则重构和进一步融入全球治理体系的试验田。应当赋予自贸区更大的改革自主权,实施自贸区提升战略、完善自贸区布局,推进自贸区互联互通,整合自贸区资源,构建起高标准的自贸区网络。在规则衔接与创新方面,自贸区可就电子商务、环境等边境后新议题领域进行实践探索,积累与 USMCA、CPTPP 等高标准区域贸易协定进行规则衔接的经验,从而为中国加入 CPTPP、推动 WTO 改革提供基础条件,深度融入国际经贸规则框架体系。

结　语

贸易协定作为国际条约的重要类型，其核心功能在于规制各方贸易权利义务关系，从而促进贸易自由化并保持各方利益平衡。不同于早期贸易协定的规制功能聚焦于关税、配额等边境措施，随着全球价值链与分工链的发展，国际贸易业态发生结构性变化，贸易协定的关注对象从货物贸易领域走向服务贸易领域，规制的重心亦从边境措施转向以国内法律法规和政策为主要内容的边境后措施。从成本角度考虑，由于只要跨越经济边境，就不可避免会产生制度和法律的断裂，即各国边境后的法律法规与标准的差异必然会造成跨国商贸活动的成本增加。因此，对于美国这样一个进出口大国来说，为了减少合规成本以切实保障本国贸易商的利益，规制边境后措施是必行之策。

然而，由于 WTO 囿于自身体制弊端已经陷入危机，无法有效发挥对边境后新议题的规制功能。因此，美国等发达国家企图从规则层面着手，绕开 WTO 多边体制，以标准较高、范围较小、伙伴选择自由度更高、谈判难度较低的区域贸易协定为强化对边境后措施规制功能、进行国际经贸规则重构的主要平台，而 USMCA 正是其中最重要的区域贸易协定之一。

USMCA 作为"美国优先"与"美国利益至上"理念下诞生的产物，在规则的设置上注重强化对边境后新议题的规制功能，其核心目的在于以美式标准继续引领和主导新领域的经贸规则制定。就国有企业而言，USMCA 不仅扩大了对国有企业的界定范围，还对围绕商业考虑、非歧视待遇、非商业援助以及透明度要求等核心条款进行了调整与升级。就社会议题而言，为了推动环境和劳工议题与贸易协定的挂钩，USMCA 采取直接嵌入条款的模式对环境和劳工议题进行规制，尤其是 USMCA 在这两章中均要求在处理相关争端时适用磋商与第 31 章主协定争端解决机制相结合的模式。就数字贸易而言，USMCA 采用"数字贸易"取代"电子商务"表述以寻求更广的约束范围，全面覆盖了包括跨境数据流动、数字产品和电子传输的关税、个人信息保护、禁止数据本地化、中介服务提供者的责任等在内的 16 个方面，彰显出美国在数字贸易规则制定领域的野心。就监管一致性而言，USMCA 专设了良好监管实践章节，通过设置负面清单模式、中央监管协调机构、监管影响评估机制、回溯性审查机制等促进美墨加三国的监管合作，减少由于边境后监管差异造成的合规成本增加等问题。

作为美式自由贸易协定的最新模板，USMCA 针对上述边境后领域设置的高标准、高水平规则无疑会成为美国未来达成经贸协定的基本出价，美国亦是企图通过 USMCA 等新型区域贸易协定打造"规锁"，压缩中国等发展中国家参与国际经贸规则制定的空间。而中国应当积极作出回应，坚持对外开放的基本国策，以"十四五"规划中建设更高水平开放型经济新体制为出发点，积极推动制度型开放，形成对外开放、处理中美贸易摩擦、推动世贸改革和参与区域贸易协定的四体联动模式。针对 USMCA 所重点规制的边境后措施，中国还应当依托 RCEP 生效和申请加入 CPTPP，在国内法治层面进行具体应对，通过对接国际高标准规则倒逼国内改革，并利用好自贸区（港）的规则试验平台，实现推动中国制度型开放与深度参与国际经贸规则制定的双赢目的。

参考文献

一、中文类参考文献

（一）著作类

1. 邓纲：《非关税措施的理论、立法和实践》，厦门大学出版社2007年版。
2. 冯宗宪、柯大钢：《开放经济下的国际贸易壁垒——变动效应·影响分析·政策研究》，经济科学出版社2001年版。
3. 杨树明：《非关税贸易壁垒法律规制研究》，中国检察出版社2007年版。
4. 程大为：《WTO体系的矛盾分析》，中国人民大学出版社2009年版。
5. 陈德铭等：《经济危机与规则重构》，商务印书馆2014年版。
6. 李健：《非关税壁垒的演变及其贸易保护效应——基于国际金融危机视角》，东北财经大学出版社2011年版。
7. 刘光溪：《互补性竞争论：区域集团与多边贸易体制》，经济日报出版社1996年版。
8. 中国常驻世贸组织代表团：《艰难时刻：世贸组织与中国2018-2019》，上海人民出版社2021年版。
9. 王燕：《国际经贸规则重塑的二元制度构建》，法律出版社2020年版。
10. 潘忠岐等：《中国与国际规则的制定》，上海人民出版社2019年版。
11. 任烈：《贸易保护理论与政策》，立信会计出版社1997年版。
12. 李雪平：《西方国家的新贸易保护主义与中国的应对措施研究》，人民出版社2019年版。
13. 李浩培：《条约法概论》，法律出版社1987年版。
14. 保建云：《贸易保护主义的国际政治经济学分析——理论模型、实证检验及政策选择》，经济科学出版社2010年版。
15. 刘振环：《美国贸易政策研究》，法律出版社2010年版。
16. 薛荣久主编：《世界贸易组织（WTO）概论》（修订版），清华大学出版社2019年版。
17. 薛荣久主编：《国际贸易》（第2版），清华大学出版社2020年版。

18. 陈卫东：《WTO 例外条款解读》，对外经济贸易大学出版社 2002 年版。
19. 梁碧波：《美国对华贸易政策决定的均衡机理》，中国社会科学出版社 2006 年版。
20. 胥丽：《美国对华贸易政策政治经济学研究》，上海人民出版社 2017 年版。
21. 楚树龙、荣予：《美国政府和政治》，清华大学出版社 2012 年版。
22. 王世春：《论公平贸易》，商务印书馆 2006 年版。
23. 张蕴岭主编：《世界区域化的发展与模式》，世界知识出版社 2004 年版。
24. 余万里：《美国贸易决策机制与中美关系》，时事出版社 2013 年版。
25. 张宇燕：《美国经济论集》，浙江大学出版社 2008 年版。
26. 迟福林主编：《二次开放：全球化十字路口的中国选择》，中国工人出版社 2017 年版。
27. 黄鹏：《世界经济再平衡下的国际经贸规则重构：动因、方向及可能路径》，上海人民出版社 2020 年版。
28. 孙兰英、李孟国、屈婷：《开放发展研究》，高等教育出版社 2018 年版。
29. 阎学通、何颖：《国际关系分析》（第 3 版），北京大学出版社 2017 年版。
30. 李巍：《制度之战：战略竞争时代的中美关系》，社会科学文献出版社 2017 年版。
31. 杨洁勉等：《体系改组与规范重建：中国参与解决全球性问题对策研究》，上海人民出版社 2012 年版。
32. 屠新泉等：《改革开放 40 周年：中国与多边贸易体制的关系变迁》，人民出版社 2019 年版。
33. 傅星国：《WTO 决策机制的法律与实践》，上海人民出版社 2009 年版。
34. 徐泉、郝荻：《WTO 双重二元结构理论研究》，人民出版社 2021 年版。
35. 朱晓勤主编：《发展中国家与 WTO 法律制度研究》，北京大学出版社 2006 年版。
36. 王粤：《服务贸易——自由化与竞争力》，中国人民大学出版社 2002 年版。
37. 孙建中：《国家主权——理想与现实》，世界知识出版社 2001 年版。
38. 张乃根：《国际法原理》，中国政法大学出版社 2002 年版。
39. 蔡拓等：《国际关系学》，南开大学出版社 2005 年版。
40. 程大为：《商务外交》，中国人民大学出版社 2004 年版。
41. 赵建文主编：《国际法新论》，法律出版社 2000 年版。
42. 姜士林、陈玮主编：《世界宪法大全》（上卷），中国广播电视出版社 1989 年版。
43. 余怀彦：《深层美国：实用主义与美国的 300 年》，中国友谊出版公司 2015 年版。
44. 刘燕南：《实用主义法理学进路下的国际经济法》，法律出版社 2007 年版。
45. 舒建中：《多边贸易体系与美国霸权：关贸总协定制度研究》，南京大学出版社 2009 年版。
46. 博鳌亚洲论坛研究院等：《自由贸易协定：亚洲的选择》，对外经济贸易大学出版社

2020 年版。

47. 经济合作与发展组织：《竞争中立：维持国有企业与私有企业公平竞争的环境》，谢晖译，经济科学出版社 2015 年版。

48. 石广生主编：《中国加入世界贸易组织知识读本（一）世界贸易组织基本知识》，人民出版社 2001 年版。

49. 张蕴岭、邵滨鸿主编：《中国发展战略机遇期的国际环境》，社会科学文献出版社 2014 年版。

50. 蔡从燕：《私人结构性参与多边贸易体制》，北京大学出版社 2007 年版。

51. 高疆：《多边贸易体制、全球贸易治理与国际贸易新规则》，上海社会科学院出版社 2020 年版。

52. 世界自然保护同盟、联合国环境规划署、世界野生生物基金会合编：《保护地球：持续生存战略》，刘淑琴、王之佳、夏堃堡译，中国环境科学出版社 1991 年版。

53. 郑玉琳：《多边贸易体制下的贸易与环境》，中国社会科学出版社 2008 年版。

54. 迟福林主编：《新型开放大国：共建开放型世界经济的中国选择》，中国工人出版社 2019 年版。

55. 郑永年：《大变局中的机遇：全球新挑战与中国的未来》，中信出版集团 2021 年版。

56. 东艳等：《国际经贸规则重塑与自贸试验区建设》，中国社会科学出版社 2021 年版。

57. 朱隽等：《新形势下国际贸易规则的重塑》，中国金融出版社 2019 年版。

58. 郭同峰、邢红：《全球化时代的自由贸易和公平贸易》，中国社会科学出版社 2019 年版。

59. 高维和、殷华、张懿玮：《国际"竞争中立"国有企业条款与中国实践》，格致出版社、上海人民出版社 2019 年版。

60. 赵龙跃编著：《制度性权力——国际规则重构与中国策略》，人民出版社 2016 版。

61. [美] 罗伯特·吉尔平：《全球资本主义的挑战——21 世纪的世界经济》，杨宇光、杨炯译，上海人民出版社 2001 年版。

62. [美] 约翰·H. 杰克逊：《国家主权与 WTO：变化中的国际法基础》，赵龙跃、左海聪、盛建明译，社会科学文献出版社 2009 年版。

63. [英] 亚当·斯密：《国民财富的性质和原因的研究》（上卷），郭大力、王亚南译，商务印书馆 1972 年版。

64. [美] 罗伯特·吉尔平：《国际关系政治经济学》，杨宇光等译，上海人民出版社 2006 年版。

65. [美] 贾格迪什·巴格沃蒂：《贸易保护主义》，王世华、常蕊、郑葵方译，中国人民大学出版社 2010 年版。

66. [美]丹尼·罗德里克:《全球化的悖论》,廖丽华译,中国人民大学出版社2011年版。
67. [美]罗杰·希尔斯曼、劳拉·高克伦、帕特里夏·A. 韦茨曼:《防务与外交决策中的政治》,商务印书馆2000年版。
68. [美]汉密尔顿、杰伊、麦迪逊:《联邦党人文集》,程逢如、在汉、舒逊译,商务印书馆1980年版。
69. [美]詹姆斯·M. 伯恩斯、杰克·W. 佩尔塔森、托马斯·E. 克罗宁:《民治政府》,陆震纶等译,中国社会科学出版社1996年版。
70. [美]约翰·O. 麦金尼斯、马克·L. 莫维塞西恩:《世界贸易宪法》,中国人民大学出版社2004年版。
71. [美]加里·杰里菲等:《全球价值链和国际发展:理论框架、研究发现和政策分析》,曹文、李可译,上海人民出版社2018年版。
72. [美]约翰·伊肯伯里:《自由主义利维坦——美利坚世界秩序的起源、危机和转型》,赵明昊译,上海人民出版社2013年版。
73. [英]安德鲁·赫里尔:《全球秩序的崩塌与重建》,林曦译,中国人民大学出版社2017年版。
74. [澳]约瑟夫·A. 凯米莱里、吉米·福尔克:《主权的终结?——日趋"缩小"和"碎片化"的世界政治》,李东燕译,浙江人民出版社2001年版。
75. [美]威廉·奥尔森、戴维·麦克莱伦、弗雷德·桑德曼编:《国际关系的理论与实践》,王沿等译,中国社会科学出版社1987年版。
76. [英]詹宁斯、瓦茨修订:《奥本海国际法》(第1卷·第1分册),王铁崖等译,中国大百科全书出版社1995年版。
77. [美]戴维·赫尔德、安东尼·麦克格鲁编:《治理全球化:权力、权威与全球治理》,曹荣湘等译,社会科学文献出版社2004年版。
78. [德]乌·贝克等:《全球化与政治》,王学东等译,中央编译出版社2000年版。
79. [美]詹姆斯·N. 罗西瑙主编:《没有政府的治理》,张胜军等译,江西人民出版社2001年版。
80. [德]沃尔夫刚·格拉夫·魏智通主编:《国际法》,吴越、毛晓飞译,法律出版社2002年版。
81. [美]杰里尔·A. 罗赛蒂:《美国对外政策的政治学》,周启朋等译,世界知识出版社1997年版。
82. [美]罗伯特·基欧汉:《霸权之后:世界政治经济中的合作与纷争》(增订版),苏长和、信强、何曜译,上海人民出版社2016年版。
83. [美]保罗·克鲁格曼主编:《战略性贸易政策与新国际经济学》,海闻等译,中国人民大学出版社 2000 年版。

84. [美] I. M. 戴斯勒：《美国贸易政治》（第 4 版），王恩冕、于少蔚译，中国市场出版社 2006 年版。

85. [美] 贾格迪什·巴格瓦蒂：《现代自由贸易》，雷薇译，中信出版社 2003 年版。

86. [美] 贾格迪什·巴格沃蒂：《贸易体制中的白蚁：优惠贸易协定如何蛀蚀自由贸易》，黄胜强译，中国海关出版社 2015 年版。

87. [美] 弗朗切斯科·迪纳：《自由贸易的社会建构：欧洲联盟、北美自由贸易协定及南方共同市场》，黄胜强、许铭原译，中国社会科学出版社 2009 年版。

88. [德] 韩博天：《红天鹅——中国独特的治理和制度创新》，石磊译，中信出版集团 2018 年版。

89. [美] 乔纳森·休斯、路易斯·凯恩：《美国经济史》（第 8 版），杨宇光等译，格致出版社、上海人民出版社 2013 年版。

90. [美] 格雷厄姆·艾利森：《注定一战：中美能避免修昔底德陷阱吗？》，陈定定、傅强译，上海人民出版社 2019 年版。

91. 汤闯新：《大国竞争决定世界变局》，上海书店出版社 2015 年版。

92. [美] 塞缪尔·亨廷顿：《文明的冲突与世界秩序的重建》，周琪等译，新华出版社 2010 年版。

93. [英] Amrita Narlikar：《权力、政治与 WTO》，陈泰锋、薛荣久译，外语教学与研究出版社 2007 年版。

94. [英] 伊恩·布朗利：《国际公法原理》，曾令良等译，法律出版社 2003 年版。

95. [美] 布鲁斯·琼斯、卡洛斯·帕斯夸尔、斯蒂芬·约翰·斯特德曼：《权力与责任：构建跨国威胁时代的国际秩序》，秦亚青等译，世界知识出版社 2009 年版。

96. [英] 约翰·H. 巴顿等：《贸易体制的演进——GATT 与 WTO 体制中的政治学、法学和经济学》，廖诗评译，北京大学出版社 2013 年版。

97. [南非] 法扎尔·伊斯梅尔：《改革世界贸易组织：多哈回合中的发展中成员》，贺平、凌云志、邓峥晖译，上海人民出版社 2011 年版。

98. [美] 约瑟夫·奈：《软实力》，马娟娟译，中信出版社 2013 年版。

（二）论文类

99. 毕莹、何剑波："条约功能视阈下负面清单范围解释机制之研究——兼评 RCEP 相关条款的完善方向"，载《海南大学学报（人文社会科学版）》2022 年第 1 期。

100. 陈志阳、安佰生："多双边贸易谈判中的国内规制问题"，载《国际贸易》2014 年第 10 期。

101. 张茉楠："全球经贸规则体系正加速步入'2.0 时代'"，载《宏观经济管理》2020

229

第 4 期。

102. 周伟民：" TBT 对传统贸易壁垒理论和政策的挑战"，载《国际商务研究》2005 年第 1 期。

103. 伍山林："美国贸易保护主义的根源——以美国重商主义形态演变为线索"，载《财经研究》2018 年第 12 期。

104. 王荣艳："传统幼稚工业保护论与新贸易保护论之异同"，载《现代财经（天津财经大学学报）》2003 年第 3 期。

105. 刘敬东："国际贸易法治的危机及克服路径"，载《法学杂志》2020 年第 1 期。

106. 刘敬东：" WTO 改革的必要性及其议题设计"，载《国际经济评论》2019 年第 1 期。

107. 曾令良、陈卫东："论 WTO 一般例外条款（GATT 第 20 条）与我国应有的对策"，载《法学论坛》2001 年第 4 期。

108. 谭融："美国的利益集团政治理论综述"，载《天津大学学报（社会科学版）》2001 年第 1 期。

109. 何兴强："游说·利益集团·美国大选"，载《领导者》2008 年第 3 期。

110. 莫万贵、袁佳、王清："全球服务贸易发展趋势及我国应对浅析"，载《清华金融评论》2020 第 1 期。

111. 盛斌、陈帅："全球价值链如何改变了贸易政策：对产业升级的影响和启示"，载《国际经济评论》2015 年第 1 期。

112. 陈靓、武雅斌："全球价值链下服务贸易规则的新发展——美墨加协定（USMCA）的视角"，载《国际贸易》2019 年第 2 期。

113. 东艳："国际经贸规则重塑与中国参与路径研究"，载《中国特色社会主义研究》2021 年第 3 期。

114. 林建海："全球经济挑战与策略应对"，载《第一财经日报》2013 年 9 月 2 日。

115. 陈安："论 WTO 体制下的立法、执法、守法与变法"，载《国际经济法学刊》2010 年第 4 期。

116. 尹政平："国际金融危机以来国际经贸规则演变新趋势与我国对策"，载《经济纵横》2015 年第 11 期。

117. 徐泉：" WTO '一揽子承诺'法律问题阐微"，载《法律科学（西北政法大学学报）》2015 年第 1 期。

118. 李艳秀："区域贸易协定规则特点、深度与价值链贸易关系研究"，载《经济学家》2018 年第 7 期。

119. 石静霞：" '一带一路'倡议与国际法——基于国际公共产品供给视角的分析"，载《中国社会科学》2021 年第 1 期。

120. 徐崇利："中美实力变迁与国际经济立法模式的走向：'规则契约'谱系下的制度选择"，载《法学家》2020 年第 5 期。
121. 俞可平："论全球化与国家主权"，载《马克思主义与现实》2004 年第 1 期。
122. 杨斐："试析国家主权让渡概念的界定"，载《国际关系学院学报》2009 年第 2 期。
123. 张军旗："主权让渡的法律涵义三辨"，载《现代法学》2005 年第 1 期。
124. 胡枚玲："国际经贸协定中的规制合作机制研究"，上海财经大学 2020 年博士学位论文。
125. 李慧英、黄桂琴："论国家主权的让渡"，载《河北法学》2004 年第 7 期。
126. 伍贻康、张海冰："论主权的让渡——对'论主权的"不可分割性"'一文的论辩"，载《欧洲研究》2003 年第 6 期。
127. 曾令良："论冷战后时代的国家主权"，载《中国法学》1998 年第 1 期。
128. 翁国民、宋丽："《美墨加协定》对国际经贸规则的影响及中国之因应——以 NAFTA 与 CPTPP 为比较视角"，载《浙江社会科学》2020 年第 8 期。
129. 李玉梅、张梦莎："国有企业国际规则比较与中国应对"，载《国际贸易》2021 年第 8 期。
130. 陈寰琦、周念利："从 USMCA 看美国数字贸易规则核心诉求及与中国的分歧"，载《国际经贸探索》2019 年第 6 期。
131. 周念利、陈寰琦："基于《美墨加协定》分析数字贸易规则'美式模板'的深化及扩展"，载《国际贸易问题》2019 年第 9 期。
132. 张俊娥、董晓红："从 USMCA 看中美数字贸易规则领域的分歧及中国应对策略"，载《对外经贸实务》2021 年第 2 期。
133. 陈颖："数字服务贸易国际规则研究——基于 CPTPP、EU-JAPAN EPA、USMCA 和 RCEP 的比较分析"，载《全球化》2021 年第 6 期。
134. 盛宁："传统与现状：对美国实用主义的再审视"，载《美国研究》1995 年第 4 期。
135. 王岩："从'美国精神'到实用主义——兼论当代美国人的价值观"，载《南京大学学报（哲学·人文科学·社会科学版）》1998 年第 2 期。
136. 闫玉华、付裕："美国古典实用主义思想与美国精神"，载《中北大学学报（社会科学版）》2020 年第 1 期。
137. 陈亚军："当代美国实用主义者对杜威哲学遗产的继承与发展"，载《复旦学报（社会科学版）》2019 年第 6 期。
138. 张建新："后西方国际体系与东方的兴起"，载《世界经济与政治》2012 年第 5 期。
139. 柳丝："以'美国优先'为名的'丛林法则'"，载《新华每日电讯》2021 年 9 月 3 日。

140. 樊勇明："区域性国际公共产品——解析区域合作的另一个理论视点"，载《世界经济与政治》2008 年第 1 期。
141. 韩立余："构建国际经贸新规则的总思路"，载《欧洲研究》2019 年第 4 期。
142. 潘亚玲："国际规范的生命周期与安全化理论——以艾滋病被安全化为国际威胁为例"，载《欧洲研究》2007 年第 4 期。
143. 强世功："《美国陷阱》揭露了一个骇人听闻的霸凌主义案例"，载《求是》2019 年第 12 期。
144. 李墨丝："CPTPP＋数字贸易规则、影响及对策"，载《国际经贸探索》2020 年第 12 期。
145. 沈玉良等："数字贸易发展新动力：RTA 数字贸易规则方兴未艾——全球数字贸易促进指数分析报告（2020）"，载《世界经济研究》2021 年第 1 期。
146. 王秋雯："国际竞争规则重塑进程中的中国话语权构建"，载《当代世界与社会主义》2019 年第 4 期。
147. 李巍、张玉环："美国自贸区战略的逻辑——一种现实制度主义的解释"，载《世界经济与政治》2015 年第 8 期。
148. 刘向丽、吴桐："国际经贸规则重构中美国的政策两难与发展趋势探讨"，载《国际贸易》2021 年第 6 期。
149. 陈凤英、孙立鹏："WTO 改革：美国的角色"，载《国际问题研究》2019 年第 2 期。
150. 竺彩华："市场、国家与国际经贸规则体系重构"，载《外交评论（外交学院学报）》2019 年第 5 期。
151. 张宇燕："再全球化——中国的机遇与挑战"，载《东方早报》2013 年 1 月 8 日。
152. 吴云翔、叶明华："从自由贸易走向公平贸易——80 年代美国贸易政策转向及其原因"，载《求实》2003 年第 S2 期。
153. 杨子涵："美国'公平贸易'政策分析"，载《国际研究参考》2021 年第 9 期。
154. 李思奇、金铭："美式国有企业规则分析及启示——以 NAFTA、TPP、USMCA 为例"，载《国际贸易》2019 年第 8 期。
155. 应品广："竞争中立：多元形式与中国应对"，载《国际商务研究》2015 年第 6 期。
156. 李俊峰："竞争中性的国际规制演进与中国因应策略——以美欧互诉'民用大飞机补贴案'为参照"，载《上海财经大学学报（哲学社会科学版）》2021 年第 1 期。
157. 张久琴："竞争政策与竞争中立规则的演变及中国对策"，载《国际贸易》2019 年第 10 期。
158. 史际春、罗伟恒："论'竞争中立'"，载《经贸法律评论》2019 年第 3 期。
159. 刘瑛："《跨太平洋伙伴关系协定》国有企业章节的中国应对"，载《东方法学》2016

年第 5 期。
160. 李西霞："加拿大自由贸易协定劳工标准及其启示"，载《河北法学》2018 年第 4 期。
161. 李西霞："论《跨太平洋伙伴关系协定》谈判中美国劳工标准目标及对我国的启示意义"，载《中国劳动》2015 年第 20 期。
162. 李西霞："试论 TPP 劳工标准、其影响及中国的应对策略"，载《法学杂志》2017 年第 1 期。
163. 李西霞："《美墨加协定》劳工标准的发展动向及潜在影响"，载《法学》2020 年第 1 期。
164. 李西霞："全球贸易自由化进程中劳工标准体系的分化与发展"，载《社会发展研究》2015 年第 1 期。
165. 周亚敏："美国强化自由贸易协定中的环境条款及其影响"，载《现代国际关系》2015 年第 4 期。
166. 周亚敏："全球价值链中的绿色治理——南北国家的地位调整与关系重塑"，载《外交评论（外交学院学报）》2019 年第 1 期。
167. 边永民："《美墨加协定》构建的贸易与环境保护规则"，载《经贸法律评论》2019 年第 4 期。
168. 沈根荣、张维："国际劳工标准问题及其最新发展"，载《国际商务研究》2004 年第 3 期。
169. 李寿平："北美自由贸易协定对环境与贸易问题的协调及其启示"，载《时代法学》2005 年第 5 期。
170. 黄家星、石巍："《区域全面经济伙伴关系协定》电子商务规则发展与影响"，载《兰州学刊》2021 年第 5 期。
171. 董小君、郭晓婧："美日欧数字贸易发展的演变趋势及中国应对策略"，载《国际贸易》2021 年第 3 期。
172. 张茉楠："跨境数据流动：全球态势与中国对策"，载《开放导报》2020 年第 2 期。
173. 徐泽轩、刘旭："加入 DEPA 对我国的影响及几点建议"，载《网络安全和信息化》2022 年第 1 期。
174. 商务部国际贸易经济合作研究院课题组、陆燕："非关税措施的新发展与我国的应对研究"，载《经济研究参考》2006 年第 43 期。
175. 廖凡："从《美墨加协定》看美式单边主义及其应对"，载《拉丁美洲研究》2019 年第 1 期。
176. 屠新泉、于泓："中国的市场经济地位与 WTO 的未来"，载《经济研究参考》2021 年第 6 期。

177. 文洋："自由贸易协定深度一体化的发展趋势及成因分析"，载《财经问题研究》2016年第 11 期。
178. 东艳、冯维江、邱薇："深度一体化：中国自由贸易区战略的新趋势"，载《当代亚太》2009 年第 4 期。
179. 张潇剑："WTO 透明度原则研究"，载《清华法学》2007 年第 3 期。
180. 曾令良："现代国际法的人本化发展趋势"，载《中国社会科学》2007 年第 1 期。
181. 陈喜峰："以基本权利为核心的贸易与人权一元论——评彼德斯曼对贸易与人权关系的理论建构"，载《现代法学》2009 年第 2 期。
182. 林婉玲："贸易与人权挂钩问题初探"，载《世界贸易组织动态与研究（上海对外贸易学院学报）》2007 年第 9 期。
183. 朱永安："环境视角下的国际贸易：对绿色壁垒的一项系统研究"，复旦大学 2003 年博士学位论文。
184. 蔡鹏鸿："TPP 横向议题与下一代贸易规则及其对中国的影响"，载《世界经济研究》2013 第 7 期。
185. 张磊、徐琳："更高标准经贸规则对上海探索建设自由港的启示"，载《国际商务研究》2020 年第 5 期。
186. ［日］中川淳司："经济规制的国际协调"，白巴根译，载《政法论坛》2006 年第 3 期。
187. 苏长和："中国与全球治理——进程、行为、结构与知识"，载《国际政治研究》2011 年第 1 期。
188. 孙杰："对等贸易：特朗普挑战世界贸易规则体系"，载《中国外汇》2018 年第 7 期。
189. 高柏："全球化的未来与中国的命运——人民币汇率的国际政治经济学"《战略与管理》2004 年第 1 期。
190. 聂平香、林志刚："加快推进制度型开放的对策建议"，载《中国外资》2021 年第 8 期。
191. 谢伏瞻等："中国共产党与中国特色社会主义政治经济学——庆祝中国共产党成立一百周年笔谈"，载《经济研究》2021 年第 6 期。
192. 俞新天："权力转移的新特点与中国外交的提升方向"，载《国际展望》2020 第 2 期。
193. 牛霞飞、郑易平："特朗普时代的美国政治危机：表现、原因及发展"，载《太平洋学报》2020 年第 2 期。
194. 许皓："'双循环'的法治保障：以内促外与内外并举"，载《湖北大学学报（哲学社会科学版）》2021 年第 5 期。
195. 蒲清平、杨聪林："构建'双循环'新发展格局的现实逻辑、实施路径与时代价值"，载《重庆大学学报（社会科学版）》2020 年第 6 期。

196. 田野："国际经贸规则与中国国有企业改革"，载《学术前沿》2018 年第 23 期。

197. 田原："CPTPP 劳工标准条款与中国对外投资合作发展策略"，载《中国外资》2021 年第 7 期。

198. 柯晶莹："RCEP 与 USMCA 电子商务规则的比较及中国策略选择"，载《对外经贸实务》2021 年第 7 期。

199. 王玥、王飒飒："对我国数据跨境流动规制的一点思考"，载《中国信息安全》2016 年第 3 期。

200. 彭德雷、张子琳："RCEP 核心数字贸易规则及其影响"，载《中国流通经济》2021 年第 8 期。

201. 杨朝远、张学良、杨羊："双循环发展的改革开放空间试验场——我国开发区的缘起、演进和趋势"，载《重庆大学学报（社会科学版）》2021 年第 4 期。

202. 盛斌："中国、CPTPP 和国际经贸新规则"，载《中国经济评论》2021 年第 4 期。

203. "WTO 改革：机遇与挑战"课题组、陈卫东："客观认识 WTO 当前困境　以战略思维推进 WTO 改革"，载《行政管理改革》2021 年第 7 期。

204. 王蕊、袁波、宋云潇："自由贸易区战略实施效果评估及展望"，载《国际经济合作》2021 年第 1 期。

205. 倪月菊："RCEP 对亚太地区生产网络的影响——一个全球价值链视角的分析"，载《东北师大学报（哲学社会科学版）》2021 年第 3 期。

206. 李春顶、张瀚文："CPTPP：引领国际经贸秩序和规则的风向标"，载《世界知识》2021 年第 4 期。

207. 封安全："新发展格局下中国加入 CPTPP 的策略思考"，载《经济纵横》2021 年第 7 期。

208. 韩立余："构建国际经贸新规则的总思路"，载《经贸法律评论》2019 年第 4 期。

209. 倪世雄："中美关系 70 年：理论与实践"，载《国际观察》2019 年第 5 期。

210. 李巍："从接触到竞争：美国对华经济战略的转型"，载《外交评论（外交学院学报）》2019 年第 5 期。

211. 李永成："特朗普对美国自由霸权主义的继承与调整"，载《现代国际关系》2019 年第 5 期。

212. 葛红亮："RCEP 为全球经济带来光明和希望"，载《工人日报》2020 年 11 月 20 日。

（三）其他类

222. 漆彤："正式申请加入 CPTPP 彰显中国高水平对外开放决心"，载 https://m.gmw.cn/baijia/2021-10/05/35211525.html，最后访问日期：2021 年 12 月 18 日。

223. 杨丹辉、渠慎宁："把握全球价值链重构的深层动因"，载 https://baijiahao.baidu.com/s? id=1701227927956963812&wfr=spider&for=pc，最后访问日期：2021 年 5 月 31 日。

224. 张茉楠："全球新一轮经贸规则发展呈七大新趋势"，载 https://www.chinatimes.net.cn/article/90633.html，最后访问日期：2021 年 8 月 2 日。

225. 崔鑫生："'入世'20 年：中国与世界互动的回顾与展望"，载 http://www.rmlt.com.cn/2021/0723/619641.shtml，最后访问日期：2021 年 7 月 26 日。

二、外文类参考文献

（一）著作类

226. Arnold McNair, *The Law of Treaties*, Cambridge: Cambridge University Press, 1961.

227. A. F. K. Organiski, *World Politics*, New York: Alfred A. Knopf, 1958.

228. A. F. K. Organiski and Kugler J., *The War Ledger*, Chicago: University of Chicago Press, 1980.

229. Croome J., *Reshaping the World Trading System: A History of the Uruguay Round*, Pennsylvania: Diane Publishing, 1996.

230. Correa, Carlos, *Trade Related Aspects of Intellectual Property Rights: A Commentary on the TRIPS Agreement*, Oxford and New York: Oxford Univernsity Press, 2007.

231. David A. Baldwin, ed., *Neorealism and Neoliberalism: The Contemporary Debate*, New York: Columbia University Press, 1993.

232. Dani Rodrik, *The Globalization Paradox: Why Gobal Markets, States, and Democracy Can't Coexist*, New York: Oxford University Press, 2011.

233. David T., *The Governmental Process*, New York: New York Press, 1971.

234. F. H. Hinsley, *Sovereignty*, Cambridge: Cambridge University Press, 1986.

235. Francois J. and Hoekman B., eds., *Behind-the-Border Policies: Assessing and Addressing Non-Tariff Measures*, Cambridge: Cambridge University Press, 2019.

236. Gilpin R., *War and Change in World Politics*, New York: Cambridge University Press, 1981.

237. Ikenberry, G. John., *After Victory: Institutions, Strategic Restraint, and the Rebuilding of Order after Major Wars*, Princeton: Princeton University Press, 2001.

238. OECD, *Competitive Neutrality: Maintaining a Level Playing Field between Public and Private Business*, Paris: OECD Publishing, 2012.

239. OECD, *Regulatory Policy in Perspective: A Reader's Companion to the OECD Regulatory Policy Outlook*, Paris: OECD Publishing, 2015.

240. OECD, *International Regulatory Co-operation – Adapting rulemaking for an interconnected world*, Paris: OECD Publishing, 2020.

241. Richard Baldwin, *The Great Convergence: Information Technology and the New Globalization*, Cambridge: The Belknap Press of Harvard University Press, 2016.

242. Richard Baldwin and Patrick Low, *Mutilaterlism Regionalism: Challenges for the Global Trade System*, Cambridge: Cambridge Press, 2008.

243. R. Z. Lawrence, *Regionalism, Multilateralism and Deeper Integration*, Washington, DC: Brookings Institution Press, 1996.

244. Richard Peet, *Unholy Trinity: The IMF, World Bank and WTO*, London: Zed Books, 2003.

245. Sauvé P. , *Trade rules behind borders: essays on services, investment and the new trade agenda*, London: Cameron May Ltd. , 2003.

246. Sean D. Ehrlich, *The Politics of Fair Trade: Moving beyond Free Trade and Protection*, New York: Oxford University Press, 2018.

247. Sennholz, H. F. , *The Great Depression: will we repeat it ?*, Spring Mills: Libertarian Press, 1988.

248. Steward Patrick and Shepard Forman, eds. , *Multilateralism and U. S. Foreign Policy: Ambivalent Engagement*, Boulder and London: Lynne Rienner Publishers, 2002.

249. SCHELLING Thomas C. , *The strategy of conflict*, Cambridge: Harvard University Press, 1980.

250. Thomas Cottier and Manfred Elsig, eds. , *Governing the World Trade Organization: Past, Present and Beyond Doha World Trade Forum*, Cambridge: Cambridge University Press, 2014.

251. Vranes E. , *Mega-Regional Trade Agreements: CETA, TTIP, and TiSA: New Orientations for EU External Economic Relations*, New York: Oxford University Press, 2017.

(二) 论文类

252. Azza Bimantara, "Donald Trump's Protectionist Trade Policy from the Perspective of Economic Nationalism", *Journal Hubungan International*, vol. 7, no. 2, 2018.

253. Andrew G. Brown and Robert M. Stern, "Global Market Integration and National Sovereignty", *World Economy*, vol. 29, no. 3, 2006.

254. A. Moravcsik and M. A. Vachudova, "National Interets, State Power, EU Enlargement", *East European Politics and Societies*, vol. 17, no. 1, 2003.

255. Alan O. Sykes, "The (limited) role of regulatory harmonization in international goods and services markets", *Journal of International Economic Law*, vol. 2, no. 1, 1999.

256. Alvarez León, L. , "Digital trade and the remaking of the North American regional economy", *Investigaciones Regionales – Journal of Regional Research*, vol. 50, 2021.

257. Andrew Guzman, "Food Fear: Health and Safety at the WTO", *Virginia Journal of International Law*, vol. 45, no. 4, 2004.

258. Ann Zammat and Ajit Singh, "Labour Standards and the 'Race to the Bottom': Rethinking Globalization and Workers' Rights from the Developmental and Solidaristic Perspective", *Oxford Review of Economic Policy*, vol. 20, no. 1, 2004.

259. Abbott, Frederick M., "Protecting first world assets in the third world: intellectual property negotiation in the GATT multilateral framework", *Vanderbilt Journal of Transnational Law*, vol. 22, no. 4, 1989.

260. Bernard Hoekman, "'Behind-the-Border' Regulatory Policies and Trade Agreements", *East Asian Economic Review*, vol. 22, no. 3, 2018.

261. C. Van Grasstek, "US Plan for a New WTO Round: Negotiating More Agreements with Less Authority", *World Economy*, vol. 23, no. 9, 2000.

262. Daniel Brouand Michele Ruta, "On the Political Substitutability between Tariffs and Subsidies", *Swiss Journal of Economics and Statistics*, vol. 145, no. 4, 2009.

263. David Vogel, "National Styles of Regulation: Environmental Policy in Great Britain and the United States", *Journal of Public Policy*, vol. 6, no. 4.

264. Dunoff, Jeffrey L., "Fairness in the World Economy: U.S. Perspectives on International Trade Relations (Book Review)", *American Journal of International Law*, vol. 101, 2007.

265. Eddie Hearn, "Harm, Fairness and Trade Policy Preferences: An Experimental Examination of Sincere Fair-Trade Preferences", *International Politics*, vol. 51 no. 1, 2014.

266. Eugenio Briales Gómez-Tarragona and Daniela Gómez-Altamirano, "The TPP: How to Facilitate Business through Legislative and Regulatory Reform", *ILSA Journal of International & Comparative Law*, vol. 12, no. 2, 2015.

267. E. U. Petersman, "Human Rights and International Economic Law in the 21st Century: The Need to Clarify Their Internatioships", *Journal of International Economic Law*, vol. 4, 2001.

268. Faizel Ismail, "Mainstreaming Development in the World Trade Organization", *Journal of World Trade*, vol. 39, no. 1, 2005.

269. Gene M. Grossman and Elhanan Helpman, "Protection for Sale", *The American Economic Review*, vol. 84, no. 4, 1999.

270. Geraats, P. M., "Central Bank Transparency", *The Economic Journal*, vol. 112, 2002.

271. Gregory Shaffer and Henry Gao, "China's Rise: How It Took on the U.S. at the WTO", *University of Illinois Law Review*, vol. 115, 2018.

272. Gerard and Victoria Curzon, "Non-Discrimination and the Rise of 'Material' Reciprocity",

The World Economy, vol. 12 no. 4, 1989.

273. Gene M. Grossman, "The Purpose of Trade Agreements", *Handbook of Commercial Policy*, vol. 1, part A, 2016.

274. Harrison, J., "Configuring the New Regional World: On being Caught between Territory and Networks", *Regional Studies*, vol. 47, no. 1, 2013.

275. Ines Willemyns, "Disciplines on State-Owned Enterprises in International Ecnonmic Law: Are We Moving in the Right Direction?", *Journal of International Economic Law*, vol. 19, 2016.

276. Joseph M. Braun, Sheela Sathyanarayana, Russ Hauser, "Phthalate exposure and children's health", *Current opinion in pediatrics*, vol. 25, no. 2, 2013.

277. Labonté R, Schram A, Ruckert A., "The Trans-Pacific partnership agreement and health: few gains, some losses, many risks", *Glob Health*, vol. 12, no. 1, 2016.

278. Lawrence, R. Z., "Rule Making amidst Growing Diversity: A Club-of-Club Approach to WTO Reform and New Issue Selection", *Journal of International Ecnonmic Law*, vol. 9, no. 4, 2006.

279. Marco Martuzzi, "The precautionary principle: in action for public health", *Occupational and Environmental Medicine*, vol. 64, no. 9, 2007.

280. Martha Finnemore and Kathryn Sikkink, "International Norm Dynamics and Political Change", *International Organization*, vol. 52, no. 4, 1998.

281. Minwoo Kim, "Regulating the Visible Hands: Development of Rules on State-Owned Enterprises in Trade Agreements", *Harvard International Law Journal*, vol. 58, no. 1, 2017.

282. M. Koskenniemi, "International Law in Europe: Between Tradition and Renewal", *European Journal of International Law*, vol. 16, 2005.

283. North, D. C., "Institutions and credible commitment", *Journal of Institutional and Theoretical Economics*, vol. 149, no. 1, 1993.

284. Nikola Lj. Ilievski, "The Concept of Political Integration: The Perspectives of Neofuncationalist Theory", *Journal of Liberty and International Affairs*, vol. 1, no. 1, 2015.

285. Panitch, Leo., "Globalisation and the State", *Socialist Register*, vol. 30, 1994.

286. Putnam, R., "Diplomacy and domestic politics: The logic of two-level games", *International Organization*, vol. 42, no. 3, 1988.

287. Rafael Leal-Acras, "Climate Change Mitigaition from the Bottom Up: Using Preferential Trade Agreements to Promote Climate Change Mitigation", *Carbon and Climate Law Review*, vol. 7, no. 1, 2013.

288. Richard Baldwin, "Multilateralising Regionalism: Spaghetti Bowls as Building Blocs on the

Path to Global Free Trade", *World Economy*, vol. 29, 2006.

289. Richard Blackhurst and David Hartridge, "Improving the Capacity of WTO Institutiond to Fulfil their Mandate", *Journal of International Economic Law*, vol. 7, 2004.

290. Robert Hunter Wade, "What Strategies Are Viable for Developing Countries Today? The World Trade Organization and the Shrinking of 'Development Space' ", *Review of International Political Economy*, vol. 10, no. 4, 2003.

291. Robert W. Staiger and Alan O. Sykes, "International Trade, National Treatment, and Domestic Regulation", *The Journal of Legal Studies*, vol. 40, no. 1, 2011.

292. Robert W. Staiger and Alan O. Sykes, "The Economic Structure of International Trade-in-Services Agreements", *Journal of Political Economy*, vol. 129, no. 4, 2021.

293. Terry Collins-Williams and Robert Wolfe, "Transparency as a Trade Policy Tool: The WTO's Cloudy Window", *World Trade Review*, vol. 9, no. 4, 2010.

294. Thow AM, Jones A, Hawkes C, Ali I, Labonté R., "Nutrition labelling is a trade policy issue: lessons from an analysis of specific trade concerns at the World Trade Organization", *Health Promotion International*, vol. 33, no. 4, 2018.

295. Tiefenbrun Susan, "Free Trade and Protectionism: The Semiotics of Seattle", *Journal of International and Comparative Law*, vol. 17, no. 2, 2000.

296. Tom Ginsburg, Richard H. McAdams, "Adjudicating in anarchy: an expressive theory of international dispute resolution", *Social Science Electronic Publishing*, vol. 45, no. 4, 2004.

297. Vincy Fon, Francesco Parisi, "The Formation of International Treaties", *Review of Law & Economics*, vol. 3, no. 1, 2005.

(三) 其他类

298. *Information Economy Report 2017: Digitalization, Trade and Development*, UNCATD IER/2017/Corr. 1, 23 October 2017.

299. *A single market for 21st century Europe*, Communication from the Commission to the European Parliament, the Council, the European Economic and Social Committee and the Committee of the Regions, COM (2007) 724 final, 20 November 2007.

300. *Second Report on the Law of Treaties by Sir Gerald Fitzmaurice*, UN Doc. A/CN. 4/107, YILC 1957, Vol. II.

301. *U. S. Trade in Services: Trends and Policy Issues*, CRS Report, R43291, 22 January 2020.

302. *Digital Trade and U. S. Trade Policy*, CRS Report, R44565, 11 May 2018.

303. *Digital Trade in the U. S. and Global Economics Part 1*, USITC Publication 4415, Investigation No. 332-531, July 2013.

304. *Digital Trade in the U. S. and Global Economics Part 2*, *USITC Publication 4485*, Investigation No. 332-531, August 2014.

305. *Digital Economy Report 2019*: *Value creation and capture-implications for developing countries*, [TD/] UNCTAD/DER/2019, 4 September 2019.

306. *2016 Final Report on Good Regulatory Practices in APEC Economies*, USAID 2016/SOM3/EC/CONF/005, 26 August 2016.

307. *Transforming our world*: *the 2030 Agenda for Sustainable Development*, UN/A/RES/70/1, 1 September 2015.

308. Robert Keohane, Joseph S. Nye, Between Centralization and Fragmentation: The Club Model of Multilateral Cooperation and Problems of Democratic Legitimacy, KSG Faculty Research Working Papers Series, RWP01-004, 2001.

309. Bernard Hoekman, Denise Eby Konan, Deep Integration, Nondiscrimination, and Euro-Mediterranean Free Trade, World Bank Policy Research Working Paper, No. 2130, 1999.

310. Richard Baldwin, 21st Century Regionalism: Filling the Gap between 21st Century Trade and 20th Century Trade Rules, WTO Staff Working Paper, ERSD-2011-08, 2011.

311. Patrick A. Messerlin, Negotiating Mega-Agreements: Lessons from the EU, EUI RSCAS Working Paper, No. 2014/112, 2014.

312. Claudia Hofmann and Alberto Osnago, Horizontal depth: A new database on the content of preferential trade agreements, World Bank Policy Research Working Paper, No. 7981, 2017.

313. GDP, PPP (current international $) — United States, China, https://data.worldbank.org/indicator/NY.GDP.MKTP.PP.CD?locations=USCN-1W.

314. The 2017 National Trade Estimate Report on Foreign Trade Barriers, https://ustr.gov/sites/default/files/files/reports/2017/NTE/2017%20NTE.pdf.

315. United States Reaches Agreement with Mexican Auto Parts Company to Protect Workers' Rights, https://ustr.gov/about-us/policy-offices/press-office/press-releases/2021/august/united-states-reaches-agreement-mexican-auto-parts-company-protect-workers-rights.

316. Statement from Ambassador Katherine Tai on the Vote by Workers in Silao, Mexico, https://ustr.gov/about-us/policy-offices/press-office/press-releases/2021/august/statement-ambassador-katherine-tai-vote-workers-silao-mexico.

317. The 2021 Trade Policy Agenda and 2020 Annual Report of the President of the United States on the Trade Agreements Program, https://ustr.gov/sites/default/files/files/reports/2021/2021%20Trade%20Agenda/Online%20PDF%202021%20Trade%20Policy%20Agenda%20and%202020%20Annual%20Report.pdf.

318. President Trump's 2018 Trade Policy Agenda and 2017 Annual Report, https://ustr.gov/about-us/policy-offices/press-office/reports-and-publications/2018/2018-trade-policy-agenda-and-2017.

319. Remarks by President Trump in State of the Union Address, https://trumpwhitehouse.archives.gov/briefings-statements/remarks-president-trump-state-union-address/.

320. Memorandum on the Need to Improve the Internal Transparency and Participation in the WTO, http://www.ciel.org/Publications/Cancun_21July03_Memo.pdf.

321. Slowbalisation: The steam has gone out of globalisation, https://www.economist.com/leaders/2019/01/24/the-steam-has-gone-out-of-globalisation.

322. World Development Report 2020: Trading for Development in the Age of Global Value Chains, https://openknowledge.worldbank.org/handle/10986/32437.

323. Deardorffs' Glossary of International Economics, http://www-personal.umich.edu/~alandear/glossary/b.html.

324. WTO Data-Information on trade and trade policy measures, https://data.wto.org/en.

325. WTO Negotiating Group on Market Access, https://docs.wto.org/gtd/Default.aspx?pagename=MarAcc_1&langue=e.

326. Lucian Cernat and Marlene Madsen, "'Murky protectionism' and behind-the-border barriers: How big an issue? The €100 billion question", 23 March 2011, VoxEU, https://voxeu.org/article/murky-protectionism-how-big-issue.

327. World Trade Report 2019: The future of services trade, https://www.wto.org/english/res_e/booksp_e/00_wtr19_e.pdf.

328. Second Quaeter 2021 Trade in Services, 268. https://www.wto.org/english/res_e/statis_e/daily_update_e/serv_latest.pdf.

329. International trade in services-an overview, https://ec.europa.eu/eurostat/statistics-explained/index.php?title=International_trade_in_services_-_an_overview.